व्हीलचेयर

व्हीलचेयर

ज्ञानप्रकाश विवेक

वाणी प्रकाशन

वाणी प्रकाशन

4695, 21-ए, दरियागंज, नयी दिल्ली 110 002

फ़ोन : +91 11 23273167 फ़ैक्स : +91 11 23275710

शाखाएँ

अशोक राजपथ, पटना 800 004, बिहार

कॉफ़ी हाउस कैम्पस, महात्मा गाँधी मार्ग, इलाहाबाद 211 001, उत्तर प्रदेश

महात्मा गाँधी अन्तरराष्ट्रीय हिन्दी विश्वविद्यालय, वर्धा 442 001, महाराष्ट्र

36/ए, शेक्सपीयर सरणी, रानी बिरला गर्ल्स कॉलेज के पास, कोलकाता 700 017, प. बंगाल

www.vaniprakashan.com
marketing@vaniprakashan.in
sales@vaniprakashan.in

Wheelchair
by Gyan Prakash Vivek

ISBN : 978-93-5518-816-8
Novel

प्रथम संस्करण 2023

मूल्य : ₹ 499

आर. टेक ऑफ़सेट प्रिंटर्स, दिल्ली-110 032 में मुद्रित

वाणी प्रकाशन का लोगो मक़बूल फ़िदा हुसेन की कूची से

1

ज़िन्दगी किसी सवाल की तरह खटकती हुई और वक़्त तमाशबीन की तरह तमाशा देखता हुआ। वो ठगा–सा देखता रहता है अपने आपको। अपने आधे–अधूरे जिस्म को। छूकर देखता है अपने आपको और फिर अपने आपसे सवाल करता हुआ कि हस्पताल के बेड़ पर पड़ा क्या वही है? छः फुट तीन इँच का वो कद्दावर शख़्स। वो फुटबाल का खिलाड़ी। वो हँसता–खिलखिलाता, जवाँमर्द। बेबाक, बेलौस और बेतकल्लुफ़ नौजवान। वक़्त की आँखों में आँखें डालकर, मुश्किलों को गेंद बनाकर, पाँव से 'किक' मारता, उछालता हुआ एक खिलन्दड़ा–सा युवक, नाम आकाश! जब वो अपना पूरा नाम आकाशदेव बताता तो आवाज़ में ताबिन्दा खनक पैदा होती।

बिस्तर पर पड़ा आकाश अपने जिस्म को टटोलता है। कमर तक हाथ जाते हैं। धीरे–धीरे घुटनों तक पहुँच कर ठिठक जाते हैं। उसके बाद वो अपनी लुंज–पुंज हो चुकी टाँगों को छूते हुए डर जाता है। सिहर उठता है। हाथों की यात्रा समाप्त हो जाती है जैसे कोई बैरियर हो। जैसे कोई वर्जित क्षेत्र हो।

घुटनों के नीचे दोनों टाँगें हैं यूँ तो। जैसे घुटनों की खूँटियों पर दो पतली सी तख़्तियाँ लटकी हों। बेबस–सी आवाज़ निकलती है उसकी जो सुनाई नहीं देती।

ज़िन्दगी जैसे मिट्टी का गुल्लक हो। फ़र्श पर यूँ गिरी कि तमन्नाओं का सारा चिल्लर बिखरता चला गया। एक लावारिस–सा दर्द, आकाश के दिल में बड़ी जुर्रत के साथ डेरा जमा कर बैठ गया।

आकाश जैसे ज़िन्दगी के रंगमंच का 'सोलो' किरदार हो और अपने सारे संवाद भूल गया हो। नामुराद वक़्त, उसके हाथ से उसका स्क्रिप्ट लेकर चला गया हो जैसे।

एक्सीडेंट ने ज़िन्दगी बदलकर रख दी थी। पैदल चलते आकाश को एक टैम्पो ने ऐसे 'हिट' किया कि उछलकर दूर जा गिरा था आकाश! ब्रेड बटर का इन्तज़ार करती रही संगीता – आकाश की पत्नी! और आकाश सड़क पर पड़ा ज़िन्दगी–मौत के किसी 'नोमैंस लैंड' में।

सड़क से अस्पताल और अस्पताल से आई० सी० यू० में। चोट पीठ पर लगी थी और स्पाइन डेमेज हो गयी। असर टाँगों पर ही नहीं पूरे शरीर पर। पेशाब रूका तो आकाश की हालत ख़राब। डॉक्टर परेशान। ब्लैडर फटने की आशंका। यूरिन वापिस किडनी की तरफ़ जाये इससे पहले डॉक्टरों ने यूरिन फ़ोलिस केथेटर लगा दिया था। आकाश को राहत मिली। लेकिन यह राहत बहुत मामूली थी। बड़ी चिन्ता का विषय यह था कि टाँगों में सेंसेशन ख़त्म हो गया था। जूनियर–सीनियर डॉक्टर आते। 'हेमर' से जाँच–परख करते। पैर की उँगलियों में 'नीडल प्रिक' करते। घुटनों को मोड़ते तो लगता घुटनों के नीचे का हिस्सा बेहिस हो चुका है। चिन्ता का विषय यह भी था कि टाँगों में जो निर्जीवता आ गयी है वो घुटनों से होती हुई पूरे शरीर तक पहुँच सकती है।

आकाश एक सीरियस केस था–विचित्र और चिंतित करने वाला केस!

डॉक्टरों की टीम आती। आकाश के बेड को घेर कर खड़ी हो जाती। आकाश डॉक्टरों की नासमझ आनेवाली बातों को सुनने की कोशिश करता। लेकिन डॉक्टरों की बातें उसे समझ न आतीं।

जब डॉक्टर जाने लगते तो टीम को लीड करने वाला सीनियर डॉक्टर आकाश की बाज़ू को थपथपाता, "जेंटलमैन, आप रिकवर कर रहे हैं।"

यही आश्वासन आकाश को अच्छा लगता। वो चाहता था जो भी डॉक्टर आये उसे यही फ़िकरा ज़रूर कहता जाये कि आप रिकवर कर रहे हैं।

आकाश बेड की सफ़ेद चादर और अस्पताल की खिड़कियों के हरे पर्दों को देखता रहता। प्राइवेट रूम में वो शिफ़्ट कर दिया गया था। यहाँ सब सुविधाएँ थीं और आसानियाँ भी। अटैच्ड बॉथ–टायलेट थे। लेकिन वो तो जा ही नहीं सकता था। दो शानदार कुर्सियाँ थीं। लेकिन आकाश उनपर बैठ नहीं सकता था। हर शय बहुत क़रीब थी, लेकिन पहुँच से दूर।

आकाश ने मेडिक्लेम इंश्योरेंस ले रखा था और कई साल से अच्छा–ख़ासा प्रीमियम भी दे रहा था। संगीता ने तो एक–दो बार कहा भी था कि इतना प्रीमियम दे रहे हो। बेकार कर रहे हो पैसा। आकाश ने एक समझदारी यह भी की थी कि पी ए ... यानी, पर्सनल एक्सीडेंट इंश्योरेंस भी करवा लिया था।

टूटी हुई रिब्ज़ जुड़ रही थी धीरे–धीरे। डॉक्टर चेस्ट इंफ़ेक्शन और लंग्ज़ में इंफ़्लेमेशन के लिए डेक्सामीथासोन और सेफ़्टम दे रहे थे। वोवरॉन के इंजेक्शन और डेक्सामीथासोन भी कैनूला के ज़रिए दिया जा रहा था। रीढ़ की हड्डी में स्पाइनल कॉड पेसमेकर लगा दिया गया था।

बड़ी दौड़–धूप, सजगता और सतर्कता के बावजूद, रिज़ल्ट बहुत आशावादी नहीं आ रहा था। डॉक्टर आते। डॉक्टरी तौर–तरीकों से चैकअप करते। आपस में डिसकस। विमर्श। मेडिसन। इंजेक्शन। ओरेल थैरेपी और जितने प्रोसीजर थे। वो किये जा रहे थे। डॉक्टरों का किसी 'गॉज़' किसी मेडीकेटेडे स्टरलाइज़्ड पट्टी जैसा एक सेनटेंस – "वी आर ट्राइँग अवर बेस्ट" – जो किसी झूठी तसल्ली जैसा प्रतीत होता।

अवसाद और दर्द के बावजूद, आकाश को ज़िन्दगी पहले से ज़्यादा ख़ूबसूरत लगने लगी थी। वो बेड पर पड़े–पड़े सोचता रहता

कि ठीक हो जाने के बाद ख़ूब फुटबॉल खेलेगा। ख़ूब दौड़ लगाएगा। माउँटेनिंग करेगा और संगीता के साथ कई सारी यात्राएँ करेगा।

बेड से कुछ फ़ासले पर संगीता बैठी होती। बड़ी संजीदगी से सफेद कोट पहने, कोट के लम्बे जेब में स्टेथोस्कोप डाले डॉक्टरों को देखती रहती। वो एक कोने में खड़ी हो जाती। डॉक्टर जब आपसी विमर्श से मुक्ति पाते तो वो पूछती। डॉक्टर प्रोफेशनल होकर समझाते, ''बिस्तर पर पड़े पेशेंट की जब तक साँस चल रही होती है, हम होपफुल रहते हैं। सो, यंग लेडी! आप भी होपफुल रहिए।''

डॉक्टरों के चले जाने के बाद संगीता आकाश के पास चली आती। माथे पर हाथ रखती। हाथों को पकड़ती। बालों में उँगलियाँ घुमाती। टॉवल से चेहरा साफ़ करती। हर दूसरे दिन आकाश की शेव बनाती। बाद में मॉस्चराइज़र चेहरे पर लगाती। चेहरा चमक उठता। आकाश की बुझी हुई आँखों में पानी तैरता और पानी में बहुत सारे सपने भी तैरते हुए नज़र आते। संगीता बैठती। किताब उठाती। पढ़ने लगती। एक पैरा या दो पैरा ही पढ़ पाती कि किताब को औंधे मुँह रखती। उठ खड़ी होती। गुलूकोज़ की नीडल को हाथ से हिलाकर देखती। कैनूल को देखती। आकाश के हाथ में कैनूला के लगे होने कारण सूजन आ गयी थी। संगीता हाथ को देखती रहती। दूसरे, ख़ाली हाथ पर अपना हाथ रखती। कहती, ''कुछ चाहिए?'' आकाश सिर हिलाकर इंकार कर देता। बेचैन–सी संगीता बैठ जाती तो लगता कोई बेचैन–सी कश्ती पानी में नहीं, रेत पर बैठी है।

संगीता उठकर जब ड्यूटी रूम की तरफ़ जाती तो आकाश धीरे–धीरे अपना हाथ उठाता। हाथ सरकाता। घुटनों तक की यात्रा के बाद जैसे हाथ हाँफने लगता। हाथ रूका रहता कुछ देर। जैसे हाथों की उँगलियाँ कुछ कहना चाहती हों। उँगलियों के पास स्पर्श तो था, भाषा नहीं थी।

हाथ वापिस छाती पर चला आता जैसे वो जिस्म के भूगोल की आधी यात्रा करके लौटा हो। बाक़ी हिस्सा जिस्म का–जैसे वो गहरी नींद में सोया हो।

संगीता नर्सों से कोई ज़रूरी बात करने के बाद ड्यूटी रूम से लौट आती। कुर्सी पर बैठती। स्टूल को सरकाती। मुस्कराती। आकाश को देखती। वो चाहती कि आकाश भी मुस्कराए। आकाश मुस्कराने की कोशिश करता। एक डरी हुई मुस्कान आकाश के होठों पर होती किसी अजनबी मुसाफ़िर जैसी।

डरी हुई संगीता भी होती। डर को ज़िन्दगी के पिछवाड़े रखती और मुस्कराती रहती। आकाश को संगीता का मुस्कराना अच्छा लगता। आकाश दर्द की शिद्दत को अपनी मुट्ठियों में दबाता। कमरे की छत को देखता रहता। संगीता उठती। आकाश के माथे पर हथेली टिकाकर कहती, "तुम्हें कुछ भी नहीं होगा। देखना, तुम अपने पैरों से चलकर घर पहुँचोगे।"

आकाश संगीता की पत्नी। नौकरी पेशा। फ़िलहाल उसने छुट्टियाँ ले ली थीं। आकाश का ध्यान रखना ज़रूरी था। जबसे एक्सीडेंट हुआ था आकाश ने ज़मीन पर पाँव नहीं रखा था। बहुत मुश्किल से वो थोड़ी–सी देर के लिए बेड पर बैठ पाता। तब, जब चाय पीनी होती या खाना, खाना होता। या फिर तब, जब वो पड़े–पड़े उक्ता जाता।

आकाश को मायूस देखकर संगीता उसे तसल्ली देती। शादी को पाँच साल हुए थे। दोनों की एक दूसरे के प्रति रागात्मकता थी। उद्दाम इच्छाएँ थीं। कुछ पा लेने की हसरत थी। सम्पूर्णता के प्रति प्रबल भावना थी। इसलिए संगीता, आकाश की टाँगों को कई–कई बार छूकर देखती। और फिर चुपचाप कुर्सी पर बैठ जाती।

संगीता रोज़ाना अस्पताल आती। आकाश खिड़की के हरे पर्दे, बिस्तर की सफ़ेद चादर, कमरे के स्टूल, कुर्सी और डोंगी को देखता रहता। और फिर टकटकी लगाकर दरवाज़े की तरफ़ देखने लगता। वो संगीता के आने की इन्तज़ार कर रहा होता। संगीता क्या आती, लगता जैसे प्राइवेट रूम का माहौल बदल गया हो। उसकी चिरपरिचित देहगन्ध। उसकी आमद। उसकी सरगर्मियाँ। थर्मस का रखना। गिलास प्लेट चम्मच का धोना। बात करते रहना। सड़क पर जाम की बात। ऑटोवाले की बात। सर्वेंट रघु की बात।... कप में चाय डालना।

सहारा देकर आकाश को उठाना। बिस्तर के एक कोने में बैठते हुए आकाश का मुँह साफ़ करना। ऐप्रन लगाकर उसे चाय पिलाना। चाय का ख़त्म होना। तौलिए से मुँह पोंछना। मुस्कराना।

कुछ देर के लिए आकाश अपने दुख को भूल जाता। यह भूलना दरहक़ीकत, भूलने का अभ्यास था। यह भूलना जैसे दर्द की मालगाड़ी को, आउटर सिग्नल पर रोक देना हो। संगीता पूछती, "दर्द ज़्यादा तो नहीं? यूरिन पास हो रहा है? साँस लेने में कोई दिक्कत तो नहीं? रात को नींद आ गयी थी? वो चुप हो जाती। आकाश चुप रहता। चुपज़दा बस्ती के दो बाशिन्दे।

वो राउंड पर आनेवाले डॉक्टरों का बेसब्री से इन्तज़ार करती। डॉक्टर आते। उनकी डॉक्टरी भाषा, जिसे वो आपस में समझ रहे होते। लेकिन उनकी भाषा में एक 'कन्सर्न' यह ज़रूर होता कि आकाश चलने लायक हो पायेगा या नहीं? उस डॉक्टरी टीम के जाने के बाद एक शब्द और उसका एहसास रह जाता – 'होप'।

संगीता इसी 'होप' लफ़्ज़ को पूरी तरह से सच मान चुकी थी। वो समझती थी कि आकाश कुछ दिन बाद उठेगा। अस्पताल से छुट्टी मिलेगी। संगीता बैग वग़ैरा बग़ल में लटकाएगी और आकाश धीरे–धीरे चलते हुए पेशेंट वाली लिफ़्ट तक आयेगा। बाहर खड़ी टैक्सी तक पहुँचेगा। बैठेगा। ड्राइवर कार का दरवाज़ा बन्द करेगा। और टैक्सी घर की तरफ़ रवाना होगी।

संगीता आकाश का बहुत ध्यान रखती। आकाश को डर लगा रहता कहीं संगीता बीमार न पड़ जाये। वो अपनी सेहत के प्रति लापरवाह–सी हो गयी थी। यही ख़राब बात थी। संगीता बेड शीट बदलवाने से लेकर यूरिन तक सबका ध्यान रखती। कैनूला के आसपास मास्चराइज़र लगाती। पीठ पर पाउडर छिड़कती। ये गरमियों के दिन थे। वो चिंतित रहती, कहीं 'बेड सोर' न हो जाये। नर्स, 'डाक्टर्स स्लिप' पर जो मेडिसन लिखतीं, वो तुरन्त केमिस्ट शॉप से लेकर आती बिना किसी आलस बिना किसी हील–हुज्जत के। केमिस्ट शॉप पर लम्बी लाइन होती। वो धैर्य से लाइन में लगी रहती। कुछ दिन पहले एक

आदमी लाइन में घुस आया था। बहुत गुस्सा आया था संगीता को। आकाश को उसने सारी बात बताई। फिर बोली, "इम्प्रफ़ेक्ट पीपल।" यह उसका गाली देने का अंदाज़ था। अधूरेपन से उसे चिढ़ थी। वो आकाश को 'कम्पलीट जेंटलमैन' कहती थी। वो ख़ुद भी पूर्णता में विश्वास रखती थी। अस्पताल में भी वो शानदार कपड़े पहनकर आती थी। सुन्दर तो वो थी ही।

उसका चाय पीने का अन्दाज़ शानदार था। कुर्सी पर बैठकर वो चाय पीने से पहले, वही कप आकाश के होठों से लगाती। बिस्कुट का टुकड़ा पहले आकाश खाता, फिर संगीता। आकाश कुछ पल के लिए अपने दुख भूल जाता और मुग्धभाव से संगीता को देखने लगता। उसे याद आने लगते वो दिन जब वो दोनों बाज़ार में या डिस्ट्रिक पार्क में घूम रहे होते–हाथों में हाथ डाले। बेफ़िक्र। अलमस्त। बातों में खोये। दीन–दुनिया से दूर। एक दिन संगीता ने पार्क में चलते–चलते कहा था, "आकाश, तुम मुझे इसलिए भी अच्छे लगते हो कि तुम सम्पूर्ण मनुष्य हो। तुममें संवेदना और साहस दोनों हैं। तुम छः फुट तीन इंच टॉल। तुम्हें सर उठाकर देखती हूँ तो मैं गर्व से भर उठती हूँ।"

2

पहले डॉक्टर होपफ़ुल थे कि घुटनों के नीचे का हिस्सा संसेशन महसूस करने लगेगा। उसमें ब्लड सरकूलेशन जारी हो जायेगा। धीरे–धीरे पाँव उठने लगेंगे। ग्राफ़्टिंग, कैथेटर स्पाइन में इंजेक्शन से निष्क्रिय हिस्सा 'एक्टिव' हो जायेगा। लेकिन एक महीने बाद भी कोई संवेदना पैदा नहीं हुई। ऐसा लगता था डॉक्टरों को जैसे बहुत सारी वेन्ज़ डेमेज हो गयी हों। बहुत सारे टिश्यूज डेड हो गये हैं।

सर्जरी के हेड ऑफ डिपार्टमेंट डॉ. तनेजा थे। उन्होंने बड़ी गम्भीर आवाज़ में, डॉक्टरों की टीम के बीच कहा था, "मेडिकल साइंस बड़ी क्रिटिकल स्टडी है। हम लास्ट मूमेंट तक स्ट्रगल करते हैं। कई बार हम 'विन' करते हैं तो कई बार हमारे हाथ ख़ाली रह जाते हैं।

हमारी सारी स्ट्रगल बेकार चली जाती है।'' आर्थो के हेड डॉ. विक्रम ने सर हिलाकर सहमति दी थी।

डॉ. तनेजा ने संगीता को अपने रूम में बिठाया था। बड़े भरोसेमन्द डॉक्टर की तरह समझाते हुए कहा था, ''मैडम, पेशेंट ने सर्वाइव किया है। हमारे डॉक्टरों के 'एफ़र्ट' से आपका पेशेंट बच तो गया है बट........।''

''बट?'' इसी बट ने संगीता को बेचैन करके रख दिया था।

''बट, अंडर 'नी' जो लेग्ज़ का पोर्शन है उसे हम लाइव नहीं कर पाये। घुटनों के नीचे का हिस्सा आलमोस्ट डेड है। आगे कोई मिरेकल हो जाये तो हम नहीं कह सकते। आप अपने आपको मेंटली प्रिपेयर कीजिए और अपने हसबेंड को भी।''

''डॉक्टर साहब आप साफ़–साफ बताइए।'' संगीता डॉक्टर तनेजा की बात सुन कर घबरा उठी थी।

''साफ बात।'' डॉक्टर तनेजा एक पल सोचते रहे फिर सपाट लहजे में बोले, ''आयरनी ऑफ फ़ेट! आकाश को अब व्हीलचेयर पर रहना पड़ेगा।''

''व्हीलचेयर पर!''

''येस।''

''अपाहिजों की तरह।'' संगीता ने कहा।

''नो! कम्पलीट मैन की तरह।'' डॉक्टर तनेजा बोले।

''व्हील चेयर पर कम्पलीट मैन।''

डॉक्टर तनेजा चुप रहे।

विचलित होकर बोली संगीता, ''मैं अपने पति को अधूरा नहीं देख सकती।''

''कई बार हमारे पास बहुत लिटिल आप्शन्स होते हैं। लाइफ़ सबसे वैल्यूएबल आप्शन है। और वो हमारे पास है।''

''वैल्यूएबल आप्शन! बाकी की सारी लाइफ़ व्हीलचेयर पर और आप कह रहे हैं डॉक्टर कि यह आप्शन वैल्यूएबल है।''

आप जब अपने हसबेंड का साथ देंगी तो वो इस चैलेंज को एक्सेप्ट करने लगेंगे। उनमें कॉनफ़िडेंस पैदा होने लगेगा। स्टीफ़न हाकिंग का नाम तो आपने ज़रूर सुना होगा – ऐटी प्रसेंट डिसेबल। वर्ल्ड का ब्रिलिएँट मैन।''

''डॉक्टर साहब, मुझे एग्ज़ामपल से तसल्ली नहीं हो रही।'' ये आवाज़ एक व्याकुल स्त्री की थी।

''मैडम, डॉक्टर हमेशा लाइफ़ के पक्ष में खड़ा होता है। व्हीलचेयर पर बैठा पर्सन भी, एक डेड बॉडी से ज़्यादा बेहतर होता है। पेशेंट को डिस्चार्ज करते हुए हर डॉक्टर की यही कोशिश होती है कि वो अपने पैरों पर चलकर जाये। नार्मल लाइफ़ जीए। लेकिन एक्सीडेंटल केस में कई बार हमारी कोशिशें सफल नहीं हो पाती।''

कुछ देर सन्नाटा छाया रहा। संगीता बेचैन थी। मन में कोई हाहाकार जैसा।

डॉक्टर तनेजा ने कहा, ''हम आपके हसबेंड को एक 'डिफिकल्ट' लाइफ़ दे रहे हैं। वी नो, कि हम सब आसान जीवन जीने के आदी होते हैं।''

संगीता डॉक्टर तनेजा के कमरे से वापिस आ रही थी। विचलित और अस्थिर। लॉबी से चलते वक़्त उसके मन में क्या–क्या ख़्याल आ रहे थे। व्हीलचेयर पर बैठा आकाश उसका पति होगा। आकाश जिसके घुटनों के नीचे का हिस्सा नाकारा हो चुका है। वो लाचार आदमी उसका पति! वो पानी दूसरे की मदद से पीएगा और वॉश रूम के लिए भी उसे दूसरे लोगों की ज़रूरत पड़ेगी।

संगीता धीरे–धीरे चल रही थी। लेकिन विचारों का तेज़ अंधड़ उसके ज़ेहन में था। कितने गर्व से कहती थी वो अपने क्लीग से। उसका हसबेंड टॉल एण्ड हैंडसम! वो फुटबाल का प्लेयर! वो एथलीट! वो करेजियस एण्ड स्मार्ट।

और अब! अपनी बीमार, बेहिस टाँगों के साथ व्हीलचेयर पर बैठा उसका पति।

3

पूरा परिदृश्य बदल गया था। ज़िन्दगी एक ऐसा लतीफ़ा बन गयी थी जिसको सुनकर आँसू टपक पड़ते थे। आकाश बिस्तर पर होता। सर घुमाकर इधर–उधर देखता उसे हर शय उदास नज़र आती। खिड़की, पर्दे, कमरे का स्टूल, डोंगी और वो ख़ूबसूरत नर्स जो बड़ी आत्मीयता से आकर आकाश का हाल पूछती थी। थर्मामीटर लगाते–लगाते वो आकाश को देख लिया करती थी, वो नर्स भी आकाश को उदास नज़र आती। वो नर्स जो मुस्कराती–सी नज़र आती। आकाश को अब उदास लगती। कमरे में कृष्ण जी की फ़्रेम जड़ी तस्वीर थी। आकाश को कृष्ण उदास लगते और राधा गुमसुम!

ऐसा लगता जैसे कोई वीरानी–सी आकाश के मन में उतरती चली गयी हो। कमरे का दरवाज़ा खुलता तो आकाश की नज़र बाहर चली जाती। सब लोग, छोटे–बड़े... सबके सब चल–फिर रहे होते। आकाश उनके पैरों की पद्चाप सुनता। ध्यान लगाकर सुनता। बहुत सारी पद्चापें मिलकर जैसे ज़िन्दगी का गीत गा रही हों। पहले आकाश ने कभी ध्यान ही नहीं दिया था कि पाँव की आहट इतनी क़ीमती होती है। इतनी बहुमूल्य कि जिसे गँवा देने से कितना कुछ छिन जाता है। आकाश को आहटों से प्यार होने लगा था। शायद इसलिए कि उसके निर्जीव पाँव आहटों का तिलिस्म खो चुके थे।

आकाश को अपना कमरा याद आता। जब वो फ़र्श पर नंगे पाँव चलता तो बहुत महीन–सी गूँज तैरती रहती। आकाश को क्या पता था कि वो तो ज़िन्दा रहेगा लेकिन पैरों की आहटें मर जायेंगी।

आकाश को एक बार एक बंजारे ने कहा था कि वो मील–हा–मील पैदल चलते हुए इसलिए नहीं थकता कि वो अपनी पद्चाप को सुनते–सुनते यात्रा करता रहता है। आकाश उस बंजारे को देखता रहा। ग़र्दआलूद पाँव। चेहरे पर बेतरतीब दाढ़ी। सर पर पग्गड़। और आँखों में चमक।

उस बंजारे का रिश्ता रास्तों से था। रास्तों पर बिछे नक़्शे–क़दम से भी था। क्योंकि वो पैदल यात्री था। वो पैदल यात्री जिसके पास रास्ता था और जिज्ञासाएँ। और पाँव! लेकिन आकाश! आकाश के पास न रास्ते बचे थे न जिज्ञासाएँ। निराशा का कोई अदृश्य कीचड़ था कि पूरी देह उसी में लथपथ।

कई बार आकाश मुस्कराने की कोशिश करता। उसे लगता होठों पर जो मुस्कान–सी आयी है, कितनी ज़्यादा विस्थापित है। आकाश मुस्कराता तो लगता जैसे वो आँसुओं के छिलके उतार रहा है।

आकाश अस्पताल के बेड पर जागता रहता। वेलियम बेअसर हो चुकी थी और 'नाक आउट' से भी उसे बहुत कम नींद आती। वो नींद की वीरान बस्ती में जब जाता तो ख़्वाबों की ख़ाली सराय से भयभीत होकर लौट आता। वो नींद में होता तो सपनों से डरता। वो जागता तो उसे हक़ीकत डराती।

वो जब घुटनों के पास हाथ ले जाता तो घबरा जाता। आगे जैसे उसके जिस्म का 'नोमैंस लैंड' हो, बयाबाँ और बंजर! उसका हाथ अकड़–सा जाता। सांस तेज़–तेज़ चलने लगती। नर्सें आतीं। बी. पी. की चलती हुई पट्टी को देखतीं। खड़ी रहतीं। फिर कोई टेबलेट देतीं। आकाश सो जाता लेकिन उसका दर्द जागता रहता।

आकाश के जिस्म में अजब तरह का दर्द था। कमर में पसलियों में, गर्दन, कंधे और उँगलियों में। घुटनों के नीचे दोनों टाँगें निर्जीव–सी पड़ी रहतीं–संवेदनशून्य! लेकिन उस तड़प का क्या करता आकाश, जिसे वो हर वक़्त महसूस करता। जिस्म आकाश का था। लेकिन जिस्म में सल्तनत दर्द की थी।

आकाश अपने हाथ को बहुत मना करता कि वो घुटने के नीचे न जाये। लेकिन हाथ कितना उद्धंड था कि चला जाता। शुक्र इस बात का था कि एक हाथ के पिछले हिस्से पर कैनूला लगा था। वो चुपचाप पड़ा रहता।

आकाश घुड़दौड़ के तसव्वुर में खो जाता। तेज़ दौड़ते हुए घोड़े। लेकिन एक घोड़ा सबसे पीछे। वो लंगड़ा घोड़ा मुश्किल से

दौड़ता हुआ। उस घोड़े को न कोई 'बकअप' करता और न कोई दाँव लगाता हुआ।

आकाश को लगता वो घोड़ा और कोई नहीं, ख़ुद आकाश है।

आकाश एकटक छत को देखता रहता जैसे उसकी ज़िन्दगी का भविष्यफल वहाँ लिखा हो। भविष्यफल! वो इस लफ़्ज़ को पत्थर की तरह चबाता। मन ही मन सोचता, कितना अच्छा होता कि डॉक्टर उसे किसी दिन एनेस्थीसिया की लार्ज डोज़ का इंजैक्शन लगा देते। कुछ देर में सब कुछ फ़िनीश! जीवन की हर यन्त्रणा से मुक्ति।

लेकिन इच्छा मृत्यु के लिए कानून इज़ाजत नहीं देता था। कानून इस बात की इजाज़त देता था कि वो दो लड़ाइयाँ लड़ता रहे–एक बाहरी लड़ाई व्हीलचेयर पर बैठकर, दूसरी अपने भीतर से। कौन देखेगा उसके भीतर के घमासान को। एक ऐसा महाभारत जिसमें कौरव भी वो होगा और पाण्डव भी वो।

आकाश सोचता रहता। लिखते–लिखते कभी पेन गिर पड़ा तो वो उसे उठा नहीं पायेगा। पेन चीख–चीख कर कहेगा–"मुझे उठा।" लेकिन वो उसे देखता रहेगा लेकिन उठा नहीं पायेगा। फुटबॉल को कहीं छुपाकर रख देगा। नहीं तो वो उसे हैरान होकर देखती रहेगी और वो फुटबॉल को ऐसे देखेगा जैसे किसी दोस्त से रिश्ता टूट जाने पर देखा जाता है।

आकाश को अपने होने पर मलाल महसूस होता। तब और ज़्यादा जब वो अपने आसपास हर शख़्स को बेफ़िक्र होकर चलते--फिरते देखता।

संगीता! संगीता शान्त होती। आकाश के ज़ेहन में खलबली। लेकिन संगीता शान्त! शान्त नज़र आनेवाली संगीता, दरहक़ीकत निरपेक्ष होती। अस्पताल में जब आकाश एडमिट हुआ था तब वो कितनी बेचैनी होती थी। हर पल कुछ करती हुई–सी। हर पल उद्विग्न। हर पल आकाश के प्रति सचेत। हर पल किसी विशिष्ट पत्नी जैसी। हर पल किसी तीमारदार जैसी।

आकाश बेड पर पड़े–पड़े सोचता रहता संगीता के व्यवहार में इतनी तब्दीली कैसे आ गयी। सब कुछ वही तो है। वही अस्पताल का प्राइवेट रूम। वही बेड। वही हैंगर पर टंगी ग्लूकोस की बोतल। वही दवाएँ।

आकाश अपने दुख से ज़्यादा संगीता की उपेक्षा से व्यथित था। इतना ज़्यादा ध्यान रखने वाली संगीता इतनी तटस्थ कि आकाश के माथे पर हाथ रखते हुए भी कतरा जाती थी। वो किताबें पढ़ती रहती या फिर मोबाइल उठाकर फ़ेसबुक या व्हट्सेप में खोई रहती।

आकाश ने महसूस किया था जिस दिन डॉक्टर तनेजा ने अपने चेम्बर में संगीता को बुलाया था, उस दिन से संगीता का रूख बदला हुआ–सा महसूस होता था। पता नहीं डॉक्टर तनेजा ने क्या कहा था। शायद कुछ ख़राब कहा हो। या न कहा हो।

आकाश को याद है। अभी दो–तीन .देन पहले ही की तो बात है। डॉक्टर तनेजा के रूम से जब वापिस आयी थी तो संगीता का चेहरा जड़ था। उसने आकाश को देखा ज़रूर था, लेकिन ऐसे लग रहा था जैसे वो अपने पति का, दूर खड़े होकर, बाई–फ़ोकल मुआयना कर रही हो। उसकी आवाज़ बदल गयी थी और लहजा भी। बेचैन वो तब भी होती थी, लेकिन अब जो उसके चेहरे पर बेचैनी थी उसका भावार्थ कोई और था। आकाश ने पूछा था तब, "क्या हुआ संगीता, कुछ गहरा सोच रही हो?" संगीता फ़ीकी–सी मुस्कान के साथ "कुछ भी तो नहीं" कह कर टाल गयी थी।

आकाश को वो दिन याद आते हैं जब उसका एक्सीडेंट नहीं हुआ था, ज़िन्दगी किसी उत्सव की तरह थी। संगीता उसका हाथ पकड़कर, उसकी आँखों में झाँकते हुए कहती, "मेरे प्यारे खिलाड़ी! आई लव यू।" आकाश मुस्कराता। संगीता के हाथ को कसकर पकड़ लेता। उसे अपने पास समेटता और बाहों में भर लेता।

एक्सीडेंट ने कितना कुछ बदल दिया है। आकाश बेड़....पर। संगीता रूम के अन्दर इतनी उपस्थित जैसे वो अनुपस्थित हो। वो थकी हुई लगती है। सिर्फ़ थकी हुई। नहीं, सिर्फ़ थकी हुई नहीं।

वो कहीं भीतर से टूटी हुई भी लगती है। ऐसा लगता है, वो अस्पताल की दिनचर्या से ऊब चुकी है। वो कुर्सी से उठती है। लगता है, जैसे वो आकाश के पास आयेगी। ऐसा आकाश को लगता है। वो उठकर बाहर जाती है। कुछ पल बाहर लॉबी की रेलिंग को पकड़ कर खड़ी रहती है। फिर आ बैठती है। किताब उठा लेती है।

आकाश बेड पर ऊब चुका है और संगीता अस्पताल से। उसे रोज़ आना पड़ता है। कभी ऑटो, कभी बस तो कभी ओला कैब से। उसने दफ़्तर से छुट्टियाँ ले रखी हैं। वो अस्पताल आती है। घर में रघु रह जाता है। रघु जो सर्वेंट है। रघु जो गूंगा है।

कभी--कभी निश्शब्द संगीता एकटक आकाश को देखती रहती है। इतनी देर तक क्या देखती है वो? आकाश के लिए यह स्थिति जानलेवा होती है। जैसे वो पति न हो कोई आब्जेकट हो, जिसे चाहे कितनी देर तक देखते रहो। निश्शब्द होकर एकटक देखना और देखते रहना... आँखों को चुभने लगे यह देखना। जैसे यह देखना न हो। काँच की किर्च का चुभना हो।

आकाश चाहता है पूछे कि वो इतनी देर तक उसे क्यों देख रही है। लेकिन सवाल पूछने की सकत उसमें रही नहीं। वो जानता है संगीता उसके किसी सवाल का जबाव नहीं देगी। इतना ज़रूर है वो पहले जैसे नार्मल थी, अब नहीं है। अब न सरगर्मी है उसमें न हौसला। वो किसी यन्त्र जैसी नज़र आती है।

आकाश का मन करता है संगीता से कहे कि वो कुछ दिन घर पर आराम करे। रघु को भेज दे। या फिर न भेजे। नर्स या अटैंडेंट्स से पॉट वग़ैरा माँग लेगा। लेकिन वो कभी कह नहीं पाया।

आकाश बेड पर ऐसे पड़ा होता है जैसे उम्र क़ैद की सज़ा भोगता कोई मुजरिम!

संगीता खिड़की के पर्दे को हटाकर बाहर देखती है फिर पलटकर अचानक देखने लगती है आकाश को। बिस्तर पर पड़ा एक शख़्स। उसका पति। लाचार। अपाहिज। भागती–दौड़ती दुनिया में पिछड़

चुका और निरन्तर पिछड़ता हुआ एक शख़्स। उसका पति। वो मन ही मन बुदबुदाती है – ''मिस्टर असमर्थ।''

बहुत पहले वो आकाश को कहा करती थी – टॉल एण्ड हैंडसम।

ज़ाहिर है, वो आकाश की विकलांगता को स्वीकार नहीं कर पा रही। एक ख़ूबसूरत स्त्री का पति व्हीलचेयर पर बैठा। लाचार। और झूलती हुई निर्जीव टाँगों वाला अशक्त और विकलाँग।

आर्थो सर्जन और डॉक्टर तनेजा राउँड पर आये हैं। उन्होंने आकाश का चैकअप किया है। बेड के एक कोने में पड़ी पेशेंट फ़ाइल को देखा है। कौन–कौन सी मेडिसन और इंजैक्शन दिये जा रहे हैं और क्या तबदीली करनी है। वो सब हिदायतें दे रहे हैं। फिर उन्होंने आकाश का कंधा थपथपाया है। एक कोने में खड़ी संगीता का देखा है उन्होंने महसूस किया है कि जो लेडी डॉक्टरों से, आकाश के विषय में कुरेद–कुरेद कर सवाल पूछती थी, आज प्रश्नहीन–सी खड़ी है। प्रश्नहीन और भावहीन् दोनों।

रूम से बाहर निकलकर डॉक्टर तनेजा ने अपनी टीम के डॉक्टरों से कहा था, ''डाक्टर्ज़! इट्ज़ वैरी आयरनीकल। पेशेंट को रियलिटी एक्सेप्ट करने में टाइम लगेगा। बट, दैट लेडी डिड नॉट रेज़्ड ऐनी क्वशचन। अब मुझे लाइन ऑफ़ ट्रीटमेंट थोड़ा बदलना पड़ेगा।''

एक डॉक्टर ने पूछा था, ''वो कैसे सर?''

''तुम देखना।'' डॉक्टर तनेजा बोले।

डॉक्टरों के चले जाने के बाद आकाश ने संगीता से पूछा है, ''संगीता, डॉक्टर क्या कह रहे थे?''

''वही रूटीन बातें।''

''संगीता तुम पूछ लेतीं कि डिस्चार्ज कब करेंगे?''

''क्या फ़र्क पड़ता है छुट्टी दो पहले मिले या बाद में। रहना आपको बेड पर ही है।'' रूखा–सा जवाब दिया था संगीता ने।

संगीता का जवाब सुनकर आकाश टूट–सा गया। गहरी सांस ली। बेचैनी पहले भी थी अब और ज़्यादा महसूस हुई।

आकाश ने अपना हाथ फैलाया। बोला सिर्फ़ एक शब्द। सिर्फ़ एक नाम – "संगीता"।

संगीता देखती रही। मन मार कर उठी। आकाश की हथेली पर अपना हाथ रखा और तुरन्त हटा लिया। जैसे संगीता का हाथ किसी मरे चूहे पर जा पड़ा हो।

आकाश शारीरिक और मानसिक यन्त्रणा से बेहाल है। ज़ेहन में अजीब–अजीब ख़्याल उठते हैं। एक ज़ख़्मी परिन्दा आत्मा के सुनसान गुम्बद में फड़फड़ाता रहता है। कुछ भी नहीं हो सकता। अब कुछ भी नहीं हो सकता। बाक़ी ज़िन्दगी ऐसे गुज़रेगी जैसे वक़्त, किसी चुँगी मोहर्रर की तरह सांसों की चुँगी वसूल कर रहा हो।

आकाश की हसरत थी कि संगीता कुछ–कुछ देर बाद खाने का या चाय पीने का पूछे। जैसे वो कुछ दिन पहले पूछती थी। चाय पिलाये तो ऐप्रेन लगा दे। इसी बहाने वो उसकी छाती को, गर्दन को और चेहरे को छू भी ले। कभी–कभी वो बैठे–बैठे उठती थी। आकाश के पास आकर खड़ी होती थी। उसके बेड पर थोड़ी–सी जगह बनाती। बैठ जाती। उसके माथे को चूमती। उसके हाथ सहलाती। कमर के घाव देखती। पीठ पर पाउडर छिड़कती। हाथ धोकर चार बिस्कुट निकालती। दो बिस्कुट आकाश को देती, दो ख़ुद खाती। आकाश इतने बड़े हादसे के बावजूद बच गया था। उसे उम्मीद थी कुछ दिन बाद वो बिल्कुल स्वस्थ होकर, एक स्टिक के सहारे लिफ़्ट तक चलेगा। कार में बैठेगा। और दोनों, अपने छोटे से घर में प्रविष्ठ होंगें। लगभग सवा महीने बाद!

संगीता न उठती है न चाय का पूछती है। बिस्कुट निकालकर बिस्तर के किनारे रख देती है बस!

आकाश को तसल्ली देने वाली संगीता कुर्सी पर ऐसे बैठी होती है जैसे ख़ुद को कहीं भूल आयी हो। गुमसुम। खोई–खोई। संवादहीन। जैसे किसी अदृश्य नोटबुक में सन्नाटे की लकीरें खींच रही हो।

आकाश उससे बोलने की कोशिश करता। वो कम–कम जवाब देती। शब्दों के टुकड़े टूटते। शब्द जैसे एहसान के साथ बाहर निकले हों।

एक दोपहर आकाश ने कह भी दिया था, ''बहुत चुप रहने लगी हो संगीता।''

''क्या बोलूँ?''

''कुछ भी।''

''कुछ भी क्या?''

''कुछ भी बहुत कुछ। बोलने के लिए या बात करने के लिए विषय की कमी कहाँ होती है।''

''मेरी अपनी प्राब्लम हैं।''

''संगीता तुम्हारी प्राब्लम क्या डिफ़रेंट हो गयी हैं? तुम्हारी प्राब्लम के साथ क्या मेरा कोई सरोकार नहीं?''

''मैं अपनी प्राब्लम किसी से शेयर नहीं करती''

''मुझसे भी नहीं?''

''नहीं।''

''संगीता, मैं तुम्हारा हसबेंड हूँ।''

''बेशक हो। इसमें कोई डाउट है क्या? बट कुछ पर्सनल भी होता है।''

''वो पर्सनल अचानक पैदा हुआ है। पहले तो तुम ऐसा नहीं सोचती थी।''

इससे पहले कि संगीता कोई जवाब देती। दरवाज़े पर नॉक करती हुई नर्स दाख़िल हुई।

नर्स के चले जाने के बाद, बात का सिरा पकड़ते हुए आकाश ने फिर कहा, ''मैं जानता हूँ संगीता तुम्हारी परेशानी की मूल वजह क्या है?''

संगीता सहम गयी थी। आकाश अभी कह देगा कि उसका अधूरापन, संगीता की मूल समस्या है। लेकिन आकाश ने कुछ नहीं कहा था। संगीता उठकर खिड़की के पास चली गयी। आकाश संगीता की पीठ को देखते हुए सोचता रहा कि उसकी सारी ख़ुशियाँ, चहल–पहल, सारी सरगर्मियाँ इसी तरह खड़ी हैं उसकी तरफ़ पीठ करके।

यह प्राइवेट वार्ड है। प्राइवेट वार्ड के छोटे--छोटे कमरे, कमरों के बाहर दूर तक जाती लॉबी। प्राइवेट वार्ड में जनरल वार्ड जैसा आलम नहीं है। यहाँ ख़ामोशी है। और एक अकथ उदासी भी। यह अस्पताल का प्राइवेट वार्ड ठिठकी हुई ज़िन्दगी और डरी हुई कामनाओं का ऐसा सर्कस है जहाँ जोकर हँसना–हँसाना भूल गये हों और वो टूटे हुए ख़्वाबों को पलकों से चुनने के करतब दिखा रहे हों।

वार्ड में ख़ामोशी–सी छाई रहती है। मरीज़ या तो दर्द से चीखते हैं या ख़ामोश रहते हैं। उनकी बातें ऐसी होती हैं जैसे ठिठुरते हुए लफ़्ज़ मायूसी का कम्बल ओढ़कर बैठे हों।

हर शय स्थगित प्रतीत होती है। सिर्फ़ नर्सें हैं जो तेज़ रफ़्तार चलती हैं। अपनी ड्यूटी बड़ी मुस्तैदी से निभातीं हैं। टेम्परेचर। मेडिसन। बेडिंग। बेंडेज। इंजैक्शन। ऐसा लगता है जैसे वो नर्सें न हो, उम्मीद की देवियाँ हों।

वार्ड में ख़ामोशी पसरी रहती है। आने–जाने वालों के जूतों की आवाज़ सुनाई देती है। लिफ़्ट खुलने या बन्द होने की भी आवाज़ आती है रूक–रूक कर।

यह बेशक प्राइवेट वार्ड है। लेकिन सेवलान, टिंक्चर और बहुत सारी मेडिसन की गन्ध है। यह वार्ड पुराना है। मुद्दतों से ख़ामोश खड़ी दीवारों ने इस गन्ध को अपने भीतर बसा लिया है। वार्ड की दीवारों, छतों और फ़र्श ने उदास रहना सीख लिया हो जैसे। दीवारें मरीज़ों के दुख को पहचानने लगी हैं। वो कहती कुछ नहीं। दीवारों के पास भाषा नहीं होती। दीवारों के पास खड़े रहने की तौफ़ीक होती है। दीवारों की एक ख़ूबी यह भी है कि उनके आसपास कितनी ख़ाली कुर्सियाँ पड़ी हों, वो बैठती नहीं। दीवारों के अगर हाथ होते तो वो हर दुखी मरीज़ को सहलाते हुए तसल्ली देतीं। दीवारें खड़ी रहती हैं। दीवारों पर कील से टंगे यीशू, नानक, कृष्ण, राम की तस्वीरें भी ऐसे खड़ी होती हैं जैसे सब तस्वीरें रोगियों को बता रही हों कि इस कायनात का मूल उसके शोकगीतों में है।

इस गन्धाते माहौल में एक गन्ध और भी होती है—दुख की गन्ध! एक अदृश्य—से दुख की गन्ध। एक बेड से दूसरे बेड तक—मरीज़ों के नाम—पते पूछती हुई।

कई बार ऐसा लगता है पूरा जहान् किसी पुराने जहाज़ की तरह है, जिसके यात्री सिर्फ़ क़दीमी मरीज़ हैं। ये मरीज़ अपनी तसल्लियों की तितलियाँ कहीं खो आये हैं। ये मरीज़, आक्सीजन मास्क लगाए, अपनी साँसों की जैसे गिनती कर रहे हों। इन मरीज़ों का दोस्ताना एंटीबॉयटिक से है। स्टीरॉयड के इंजैक्शनों से है। वोवरान, सेफ्टम, पेंटोसिड, प्रोथाइडिन और मरहम पट्टी की गॉज़ और गुलूकोज़ की स्लाइन और कैनूला और....संवेदना का चेहरा लिए हुए नर्सों से और डॉक्टरों से है जो ईश्वर जैसे नज़र आते हैं।

ऐसा लगता है, पुराने जहाज़ में सवार ये रोगी विस्थापन का कोई पर्यायवाची शब्द हों जैसे।

सिर्फ़ इस वार्ड में ही नहीं, हर वार्ड में एक और गन्ध भी होती है—मृत्यु गन्ध! वही गन्ध न सिर्फ़ माहौल में सहमापन पैदा करती है, बल्कि डराती भी है। बिना पैरों के चलती हुई वो गन्ध, पता नहीं, कब किसके पाँव में लिपट जाये।

डॉक्टरों और नर्सों का एक छोटा—सा कुनबा है—अपनी डॉक्टरी भाषा में बोलता हुआ। उस डॉक्टरी भाषा के केन्द्र में मरीज़ का रोग, टेस्ट, एक्सरे, एम आर आई होते हैं। मरीज़ों को सेहतमन्द करने की संवेदना हर डॉक्टर में होती है। मरीज़ से कोई डॉक्टर या नर्स उससे जाति, धर्म नहीं पूछते। सब मनुष्य एक! डॉक्टरों की टीम एक खुशनुमा वातावरण लेकर आती है। जब डॉक्टरों की टीम पेशेंट के बेड के आसपास खड़ी होती है तो लगता है बहुत सारे देवदूत खड़े हैं—ख़ैर माँगते। दर्द बाँटते। चिंतित होते।

जब डॉक्टर पेशेंट रूम से बाहर जा रहे होते हैं लगता है अभी—अभी सबने मिलकर जीवन राग गाया है।

4

आकाश बिस्तर पर पड़े–पड़े ऊब चुका है। उसे घर याद आता है। घर क्या है? घर एक कशिश का नाम है। दीवारों–खिड़कियों, रोशनदानों की बज़्म जैसे घर का नाम हो। क़दमों की पद्चाप, घर का नाम हो और अचानक हाथ से फिसलकर टूट गये कप की आवाज़ का नाम घर हो। आँगन में खूँटी पर टँगी पुरानी छतरी, घर का नाम हो। या तार पर सूखते कपड़ों का नाम घर हो। बेवजह बिखरे सामान का नाम घर हो या फिर छुपाकर रखे जवानी में लिखे प्रेम पत्रों का नाम घर हो।

घर एक प्रेम पत्र ही होता है। उसे कभी भी पढ़ा जा सकता है, कहीं से भी।

बनवास भोगता हुआ राम हो या कोई बेड पर पड़ा रोगी आकाश, घर लौट जाने को हर कोई आतुर होता है।

लम्बी यात्रा से लौटकर घर का मालिक जब कुर्सी पर बैठकर जूते उतारता है तो घर ही तो होता है जो न सिर्फ़ थकान को डाँटता है, बल्कि चाय भी पेश करता है।

आकाश को घर याद आने लगा है। घर का लगातार याद आना कोई मामूली बात नहीं होती। इसके पसःमंज़र गहरी वेदना होती है। कोई विस्थापन होता है अज्ञात–सा जो पनाह माँगता है।

आकाश घर को याद करता है। कमरे, बरामदा, सीढ़ियाँ, छत, सोफ़ा, फ़्रेमजड़ी तस्वीरें, गमले। शू रैक। अलमारियाँ। हैंगर में टँगे कपड़े। लकड़ी के बाक्स में रखीं बहुत सारी फुटबाल। आँगन में वॉश बेसिन के ऊपर टँगा हुआ शीशा। आकाश बीसियों बार आँगन में आता। हर बार शीशे में अपना चेहरा देखता हुआ जाता। ये पहले की बात है।

आकाश को रघु भी बहुत याद आया है इन दिनों। रघु बोल नहीं सकता। सुन सकता है। दो साल पहले आकाश उसे घर ले आया था। जब संगीता ने रघु को देखा तो परेशान हो उठी।

देखती रही गूँगे छोकरे को। नंगे पाँव। मैला बदन। फटे–पुराने कपड़े। निर्निभेष देखता हुआ। सहमा हुआ।

"सर, किसे उठाकर ले आये?" संगीता ने आकाश, से पूछा। संगीता आकाश को कभी–कभी 'सर' कहकर बुलाती। कभी जनाब कहती तो कभी आकाश।

आकाश ने गहरी सांस ली, कहा, "संगीता, ये लड़का अब यहीं रहेगा।"

"यहाँ रहेगा?....... लेकिन यह तो बोल नहीं सकता।" संगीता को आकाश का फ़ैसला अच्छा नहीं लगा था।

"बोल नहीं सकता, लेकिन सुन तो सकता है।"

"कैसे काम करेगा यहाँ। जो बोल नहीं सकता उसे कैसे समझाएँगे हम?"

"संगीता एक्सपेरीमेंट करके देखते हैं। मैं यक़ीन से कह सकता हूँ ये लड़का एड़जस्ट हो जायेगा।"

संगीता में इतनी हिम्मत नहीं होती थी कि वो आकाश की बात काटे या प्रबल विरोध करे।

समझौता–सा करते हुए उसने आकाश से पूछा, "लेकिन सर, इसे आप लाए कहाँ से?"

"एक चाय की दुकान से। इसे चायवाला बड़ी बेरहमी से मार रहा था। इसके हाथ से चायवाले शीशे के दो गिलास टूट गये थे। मैं उधर से गुज़र रहा था। इस गूँगे बच्चे का रोना तड़पा देने वाला था। वहाँ कई लोग तमाशा देख रहे थे। मैंने चायवाले से इस लड़के को छुड़ाया। एक थप्पड़ जड़ दिया।"

"..... और आप इसे घर ले आये।" संगीता ने आकाश की बात पूरी की। थोड़ा रूककर उसने फिर कहा, "मिस्टर जज़्बाती," दिल करता है आप पर जान न्यौछावर कर दूँ। बेशक संगीता के इस फ़िकरे में गुस्सा भी था और चिढ़ भी। और मज़ाक भी।

आकाश को घर याद आता है – शिद्दत से। जैसे उसके अन्दर के श्रीराम ने बनवास भोग लिया हो और अब वो घर जाना चाहता हो।

आकाश को अपना छोटा–सा घर किसी नज़्म जैसा लगता था। वो कितना भी बेख़्याल होता। पाँव घर की जानिब मुड़ने लगते थे। घर नज़्म जैसा और संगीता नज़्म के किरदार जैसी। घर कथा जैसा और छोटी–छोटी भावनाएँ कथानक जैसी।

आकाश बहुत दिनों से अस्पताल में है। वो घर को याद करता है। वो चाहता है इस बिस्तर से मुक्त हो जाये। उठे और चल पड़े घर की जानिब। लेकिन अब तो वो चल ही नहीं सकता। डॉक्टरों ने सहारा देकर उसे खड़ा किया। डॉक्टरों ने महसूस किया कि वो अपना सारा वज़न डॉक्टरों पर डालकर खड़ा है। चलना तो दूर की बात थी।

आकाश घर जाना चाहता है, अपने पैरों पर न सही, किसी और के पैरों के सहारे सही। न सही पाँव, व्हीलचेयर तो है। उसी पर बैठकर वो पूरे घर में घूमेगा। उसे बार–बार एक पंक्ति याद आती – 'चल खुसरो घर आपुने।''

घर जैसे एक सफ़ीना। दूर, नदी के बीच ख़ामोश। अकेला। इन्तज़ार करता। वो चाहता है कोई आये आकर दहलीज़ पर दीया जलाकर रखे। आहटों को पैदा करे। खिलंदड़ी–सी आवाज़ों से तमाम घर भर उठे।

5

जैसे कुछ रख दिया जाता है, बेड पर ऐसे पड़ा रहता है आकाश। संगीता को देखता और प्रेम की ऊष्मा को महसूस करता हुआ। उसे याद आता है वो समय जब संगीता उसके व्यक्तित्व से बहुत ज़्यादा प्रभावित रहती थी। यह ऐसा प्रभाव था जिसमें संगीता का थोड़ा डर भी शामिल था। आकाश अपनी पर्सनेलिटी के प्रति सचेत था। वो लापरवाह–सा नज़र आता। लेकिन इसी लापरवाह अंदाज़ में जो बिन्दासपन था, वही तो मारक था। दोनों, आकाश और संगीता जब सड़क पर चल रहे होते तो लोग देखते रह जाते। आकाश कहता – देखो संगीता, लोग तुम्हें देख रहे हैं। संगीत मुस्कराती।

आकाश की आँखों में आँखें डालकर कहती–"सर जी, मुझे नहीं, आपको देख रहे हैं।"

आकाश का व्यक्तित्व था ही आकर्षक। सुन्दर तो संगीता भी थी। लेकिन आकाश की क़द–काठी, चेहरा–मोहरा अपनी तरफ़ खींच लेता। खुलते कंधे, लम्बा चेहरा, मज़बूत जबड़ा, गेंहुआ रंग, घने काले बाल, गर्दन लम्बी। कई बार क्लीन शेव्ड तो कभी–कभी दो–तीन दिन की दाढ़ी। इससे आकाश का बिन्दासपन और ज़्यादा मुखर होता। बेशक, वो जानता था कब क्या पहनना है। जब वो स्टील ग्रे का सूट डालता। वाइट शर्ट पर महरून कलर की टाई और कफ़ पर चमकते, एथनिक लुक देते स्टड! वो शानदार लगता।

वो अपने होने को महसूस करता था। वो अपनी उपस्थिति को, जहाँ भी होता, रोशन आमेज़ बनाता। वो जानता था क्या पहनना है। वो यह भी जानता था कहाँ कितना बोलना है। वो दफ़्तर में चार्मिंग क्लीग था तो प्ले ग्राऊँड में विशिष्टता पैदा करता हुआ, सेन्टर फारवर्ड खेलता हुआ फुटबाल प्लेयर।

वो आदमक़द था। उसमें हसरतें थी। जीजिविषा थी। दरिया की रवानी और धूप की तरह खिलना उसे आता था।

आकाश को याद आया है वो दृश्य। हनीमून और रोहतांग पास। पहाड़ पर चढ़ते–चढ़ते निढ़ाल–सी हो गयी थी संगीता। आक्सीजन कम थी और काटनेवाली सर्दी। आकाश ने संगीता को अपनी पीठ पर बिठाया जैसे छोटे बच्चों को लोग पीठ पर लाद लेते हैं।

आकाश पहाड़ पर चढ़ रहा था और संगीता को उसने पीठ पर लाद रखा था। संगीता ने कई बार कहा था, "सर, आप थक जाओगे।" फिर कुछ देर बाद, "सर आप पहाड़ की चढ़ाई चढ़ रहे हैं और आपने मुझे भी उठा रखा है।"

आकाश ने थोड़ा हाँफते हुए संगीता को जवाब दिया था, "संगीता माई डार्लिंग! मैं पहाड़ जैसा सख़्त हूँ और देवदार जैसा ऊँचा......।"

कई बार अपनी ज़बान से कहे शब्द कितने झूठे पड़ जाते हैं। देवदार जैसा ऊँचा...... इस बात को आकाश सोचता है तो रूह काँपने

लगती है। अब वो देवदार जैसा ऊँचा नहीं रहा। अब वो 'बोनसई' बनकर रह गया है।

आकाश कमरे की छत को हज़ारों बार देख चुका है। उस कोरी सफ़ेद छत को ऐसे देखता रहता है जैसे कोई अदृश्य इबारत लिखी हो उस पर। लिखा कुछ नहीं होता। बिल्कुल वैसे जैसे खिड़की के हरे पर्दे और खिड़कियाँ जिन्हें वो देखता रहता है जो ख़ाली, चुप और इबारतहीन होती हैं।

इबारत लिखी होती है संगीता के चेहरे पर। अबूझ–सी इबारत।

आकाश संगीता के द्वन्द्व को समझने लगा है। आकाश की लापरवाही और बिन्दासपन को वो पुरूषोचित गुण मानती थी। वो आकाश को 'सर' कहती थी। आकाश मना करता तो वो हँसती और फिर कहती, "सर जी।"

कभी–कभी वो आकाश को 'मिस्टर देवदार' कहती थी। उसे आकाश की मर्दानगी पर गर्व था और उसकी शख़्सियत पर नाज़।

एक बार वो आकाश को अपने दफ़्तर ले गयी थी अपने बॉस से मिलवाने। उसकी बॉस आकाश को हैरान नज़रों से देखती रही। बेशक, संगीता की बॉस भी यंग थी यही कोई तीस–पैंतीस की उम्र। रंग गोरा। नक़्श तीखे। वो सम्भ्रान्त नज़र आती थी। वो बड़ी–सी टेबल के उस तरफ़ थी। आकाश को देखकर उठ खड़ी हुई। अपने हाथ को दूर तक ले आयी। हाथ मिलाते हुए बोली, "वैरी टॉल एण्ड हैंडसम।"

संगीता की बॉस के ये शब्द सुखकारी थे। आकाश को अच्छा लगा था और संगीता तो ऐसे कम्पलीमेंट्स से भाव–विभोर थी।

वही टॉल एण्ड हैंडसम शख़्स..... आकाश, ज़मीन पर पाँव तक नहीं रख सकेगा। बिस्तर से उतरेगा तो सामने व्हीलचेयर होगी। किसी दिन संगीता की बॉस ने संगीता से पूछा कि मिस्टर टॉल एण्ड हैंडसम कैसे हैं तो क्या जवाब देगी संगीता?

आकाश जानता है संगीता की कशमकश यही है। टॉल एण्ड हैंडसम पति जो विकलांग हो चुका है, जो चलना तो दूर, खड़ा भी नहीं हो सकता उसे कैसे स्वीकारे। क्या प्रश्न केवल स्वीकार करने

का है? प्रश्न और भी हैं। संगीता जिनसे जूझती रहती है। इसी ख़ब्त में वो दिन गुज़ारती है। किसी–किसी दिन वो अस्पताल नहीं भी आती। जिस दिन वो नहीं आती, आकाश को ख़ाली–सा महसूस होता है। उसका होना आकाश के मन में तनाव भर देता है और न होना ख़ालीपन।

6

पहले आकाश को यूरिन फ़ॉलिस केथेटर लगा रखा था। अब वो उतार दिया है। आकाश को पेशाब की हाजत हो रही है। लेकिन वो चुपचाप पड़ा है। संगीता से कहता नहीं। कहते हुए डरता है। कभी संगीता उससे डरती थी उसकी मर्दाना छवि से। उसके बिन्दासपन से। उसके जीवन शिल्प से। समय बदल गया हैं। अब वो डरता है। संगीता से पेशाब का पॉट माँगने में उसे सोचना पड़ रहा है।

आकाश सोच रहा है सेहतमन्द लोग अपने हाथ पैर के बारे में नहीं सोचते। वो भी नहीं सोचता था। बिल्कुल भी नहीं। जैसे लोग सांस लेने के बारे में नहीं सोचते। लेकिन अस्थमा का मरीज़ हमेशा अपनी साँसों की गति में उलझा रहता है। विकलाँग लोगों की सबसे बड़ी विडम्बना यह होती है कि वो निरन्तर शरीर के उस अंग का सोचते हैं जो या तो होता नहीं, होता है तो नकारा। बेहिस। बेजान।

मरीचिकाओं के खेल रोमांचक होते हैं। आकाश वही खेल खेलता रहता है। वो तसव्वुर करने लगता है कि वो दौड़ रहा है बेतहाशा। वो भाग रहा है एक ऐसी रेस में, जिसमें उसे विजयी होना है। अचानक तसव्वुर किसी काँच के गिलास की तरह गिर कर टूटता है। नर्स थर्मामीटर लेकर आती है। दूसरी नर्स उन ज़ख़्मों पर बिटाडिन लगाने आती है जो अभी ठीक नहीं हुए।

नर्सें पूछती हैं, "आप ठीक हैं।"

आकाश के होठों पर फ़ीकी–सी मुस्कान बैठती है कागज़ी तितली जैसी।

नर्सें भली हैं जो उसके ज़ख्मों को बिना मुँह बनाए छूती रही हैं। मरहम पट्टी करती रही हैं।

नर्सें, डॉक्टर उसके जिस्म को दुरूस्त करने में जुटे हैं। काश, कोई उसके मन के सन्ताप को महसूस करता। उसकी गहरी वेदना पर हाथ रखता।

आकाश चाहता है इस द्वन्द्व से बाहर निकले। लेकिन ऐसा होता नहीं। मन का घोड़ा दौड़ पड़ता है। उसकी आयालें लहराती रहती हैं। आकाश कुछ नहीं कर पाता। वो दो फाड़ हो जाता है। मन का एक हिस्सा ताक़तवर। मन का दूसरा हिस्सा दुर्बल। बीच में किसी डिवाइडर की तरह वो खुद। दोनों टीमों के बीच हारा हुआ रैफ़री।

आकाश को पेशाब की हाजत है। आधा घण्टा या इससे ज्यादा हो चुका है। पता नहीं कोई स्टीरायड है या फिर डायामाक्स, जिससे पेशाब की हाजत बहुत तीव्रता से उठती है। थोड़ी ज़्यादा देर हो जाये तो ऐसा लगने लगता है जैसे ब्लैडर फट जायेगा।

कुछ दिन पहले तक कैथेटर लगा रहा। पेशाब नली के ज़रिए थैली में जाता हुआ। तब कोई दिक्कत नहीं थी। दिक्कत अब है। बेड के नीचे पॉट को उठाकर देना, संगीता को अच्छा नहीं लगता। आकाश कोशिश करता है कि पेशाब को रोके रखे। डॉक्टरों ने सख्त हिदायत दी है कि यूरिन को 'पास' करते रहना है उसे, रोकना नहीं।

आकाश पेशाब के प्रेशर को रोककर पड़ा है। अपना ध्यान इधर–उधर की बातों में लगा रहा है। उसने तकिये पर रखे अपने सर को दायीं तरफ़ घुमाया है। संगीता दिखायी दे रही है। उसका मुक़म्मल व्यक्तित्व, ख़ूबसूरत चेहरा दिखायी दे रहा है। वो किताब पढ़ रही है। किताब पढ़ती हुई संगीता का चेहरा कितना मासूम नज़र आ रहा है जैसे कोई पहली का बच्चा क़ायदा पढ़ रहा हो। संगीता सचमुच मासूम नज़र आ रही है। उसके बालों की एक लट माथे से होते हुए चेहरे पर चली आयी है। संगीता उसे हटाती नहीं। यह बेपरवाही, कोई शायराना अन्दाज़ हो जैसे। आकाश का दिल करता है कि वो अपने हाथ से संगीता के बालों की लट संवार दे।

लेकिन आकाश का हाथ इतना लम्बा तो नहीं कि वहाँ तक पहुँच जाये। यही तो दिक्कत है। पहले दूर पड़ी चीज़ें, दूर नहीं लगती थीं। उन तक झट पहुँच जाता था आकाश। अब कोई चीज़ थोड़े से फ़ासले पर हो तो लगता है वहाँ तक पहुँचने में मुद्दतें लग जायेंगी।

जैसे कि बेड के नीचे रखा यूरिन पॉट। उसे आकाश उठा नहीं सकता और संगीता को कहने का साहस नहीं रहा।

आकाश ने संगीता को बहुत सारा देख लिया है और अब भी देख रहा है। डर भी रहा है कि वो कहीं चोरी करते पकड़ा न जाये। उसे पता है, स्त्री की तीसरी आँख भी होती है।

संगीता उठकर बाहर गयी है। किताब औंधे मुँह रख कर। ऐन इस बीच एक अटैंडेंट आया है। आकाश ने उसे यूरिन पॉट के लिए कहा है। पेशाब से भरा पॉट अटैंडेंट टॉयलेट में ख़ाली करके आया है। बेड के नीचे रखकर वो आकाश को देख रहा है। बहुत हमदर्दी से उसने कहा है, "सर, कोई काम हो तो मुझे बता दिया कीजिए।"

अटैंडेंट का हाथ आकाश के घुटनों पर रखा है। जैसे वो सहला रहा हो और आकाश के दुख को समझ रहा हो।

आकाश ने तकिये के नीचे रखा पचास का नोट अटैंडेंट की तरफ़ बढ़ाया है।

अटैंडेंट काँप–सा गया है। उसकी आवाज़ में कम्पन है। वो हाथ जोड़कर कहता जा रहा है, "नहीं सॉब! बिल्कुल नहीं सॉब! मैं पैसे माँगने नहीं, दुआ माँगने आया हूँ साब! आप पूरी तरह ठीक होकर घर जायें।" वो अपनी सीधी–सच्ची भाषा में कुछ दुआ–सी माँगता हुआ, बहुत पवित्र लग रहा है। आकाश ने अपना हाथ बढ़ाया है। अटैंडेंट ने अपने दोनों हाथों में आकाश के हाथ को भर लिया है।

मित्रता का यह क्षण अनमोल क्षण है।

संगीता लौट आयी है। कुर्सी पर बैठी संगीता, हाथ में किताब, वो ज्ञान की देवी लगती है।

एक बार वो कुर्सी के बदले स्टूल पर बैठी थी। नींद की झपकी और वो धड़ाम फ़र्श पर। वो गिरी। वो उठी। वो मुस्कराई। वो तब की बात है जब वो आकाश का बहुत ध्यान रखती थी।

नींद भी क्या अजब शय है। आये तो स्टूल पर आ जाये, कार चलाते हुए आ जाये, रोटी का लुक़मा तोड़ते हुए आ जाये, पैदल चलते आ जाये। न आये तो नर्म बिस्तर पर न आये। जैसे कि अब आकाश को नींद नहीं आती।

अचानक संगीता ने किताब से ध्यान हटाते हुए पूछा है, ''कुछ चाहिए?''

''थोड़ी-सी चाय....एक बिस्कुट।'' आकाश की आवाज़ में संकोच है। शब्द जैसे थक गये हों।

चाय और बिस्कुट देकर संगीता फिर कुर्सी पर बैठ गयी है। आकाश चाहता है संगीता भी उसके साथ चाय पीए। उसने चाय नहीं पी। पहले पीती थी। चाय पीते हुए मुस्कराती और मुस्कराते हुए बात करती।

संगीता अक्सर सूट डालकर आती है। वो बहुत अच्छी लगती है। कभी शफ़ान, जार्जट या आरंकडी की साड़ियाँ बदलकर आती है। माथे पर बिन्दी। हल्का-सा मेकअप।

बहुत पहले पार्क में घूमते हुए आकाश ने संगीता की बिन्दी देखते हुए कहा था, ''सुर्ख़ बिन्दी तो सूरज की तरह चमक रही है।''

संगीता खिलखिलाकर हँसी। माथे की बिन्दी को उतारकर बोली, ''सरजी, ये लो सूरज, इसे अपनी जेब में रख लो।''

इस तरह की चुहल, इस तरह का खिलंदड़ापन अब आकाश के अधिकार क्षेत्र से बाहर हो चुका है।

संगीता चार बजे करीब अस्पताल से वापिस चली जाती है। उसके जाने के बाद अजीब-सी वीरानी। संगीता का होना और उसका न होना, आकाश इसी दुनिया तक सीमित है।

आकाश ने इन दिनों एक और बात भी महसूस की है। संगीता सेनेटाइज़र की छोटी-सी शीशी अपने पास रखती है। कुछ-कुछ देर

बाद हाथों पर रगड़ती है। हाथ साफ़ हो जाते हैं। साफ़ हाथ शायद ज़्यादा साफ़ हो जाते हैं या जीवाणु मर जाते हैं।

गर्मी के दिन हैं। ए.सी. चलता रहता है। बाहर का मौसम कैसा होगा आकाश को पता नहीं। टी.वी. पर ख़बरों के अलावा वो दिन का टेम्परेचर भी देख लेता है। टी.वी. द्वारा बताए गये मौसम की जानकारी कितनी दुर्बल होती है। न धूप का पता चलता है न नीले आकाश का। सूरज चाँद सितारे तो आकाश ने मुद्दतों से नहीं देखे। कमरे की छत को देखना, दिन के वैभव को कितना कम देखना होता है।

दोपहर का वक़्त कम आवाज़ों का वक़्त होता है। नर्सों की आवाज़ें सुनाई दे जाती हैं या फिर वार्ड बॉय जब पेशेंट को स्ट्रेचर ट्रॉली पर लाते हैं। उसे बेड पर उतारते हैं। बेड को कर्टन के घेरे में लेते हुए छोटी–छोटी आवाज़ों की चेपियाँ उड़ती रहती हैं। नये पेशेंट की आमद पर नर्सें मुस्तैद नज़र आती हैं। गुलूकोस स्लाइन, टेम्परेचर, इंजैक्शन। .....बाहर की दुनिया में आवारा पूंजी के खेल, काले कारनामे, राजनीतिज्ञों की क्रूरता, उद्योगपतियों के छद्म और यहाँ, नर्सें, मरीजों की सेवा में जुटीं, कम सेलरी, ज़्यादा ज़िम्मेदारियाँ।

संगीता ने किताब औंधें मुँह रख दी है। वो बहुत देर से बैठी है निष्क्रिय! कुछ सोचती हुई। एकटक शून्य में देखती हुई। संगीता शून्य में देख रही है और आकाश उसे देख रहा है।

आकाश ने दम साधकर पूछा है, ''क्या सोच रही हो संगीता?''

''कुछ भी नहीं।''

''कुछ तो सोच रही हो?''

''मुझे कुरेदो मत प्लीज़।'' आवाज़ में रूखापन है। आकाश सहम–सा गया है। कुछ पल चुप रहने के बाद, शब्दों को इक्ट्ठा करते हुए उसने कहा है, ''थक गयी हो संगीता?''

''क्या मैं इसे मज़ाक समझूँ?''

''नहीं! मज़ाक मैं करूँगा..... तुम्हारे साथ। बिल्कुल भी नहीं। यह तो मेरी भावना है।''

''मैं आपकी भावनाओं की कद्र करती हूँ, बट प्लीज़।''

"......प्लीज़ क्या?" आकाश की आवाज़ में सहमापन है।

"प्लीज़, आप चुप रहें।" संगीता के लहजे में उक्ताहट है।

"संगीत.....।" आकाश कुछ कहते–कहते रूक गया है।

संगीता ने एक बार आकाश की तरफ़ देखा है।

"संगीता! साउथ एक्स या दिल्ली हॉट चली जाओ। थोड़ा मन बहल जायेगा।"

"कितनी देर के लिए?" उसके प्रश्न में तीखापन है। शब्दों की रेत–सी उड़ती हुई चली गयी हो जैसे।

आकाश चुप हो गया है।

संगीता भी चुप है, पहले की तरह।

दोनों चुप।

संवादों की दो कश्तियाँ जैसे धीरे–धीरे डूब रही हों।

शायद सूरज भी डूब रहा होगा।

7

आकाश को अचानक ब्राँकाइटस का स्वीयर अटैक हुआ है। तनावग्रस्त मरीज़ अक्सर इसकी चपेट में आ जाते हैं। आकाश के साथ यही हुआ था। साँस ले पाने में दिक्कत। सर में भयानक दर्द। कन्धे जैसे टूट रहे हों। अजीब तरह की छटपटाहट थी। पाँव और टाँगें बेहिस थे। बाक़ी देह में हाहाकार।

आकाश को देखने नर्सें आयीं। फिर डॉक्टर! डेकाडरॉन और डेरीफाइलिन का इंजैक्शन। नेबुलाइज़र। डेओलिन और बुडाकोर्ट।

कुछ घण्टों बाद आकाश की हालात में सुधार हुआ। डॉक्टर तनेजा ख़ुशबाश डॉक्टर थे। चीयरफुल अंदाज़ में रोगियों से हालचाल पूछते। आकाश को देखते रहे। थोड़ा चिंतित दिखायी दिये। नर्स स्टैला और मेरीकुटी को इस काम में लगाया गया कि वो आकाश की और उसके गार्जियन का 'बिहेवियर' वॉच करें।

ये बातें आकाश को नहीं बताई गयी थीं। लेकिन आकाश और संगीता की हर बात को नोट किया जाने लगा था। अगले दिन जब संगीता अस्पताल में आयी तो नर्स स्टैला उसके चेहरे के भाव पढ़ती रही, जब उसे बताया गया कि कल रात को पेशेंट को ब्राँकाइटिस अटैक हुआ था।

कुछ दिन पहले....यही कोई बारह–पन्द्रह दिन पहले संगीता आती तो बड़ी व्यग्रता से पूछती, ''सर, रात कैसी बीती? कमर में ज़्यादा दर्द तो नहीं हुआ था? पैरों में सेंसेशन महसूस हुई?''

नर्स की बात सुनकर उसने कहा था,

''सो सैड।''

अस्तबल में बँधा लंगड़ा घोड़ा सबसे ज़्यादा उपेक्षित जीव होता है। साईंस भी उसकी तरफ़ बहुत कम ध्यान देता है। वो लंगड़ा घोड़ा, घोड़ों के बीच, सबसे ज़्यादा अकेला अपनी आत्मकथा सुनाने को आतुर। वो चाहता है कोई उसके पास आये। पीठ पर हाथ रखे। दस्ती को सहलाए। सैडल को थपथपाये। उसकी आयालों पर हाथ फेरे.....

आकाश बिस्तर पर पड़ा ख़्यालों की रेत में धंसा कोई बूढ़ा घोड़ा जो अपनी सारी दिशाएँ भूल चुका है।

आकाश ने एक बात नोट की है, वो यह कि नर्सें ज़्यादा चक्कर लगाने लगी हैं। वो कई बार आती हैं। वो पहले आपसी बातचीत में आकाश का नाम नहीं लेती थीं। उसे बेड नम्बर दस कहती थीं। अब मिस्टर आकाश।

दरहक़ीकत, वो आकाश का व्यवहार नोट कर रही हैं। वो आकाश की ऐसी वॉचमैन हैं, जिन्हें आकाश की चिन्ता है। वो आकाश की हर मूमेंट को वॉच करती हैं। ड्यूटी रूम में किसी नोटबुक में उसे तहरीर करती हैं। उन्होंने संगीता को बड़ी नम्रता से कहा कि वो रोज़ाना, अस्पताल आना छोड़ दें। नर्सें देखभाल कर लेंगी।

आकाश अब नर्सों के भरोसे रहता है। वो उसका मसाज करती हैं। पॉट उठाकर देती हैं। चाय की जब ट्रॉली आती है तो गिलास में चाय भी ले लेती हैं। आकाश को नर्सें मिलकर बिठाती हैं।

चाय बिस्कुट और थोड़ी–सी प्रोफ़ेशनल मुस्कान! वैसे बेड भी हाइड्रोलिक है। बटन दबाने से या रिमोट से ऊपर उठता है।

नर्सें बहुत तत्परता और लगन से काम करती हैं। कहीं कोई चूक नहीं। फिर भी पता नहीं क्यों, नर्सों की हर गतिविधि में आकाश को संगीता की याद आती है। संगीता की उपेक्षा में भी कोई अदृश्य–सा कच्चा धागा है उसे अपनी ओर खींचता हुआ।

स्टैला सांवले रंग की ख़ूबसूरत नर्स स्टूल खींचकर बैठ भी जाती है। वो यँग है, लेकिन उदास नज़र आती है। शायद वो प्रेम में असफल हुई हो या फिर उसे अपने घर की याद आती हो।

वो रूक–रूककर, सोच–सोचकर बोलती है। वो बहुत सचेत रहती है कि कहीं कोई बात ग़लत न निकल जाये। कई बार वो आकाश के हाथ पर हाथ रख देती है। आकाश को सुख मिलता है। एक दिन उसने डोंगी पर रखी कँघी से आकाश के बाल संवार दिये थे। उस दिन आकाश बहुत सारा हँसा था। स्टैला के चले जाने के बाद भी, मन ही मन मुस्कराता रहा था आकाश।

एक दिन स्टैला ने बातों–बातों में कहा था, "मिस्टर आकाश, यू नो? महात्मा बुद्ध ने क्या निष्कर्ष निकला? यह कि संसार दुखों का घर है।"

स्टैला वापिस डयूटी रूम चली गयी। लेकिन जीवन का सूत्र वाक्य छोड़ गयी कि ज़िन्दगी एक शोकगीत है जिसे हम हास्य कथाओं में बदलने का नाटक करते रहते हैं।

नर्सो की आवाजाही से एक बात तो ज़रूर हुई है। पहले आकाश चुपचाप पड़ा रहता था। कभी–कभी टी.वी. देखता। फिर टी.वी. भी बन्द कर देता। ख़ामोश कमरे में ख़ामोश रोगी।

अब नर्सो के साथ थोड़ी–थोड़ी बात हो जाती है। बेशक, छोटे–छोटे वाक्य भी सन्नाटे की ज़द में पड़े आकाश का मन बदल देते हैं।

शायद यह भी कोई थेरेपी हो, रोगी के अवचेतन तक पहुँचने की।

8

संगीता दो दिन बाद अस्पताल में आयी है। नर्सों ने कहा कि वो घर में रह सकती है। वो घर में रही। आज उसका आना आकाश को सुखद लग रहा है। उसके अपनेपन में तो अपनापन था ही, उसकी उपेक्षा में भी अपनापन है, आकाश ऐसा सोच रहा है। संगीता को देख रहा है। संगीता ने एक बार पूछा है, "हाऊ आर यू?" शब्दों का बुरादा छीलकर फेंक दिया हो जैसे संगीता ने।

"आई एम फ़ाइन। तुम कैसी हो संगीता?" आकाश ने बेहद मुलायम स्वर में कहा है।

"ठीक हूँ।" उसकी आवाज़ में दूरियाँ का बोझ है। उसने पर्स रख दिया है। आँखों पर काले रंग का बड़ा–सा चश्मा जो उसने लगा रखा था, उतार दिया है। पर्स में से किताब चॉकलेट, सेनीटाइज़र, और मोबाइल निकालकर रख दिये हैं।

संगीता शफ़ॉन की साड़ी में ख़ूबसूरत लग रही है। उसे इस बात का अहसास है कि वो सुन्दर है। आकाश को इस बात का इल्हाम हो चुका है कि वो लाचार है। अब वो बिस्तर पर है। बिस्तर से जब वो उतरेगा तो व्हीलचेयर पर जा गिरेगा।

फ़र्क साफ़ है। ये फ़र्क अब कभी ख़त्म नहीं होगा। संगीता के मुक़ाबले वो हमेशा न सिर्फ़ कमतर रहेगा, बल्कि दीनता और दुर्बलता के बोध से भी घिरा रहेगा।

संगीता का आना ख़ुशगवार मौसम का आना हो जैसे। आकाश को अच्छा लग रहा है। उसे लग रहा है कोई अपना चल आया है वीरान कमरे में। कमरे में नर्सों की आवाजाही रही। वो बहुत विनम्रता से बात करती रहीं। लेकिन संगीता की बात दूसरी है।

संगीता थर्मस नहीं लाई। थर्मस लेकर आती तो आकाश थोड़ी–सी चाय पीता। आकाश सोच रहा है। संगीता ने वार्ड बॉय को बुलाया है। चाय लाने के लिए कहा है। संगीता का ऐसा रौबदाब है कि कोई मना नहीं करता।

आकाश अपने आपको समझा रहा है, "क्या इतना काफ़ी नहीं कि संगीता रोज़ाना अस्पताल आती रही। जबसे उसे पता चला है कि आकाश की टाँगें बेहिस हो चुकी हैं। उनमें अब जान है न शरीर का बोझ उठाने की सकत! तब से उसमें अजीब तरह का परिर्वतन आया है। वो आकाश के इस रूप को स्वीकार नहीं कर पा रही। अजीब विडम्बना है, खुद आकाश, अपने अपाहिज रूप को स्वीकार नहीं कर पा रहा।

आकाश समझ चुका है अब उसके अधिकार पहले जैसे नहीं रहे। हक़ीकत यह है कि आकाश ख़ुद भी तो पहले जैसा नहीं रहा।

संगीता का अस्पताल आना क्या महज़ रस्म अदायगी है....या कुछ और? आकाश अक्सर इस द्वंद्व में फंस जाता है। तनाव के कीचड़ में लथपथ होता है जब, वो द्वंद्व से बाहर निकलता है ख़ाली हाथ, हाँफ़ता हुआ-सा। एक ऐसा हिरन जो मुद्दतों का प्यासा हो और जिसके सामने पानी के तालाब के बदले रेत का टीला रख दिया हो।

संगीता बहुत देर से मोबाइल पर किसी से बात कर रही है। बेशक, वो धीरे-धीरे बात कर रही है लेकिन आकाश को अखर रहा है। मोबाइल उसके पास भी है। वो किसी से बात नहीं करता। बात करे भी तो किससे?

वो अस्पताल में क्या आया कि सारे रिश्ते ज़मीन पर आ गिरे। जैसे कमर आकाश की न टूटी हो, रिश्तों की टूटी हो। शुरू-शुरू में क्लीग आये। तब, जब वो आई. सी. यू. में था या तब, जब वो प्राइवेट रूम में शिफ़्ट किया गया। बहुत सारे क्लीग आये एक साथ। फिर आना कम होता गया। फिर बहुत कम। फिर फ़ोन पर सन्नाटा।

रिश्तों की सेहत तब तक ठीक रहती है जब तक दोस्तों की सेहत ठीक रहे। वरना इतनी फुरसत किसके पास है कि कोई दूसरों के लिए अस्पतालों के चक्कर काटे। हर शख़्स के पास अपनी दुनिया है, अपने रंजो-अलम। अपनी दौड़-धूप और अपनी बदहवासियाँ। ख़ूबसूरत शहर के अन्दर निजता का रोग लिए हर शख़्स मुतमइन है और आत्ममुग्ध।

संगीता ने एक निजी दुनिया निर्मित कर ली है। चलती–फिरती, कपड़े बदलती, मुस्कराती, गुनगुनाती सेहतमन्द लोगों की दुनिया। मोबाइल एक प्रतीक है। गतिशील लोगों के हाथ में मोबाइल इस बात का संकेत है कि वो सम्बन्धों के दायरे में हैं। ग्लोबल सूचनाओं से लेकर, दोस्तों की मेरिज ऐनीवर्सरी तक की ख़बरों से 'इन टच' रहते हैं।

संगीता मोबाइल के ज़रिए सम्बन्धों के रेशमी तारों को जोड़े रखती है। ऐसा लगता है उसके हाथ में तकनीक है और वो इसके ज़रिए, वक़्त से खेल रही है। वक़्त को पछाड़ रही है वो। उसके हाथों में मोबाइल, गोया, कोई बोलती हुई डायरी हो उसके हाथ में। मोबाइल पर बात करते हुए वो शेष दुनिया को ख़ारिज कर देती है। वो इस तरह दाख़िल–ख़ारिज के खेल खेलती है। वो अभिजात लगती है। महत्वपूर्ण तो वो है ही। सौन्दर्य स्त्री को सुख देता है और दर्प भी। वो हाई हील के सेंडिल नहीं डालती फिर भी, वो थोड़ी ऊँची नज़र आती है। जैसे आत्मविश्वास का कोई छोटा–सा सूरज, वो आसमान से ख़रीद कर आयी हो। उसके पर्स में बहुत सारी छोटी–छोटी चीज़ें होती हैं। हर चीज़ क़ीमती हो जाती है उसके पर्स में, वो मेट्रो का कार्ड हो या चैनल फ़ोर प्रफ़्यूम!

संगीता एक विशाल नगर की ऐसी नागरिक है। जहाँ सब काग़ज़ी फूलों के जलसे में, तितलियों पर सेमिनार करते हैं। संगीता के अनेक मित्र हैं।

पहले आकाश भी संगीता के संसार में था। उस संसार का प्रथम नागरिक, जिस पर संगीता गर्व करती थी।

आकाश अब उस संसार से बाहर आ चुका है। दरहक़कीत, वो बाहर कर दिया गया है। तेज़ रफ़्तार दौड़ने वालों के लिए वो शख़्स, ज़िन्दगी की दुर्बल फोटोप्रति होकर रह जाता है जो अपने रास्ते गंवा आया हो और पाँव भी।

आकाश के पास मोबाइल है। रिचार्ज भी कराया हो शायद। लेकिन बैट्री चार्ज उसने कभी की नहीं। चार्जर ही गुम नहीं हुआ, दोस्तियाँ भी गुम हो गयी हैं। तब वो अपने आपको कितना ज़रूरी

इन्सान समझता था। अब कितना व्यर्थ! व्यस्त दुनिया के शोरूम में आकाश किसी अनुपयोगी, एक्सपायरी डेट के पदार्थ जैसा।

आकाश ने कुछ दिन पहले संगीता से कहा था कि उसके मोबाइल को चार्ज कर दे।

"किस लिए?" पैने ब्लेड की तरह चीरते ये दो शब्द आकाश की औक़ात का तर्जुमा करते हुए।

"तो क्या इस हादसे को छुपाकर रखना चाहती हो? मेरे बहुत सारे क्लीग मुझसे अस्पताल में मिलकर गये हैं मेरे हादसे की उनको ख़बर है।"

"मैं हादसे को छुपाने की बात नहीं कर रही।"

"तो.....फिर?"

"तुम्हारी यह अपाहिजता। तुम्हारी टाँगों का 'डेड' हो जाना।" जैसे शब्दों को तेज़ाब में डुबोकर, उसने आकाश पर वार किया हो।

संगीता का जवाब सुनकर आकाश अस्थिर हो उठा है। सोच रहा है कि संगीता अब उसे सबसे छुपाकर रखेगी। अगर वो किसी को नज़र आ गया तो संगीता के रूतबे में कमी आ जाये शायद। शायद या यक़ीनन।

बेशक, अब आकाश की पहुँच बहुत सीमित हो जायेगी। एक नामालूम–सा फ़ासला, हज़ारों चीख़ते हुए रेगिस्तानों का बोझ ढ़ोते हुए।

संगीता उठकर बाहर गयी है। मोबाइल डोंगी पर रखा है। आकाश देख रहा है। मन करता उसका, मोबाइल उठा ले संगीता का। लेकिन मोबाइल उसने उठाया नहीं। संगीता आकाश की पत्नी है। बेशक है। लेकिन मोबाइल उठाना एक बेअदबी है। नहीं, बेअदबी नहीं, शायद अपराध।

बस, यही बात है जो आकाश के मन में तड़प पैदा करती है। आकाश को वो दिन याद आते हैं जब आकाश रिचार्ज कराना भूल जाता। संगीता दोस्ताना लहजे में कहती, "सर, आज मेरा मोबाइल ले जाइए।" पता नहीं संगीता को ये बातें यादें होंगी या नहीं? वर्तमान उसके लिए इतना वितृणा से भरा है कि वो अतीत के रूमान में नहीं भटकना चाहेगी।

जब आकाश सेहतमन्द था, तन्दुरूस्त और बेफ़िक्र! तब वो फ़ुरसत में होता तो मोबाइल पर एस एम एस, चैटिंग करता। मोबाइल पर एफ़ एम सुनता। मोबाइल को कैलकुलेटर की तरह इस्तेमाल करता। तारीख़ और वक़्त देखता। गेम खेलता। कभी–कभी 'मूवी' भी देख लेता। मोबाइल एक ऐसी खिड़की थी जहाँ से वो विश्व की छवियाँ देखता। फ़ेसबुक किसी कथा–कीर्तन की तरह लगता और वाट्सऐप किसी गुल्लक जैसा, जिसमें वो लम्हों के सिक्के गिन–गिनकर रख रहा हो।

9

डॉक्टर तनेजा सर्जरी विभाग के हेड हैं। बेहद शालीन, अनुभवी और दायित्वबोध से भरपूर। वो हर पेशेंट से मिलते हैं। उसकी तक़लीफ़ से रू–ब–रू होते हैं। वो न्यूरो सर्जन है। आकाश का केस थोड़ा टिपिकल है, स्पाइन से रिलेट करता है। वैसे आर्थो के डॉक्टर भी आकाश को देखने आते हैं। फ़ीज़ियो थेरेपिस्ट भी कुछ अरसा पहले आता रहा। उसने अपने तमाम गेजेट्स के ज़रिए आकाश की टाँगों में सेंसेशन पैदा करने का प्रयास किया। और पूरी तरह असफल रहा। युरोलोजी के डॉक्टर भी आकाश को देखने आते हैं।

इतवार छुट्टी का दिन होता है। सीनियर डॉक्टर राउँड पर नहीं आते। कोई इमरजेंसी केस हो तो डॉक्टर बुला लिए जाते हैं। इतवार, अमूनन रेज़ीडेंट डॉक्टरों और नर्सों के हवाले रहता है।

थोड़ी अजीब–सी बात है। इतवार है और डॉक्टर तनेजा, हेड ऑफ़ डिपार्टमेंट, वार्ड में आये हैं। वो राउँड पर नहीं हैं। लेकिन वो फ़्रेंडली राउंड पर ज़रूर हैं। क्रीम कलर की पतलून, सफ़ेद कमीज़। उन्होंने सफ़ेद कोट नहीं पहन रखा। स्टेथोस्कोप या हैमर भी नहीं है उनके पास। वो ड्यूटीरूम में बैठी नर्सों और डॉक्टरों से मिलने के बाद, मरीज़ों का हालचाल पूछने के बाद, आकाश के रूम में आये हैं। संगीता नहीं आयी। आज शायद वो न भी आये। आकाश अकेला है।

वो छत की ओर देख रहा है। छत को वो इतनी बार देख चुका है कि जैसे कोई रिश्ता हो गया हो उससे।

"हैलो यंग मैन!" डॉक्टर तनेजा आकाश के पास खड़े हैं। वो मुस्करा रहे हैं।

"अच्छा हूँ सर।" आकाश की आवाज़ में उत्साह की उड़ती हुई राख है।

"आप इतने यंग और आवाज़ बूढ़ों जैसी।" डॉक्टर तनेजा की आवाज़ में थोड़ा खिलन्दड़ापन है।

"सर, आप मेरी हालात से ख़ूब वाकिफ़ हैं।"

डॉक्टर तनेजा चुप खड़े हैं। थोड़ी दुविधा थोड़ा तनाव। जैसे वो अपने शब्दों को ढूँढ़ रहे हों। वो सँभले। उन्होंने फिर कहा, "इस हालत में भी आप कह सकते हैं कि मैं बहुत अच्छा हूँ। अपने इनर से ताक़त हासिल करके।"

"ये मेरा शरीर किसी और का होता तो मैं ज़रूर कहता है कि मैं बहुत अच्छा हूँ। ये मेरा शरीर है। इसका एक हिस्सा मेरा कहना नहीं मानता।" आकाश ने जैसे तड़पकर कहा हो।

"आकाश, क्या मैं आपके साथ बैठ सकता हूँ।" डॉक्टर तनेजा पूछ रहे हैं।

आकाश हैरान है। उसने कहा, "श्योर सर।"

डॉक्टर तनेजा चाहते तो वार्ड बॉय को बुलाकर आकाश के बेड को.......सर वाली साइड से ऊपर उठवा सकते थे। ये काम उन्होंने खुद किया है रिमोट के ज़रिए।

अब आकाश सिटिंग पोज़ीशन में है। उसके सामने डॉक्टर तनेजा खड़े हैं। उन्होंने डोंगी पर रखे सामान को देखा है। खिड़की। खिड़की का हरा पर्दा। ए. सी. उसका रिमोट स्टूल और कुर्सी।....पता नहीं उन्हें किस चीज़ की तलाश है।

डॉक्टर तनेजा ने कुर्सी पर बैठने के बाद एक चुटकुला सुनाया है "पति ने कहा मैं डॉग रेस में जा रहा हूँ। पत्नी ने कहा, "अब इस उम्र में भी तुम दौड़ लगाओगे।"

चुटकुला सुनाने के बाद वो ठहाका लगाकर हँसे हैं। आकाश शायद न हँसता। लेकिन डॉक्टर तनेजा को हँसता देखकर वो भी हँस पड़ा है।

डॉक्टर तनेजा ने थोड़ा संजीदा होकर कहा है, ''आकाश, संडे के संडे मैं इसी तरह हँसता हूँ।'' अपनी इस बात पर वो फिर हँस पड़े हैं।

ख़ूब सारा हँस चुकने के बाद उन्होंने बेशक कमरे की उस आबोहवा में तबदीली की है जो अवसाद ने पैदा की थी।

''हाँ, तो हम क्या बात कर रहे थे?''

''सर, हम मिट्टी की बात कर रहे थे। पृथ्वी हमें चलना सिखाती है और हम रास्तों की तलाश में निकल पड़ते हैं।''

''यात्रा।''

''येस सर, यात्रा। जो पैरों से मुकम्मल होती है।'' आकाश ने कहा है। गहरी साँस ली है।

डॉक्टर तनेजा समझ गये हैं आकाश के मनोभाव। उन्होंने बहुत संजीदगी से आकाश की बात को विस्तार दिया हो जैसे, ''आकाश, यात्रा सिर्फ़ पैरों से ही तय नहीं होती। हम हज़ारों मील चलकर वापिस आ जायें। अगर हमारा मन हमारे साथ नहीं तो उस यात्रा का हासिल सिर्फ़ थकान होगा।'' एक डॉक्टर एक दार्शनिक की भूमिका निभा रहा हो जैसे।

डॉक्टर तनेजा आकाश की कलाई पकड़कर नब्ज़ देख रहे हैं।

''सर, मुझे फ़ीवर तो नहीं हैं।''

''मिस्टर आकाश, एक और फ़ीवर भी होता है, सेटरडे फ़ीवर।'' वो फिर हँसे हैं। उनकी हँसी में आकाश की हँसी भी शामिल है।

डॉक्टर तनेजा जितने बड़े डॉक्टर हैं उतने बड़े इन्सान। उससे बड़े मनोवैज्ञानिक। डॉक्टर तनेजा के हाथ में अब भी आकाश की कलाई है। वो कलाई की तारीफ़ करते हुए कह रहे हैं, ''आकाश, आपकी 'रिस्ट' गज़ब की है। ऐसा लगता है आप वालीबॉल खेलते रहे हैं।''

''नहीं सर, वालीबॉल नहीं, मैं फुटबाल का प्लेयर था।'' आकाश इस 'था' पर मन ही मन अटक गया है। प्लेयर है....नहीं, अब पाँव नकारा हो चुके हैं। वो अपने आपको कैसे कहे कि प्लेयर 'है'।

''ओह, आई सी! ''डॉक्टर तनेजा की आवाज़ में कोई कम्पन–सा है। उन्होंने आकाश को देखते हुए कहा है, ''यंगमैन! क्या लाइफ़ में फुटबॉल खेलना ज़रूरी होता है?''

''नहीं सर! फुटबॉल खेलना बिल्कुल ज़रूरी नहीं होता। लेकिन चलना ज़रूरी होता है।'' जैसे वक़्त के दरख़्त से अचानक, शब्दों के कई सारे पत्ते ज़मीन पर आ गिरे हों।

डॉक्टर तनेजा ने आकाश की कलाई छोड़ दी है। उन्होंने कुछ याद करते हुए कहा है, ''आकाश मेरी एक मौसी थी। उसकी जहाँ शादी हुई वो लोग बहुत ट्रेडिशनल थे। मौसी पर घर की जड़ता का इतना असर पड़ा कि वो कभी घर से निकली ही नहीं। गली में मन्दिर था। वो वहाँ तक जाती। लौट आती।''

''बस, इतनी–सी यात्रा। उसकी टाँगें थीं। पाँव थे। लेकिन रास्ता नहीं था। रास्ता भी अगर था तो यात्रा नहीं थी।''

''सर, आप कहना क्या चाहते हैं?'' आकाश ने घबराकर पूछा है।

''मैं क्या कहना चाहता हूँ? मैं कहना चाहता हूँ।'' डॉक्टर तनेजा ने आकाश को देखते हुए पूछा है, ''जस्ट टेल मी आकाश, आदमी सबसे ज़्यादा प्यार किससे करता है?''

''मां से।''

''नहीं।''

''प्रेमिका से?''

''नहीं, वो भी नहीं। प्रेमिका से हम बहुत प्रेम करने लगते हैं। कई बार वो जीने–मरने का सवाल बन जाती है। फिर भी, मैं यह बात कह सकता हूँ कि हम सबसे ज़्यादा प्यार प्रेमिका से नहीं करते।''

''तो?''

''हम सबसे ज़्यादा प्यार अपने आपसे करते हैं।'' डॉक्टर तनेजा की आवाज़ में दृढ़ता है।

"लेकिन सर! मैं अपने आपसे प्रेम नहीं करता।" आकाश के शब्दों में अंधेरा है।

"जानता हूँ।" डॉक्टर तनेजा ने कुर्सी को थोड़ा सरकाते हुए कहा है।

"मैं अपने आपसे चिढ़ता हूँ।"

"एक्सीडेंट के बाद?"

"येस।"

"टाँगें और पाँव डेड हो जाने के बाद?"

"येस सर।"

"अगर आप पेरालेटिक हो जाते, तब?"

"पेरालेटिक?"

"शुरू–शुरू में मैं बहुत डरा हुआ था। ज़रा सोच कर देखो आकाश। अगर आप लकवाग्रस्त मरीज़ की तरह बिस्तर पर पड़े रहते। न उठ पाते न बोल पाते न चल पाते।"

आकाश सहमकर डॉक्टर तनेजा को देख रहा है।

"आकाश देव! कितना अच्छा है हम दोनों आमने–सामने बैठे हैं। आप सोच समझकर, बहुत अच्छी बातें कर रहे हैं। आप अपने हाथ से चाय पीते हैं, कप की डंडी पकड़कर। अखबार के पेज खोल सकते हैं। पढ़ सकते हैं। अगर ये सब न होता तो? ज़रा सोचकर देखो। एक छोटा–सा जीवन का सुख अब भी तुम्हारे पास है।"

"सर, ये सुख है। लेकिन दुख अपार हैं मेरे जीवन में।"

"किसके जीवन में दुख नहीं?"

"एक नार्मल इन्सान और एक विकलाँग के दुखों में फ़र्क होता है। विकलाँग के दुख हर पल तोड़ते हैं।" आकाश की पीड़ा का ज़ख़्मी परिन्दा फड़फड़ाया हो जैसे।

"बेशक फ़र्क होता है। लेकिन इस फ़र्क को आप मिटा सकते हैं।"

"सर, ऐसा चमत्कार! कोई जादूई छड़ी नहीं है मेरे पास। आपके पास हो तो....।"

"बेशक है। कुछ देर पहले हम प्रेम की बात कर रहे थे। अपने आपसे प्रेम करने की बात। यह कला आपको सीखनी होगी।"

"सर, यह कला मैं नहीं सीख पाऊँगा। आकाश ने विचलित होकर कहा है। कुछ क्षण बाद उसने बड़ी दुर्बल–सी आवाज़ में, डॉक्टर तनेजा को देखते हुए कहा है, "सर, आप मुझे कोई इंजैक्शन नहीं दे सकते....मार्फ़ीन की हैवी डोज़ या कुछ और। सारा खेल फ़िनिश।"

डॉक्टर तनेजा गम्भीर हो गये हैं। वो एकटक आकाश को देख रहे हैं। उन्होंने बड़ी संजीदगी से आकाश की बात का जवाब दिया है, "हर शख़्स आसानियाँ तलाश करता है। आप भी, मिस्टर आकाश! आप भी उसी कतार में खड़े हो। मैं आपको बहुत बहादुर नौजवान समझ रह था, लेकिन....।" वो चुप हो गये हैं।

"आई एम सॉरी सर! कौन अपनी ज़िन्दगी को छोड़ना चाहता है, ज़िन्दगी जो सिर्फ़ एक बार मिलती है। बट सर, आप ज़रा सोचकर देखो। मेरा आनेवाला समय कितना मुश्किल होगा। मेरी टाँगें और पैर ही नहीं 'डेड' हुए और भी बहुत कुछ मरा है। बहुत कुछ छिनता जा रहा है मेरा।" आकाश की डूबती हुई–सी, नम होती आवाज़ उभरी है। वो बहुत भावुक हो गया है।

"इसलिए मैं आपके पास आया हूँ।" डॉक्टर तनेजा ने आकाश की हथेली को थपथपाते हुए कहा है।

"जी?" आकाश थोड़ा–सा चौंक गया है। अपनी हथेली पर डॉक्टर तनेजा का हाथ जैसे कोई अलिखित आश्वासन हो।

"आकाश, एक्सीडेंट के बाद का टाइम आपके लिए एक ऐसे एग्ज़ाम की तरह होगा, जो कभी ख़त्म नहीं होगा।"

"सर, इतनी मुश्किल ज़िन्दगी मैं कैसे जी सकूँगा?"

"ये डिफ़िकल्टीज़ आपको तंग करेंगी शुरू–शुरू में।"

"फिर?"

"फिर आप इन डिफ़िकल्टीज़ से खेलने लग जायेंगे।"

"सर।"

"एक चींटी को देखो। ज़रा–सी जान। अपने वज़न से ज़्यादा सामान उठाकर दीवार पर चढ़ जाती है। कहाँ से लाती है वो इतनी एनर्जी?.... अपने इनर से।"

आकाश भौंचक–सा डॉक्टर तनेजा को देख रहा है। डॉक्टर तनेजा कुछ देर चुप रहने के बाद, आकाश से कह रहे हैं, "हम सबसे बुरे समय में, सबसे अच्छे मनुष्य होते हैं। मैं यूँ भी कह सकता हूँ आकाश, "हम बुरे वक़्त में सबसे अच्छे अपने दोस्त, हम ख़ुद होते हैं। हम मरने से ज़्यादा जीने की तरक़ीबें तलाश करते हैं, क्योंकि हम अपने अच्छे दोस्त होते हैं।"

नर्से आयी हैं। दो नर्सें हैं। स्टील की ट्रे है। फीवर देखेंगी। मेडिसन देंगी।

दोनों नर्सो ने डॉक्टर तनेजा का अभिवादन किया है। डॉक्टर तनेजा मुस्कराए हैं। सर हिलाकर अभिवादन स्वीकार किया है। नर्सों ने बड़ी तत्परता अपना काम किया है। वो जा चुकी हैं।

अभी नर्से रूम से बाहर निकली हैं कि तीन जूनियर डॉक्टरज़ आये हैं। वो कोई बात करना चाहते हैं। डॉक्टर तनेजा ने कहा कि थोड़ी देर बाद अपने आफ़िस में मिलेंगे।

"आकाश आपने जेम्स का नाम सुना है?" डॉक्टरों के चले जाने के बाद, डॉ. तनेजा ने अपनी बात जारी रखते हुए कहा है, "वो यंगमैन फ़ारमूला–वन कार रेस में हिस्सा लेता था।"

"नहीं सर।....मैंने माइकल शूमाकर का नाम सुना है।" आकाश ने कुछ याद करते हुए कहा है।

"जेम्स!....जेम्स शख़्स शायद आस्ट्रेलिया का था। शूमाकर से काफ़ी पहले की बात है।"

"कौन–सी बात सर?" आकाश बात जानने के लिए उत्सुक है।

"एक रेस के दौरान उसकी फ़रारी का ज़बरदस्त एक्सीडेंट हुआ। उसकी दोनों टाँगें चली गयीं। एक हाथ की उगलियाँ भी कट गयीं।" डॉक्टर तनेजा की आवाज़ गम्भीर है। वो अपनी बात पूरी कर चुके हैं। एक बार उन्होंने आकाश को देखा है।

"बहुत बुरा हुआ। जेम्स की तो ज़िन्दगी तबाह हो गयी।" आकाश की आवाज़ में अफ़सोस है।

"जस्ट लिसन!" डॉक्टर तनेजा बोल रहे हैं," जेम्स जब घर लाया गया तो पता है उसने क्या कहा? उसने कहा, "मेरा बहुत कुछ चला गया है। जो चला गया है, उसे याद करके क्यूँ रोता रहूँ? मेरे पास जो है, मुझे उसका सोचना है और मेरे पास अब भी एक मुक़म्मल हाथ है, और वो भी दायाँ हाथ।" डॉक्टर तनेजा मुस्कराए हैं।

"फेंटेस्टिक।" आकाश देव ने बड़े जोश के साथ कहा है।

"आकाश देव! हमारे अन्दर इसी तरह का जज़्बा होना चाहिए।" उन्होंने आकाश के हाथ को थपथपाया है, "लिसन! बहुत कुछ लुट जाने के बाद भी, बहुत कुछ बचा रहता है।" डॉक्टर तनेजा ने कहा है। उनकी आवाज़ में चमक–सी है। कोई आकर्षण–सा है उनकी आवाज़ में।

आकाश उनकी तरफ़ देख रहा है बड़े आदरभाव से।

डॉक्टर तनेजा कह रहे हैं, "ये जो थोड़ा–सा बचा रहता है, इसी का नाम ज़िन्दगी है।"

"जैसे मेरी ज़िन्दगी, सर।"

"जैसे हम सब की ज़िन्दगी।"

"जी?"

"आकाश! लिसन। हम सब चोट खाए हुए लोग हैं।" डॉक्टर तनेजा बहुत गम्भीर हो गये हैं। यक़ीनन वो अपनी कोई बात छुपा गये हैं। जो बात उन्होंने छुपाई है वो आकाश को नर्स स्टैला के ज़रिए मालूम हुई थी। उनका नौजवान बेटा जो एम बी बी एस फ़ाइनल का एग्ज़ाम दे चुका था। अपने दोस्तों के साथ पिकनिक मनाने गया था। नदी में नहा रहे थे दोस्त। यह 'फ़न' था। लेकिन यह काल भी था। नदी के तेज़ बहाव में दो दोस्त बहते चले गये। नदी का पानी उन्हें खींच ले गया। दो दोस्तों में एक दोस्त, डॉक्टर तनेजा का बेटा था। इस घटना को तीन साल हुए हैं।

डॉक्टर तनेजा थोड़ा–सा हँसे हैं। बेवजह–सी हँसी। कुर्सी को उन्होंने आकाश के बेड के पास सरकाया है। जेब में हाथ डालकर ताश की नयी गड्डी निकालते हुए उन्होंने आकाश से पूछा है, ''ताश खेलनी आती है आकाश देव?''

''आती तो है पर......।''

''.........पर क्या है?'' डॉक्टर तनेजा ने आकाश के संशय को तुरन्त उठा–सा लिया है।

''सर, आपके साथ ताश खेलना.....आप इतने बड़े डॉक्टर।'' आकाश ने अपना द्वंद्व ज़ाहिर किया है।

''डॉक्टर हूँ न! कोई डॉन तो नहीं हूँ।'' नयी ताश को शफ़्फ़ल करते हँसे हैं डॉक्टर तनेजा। फिर अपने आप से कह रहे हैं, ''नयी ताश से खेलना तो अच्छा लगता है, लेकिन शफ़्फ़ल करना! कार्ड्स सम्भ्लते ही नहीं। ऐनी हाऊ। विच गेम यू वुड लाइक?''

''सर रम्मी।'' आकाश ने संकोच के साथ कहा है।

''वैरी गुड....यानी पपलू।'' डॉक्टर तनेजा मुस्करा रहे हैं।

आकाश देव याद कर रहा है जब वो अपने दोस्तों के साथ फ़्लैश या पपलू खेलता था। वो कभी तनाव में नहीं आता था। मुस्कराता रहता। गेम के दूसरे दौर में पार्टनर के पत्तों का आइडिया लगा लेता। उनके ज़रूरी कार्ड अपने पत्तों में दबा लेता। दूसरों की बाज़ी बिगाड़ने में माहिर था और अपनी गेम 'डिक्लेयर' करने में भी। ....वो ज़माना बेफ़िक्री, मस्ती और यारबाशी का ज़माना था। वो अच्छे दिन थे। क्योंकि वो दोस्ती के दिन थे। बाद में एक शब्द चला आया लाइफ़ में कैरियर! कैरियर अपने पीछे–पीछे और भी कई शब्द ले आया आटीच्यूड। कनिंगनेस। टैक्टिस। प्रोफेशनल। प्रेक्टिकल। आकाश देव ने ऊँचाइयाँ हासिल कीं। ऊँचाइयों ने दोस्त छीन लिए।

डॉक्टर तनेजा तेरह–तेरह पत्ते बाँट चुके हैं। बाक़ी पत्तों की गड्डी से उन्होंने जोकर और पपलू निकाले हैं।

आकाश पहली गेम हार गया है। आकाश पत्तों की तरफ़ 'कंसंट्रेट' नहीं हुआ था। या फिर वो सेटेल नहीं हुआ था। या फिर वो बहुत

दिनों के बाद 'पपलू' खेल रहा था। लेकिन उसके बाद आकाश ने एक के बाद एक चार बाज़ियाँ डिक्लेयर कीं।

डॉक्टर तनेता ने हँसते हुए कहा है, "यार, बहुत अच्छा खेलते हो।" उन्होंने ताश के पत्ते ताश की डिब्बी में पैक करते हुए कहा है, "आपके अन्दर किलिंग इंस्टिक्ट है।"

"सर, ताश में कंसंट्रेशन बहुत ज़रूरी है।"

"सिर्फ़ ताश में?"

"मैं कुछ समझा नहीं सर।"

"आकाश देव! आप बहुत अच्छे खिलाड़ी हो। ज़िन्दगी भी एक खेल है। मेरी बात समझ रहे हो न?"

"सर।"

"लिसन! खेल जितना मुश्किल होता है, उतना ज़्यादा दिलचस्प।" उन्होंने बड़ी संजीदगी से कहा है, "जब आप ताश खेल रहे थे, आप इतने ज़्यादा कांसंट्रेट थे कि आपको बिल्कुल भी अपनी टाँगों का ध्यान नहीं था जो बेडपर विदाउट सेंसेशन पड़ी थीं।

"आप बिल्कुल ठीक कह रहे हैं सर।" आकाश डॉक्टर तनेजा की बातों को समझ रहा है। इतवार के दिन बड़े फ़ारमल होकर आना। ताश खेलना। रोगी के बेड के पास बैठ कर ताश खेलना मेडिकल हिस्ट्री में शायद कभी हुआ हो...या न हुआ हो। डॉक्टर तनेजा सुपर्ब हैं। जीनियस, ऐलीगेंट सबसे बढ़कर श्रेष्ठ इन्सान।

"आकाश अपने मन की बात बता रहा हूँ।" डॉक्टर तनेजा ने गहरी सांस ली है, "एक्सीडेंट के बाद जब आप हास्पीटल लाए गये, आप सीरियस थे। मैं आपका एग्ज़ामिन कर रहा था और मैंने आपके पैरों में कोई मूमेंट नहीं देखी थी। आप इंजर्ड थे। आपको बहुत पेन था। आपके पैरों में बेचैनी–सी दिखायी देनी चाहिए थी। यंगमैन, मैं उसी मूमेंट समझ गया था कि आपके लिए यह हादसा पूरी लाइफ़ की ट्रेजिडी बन सकता है।" आर्थो सर्जन और असिस्टेंट डॉक्टर ने पूछा था, "सर बहुत सीरियस है आप, क्या सोच रहे हैं?

मैंने कोई जवाब नहीं दिया था। लेकिन मैं विचलित था कि आपका क्या करूँ? लाइफ़ फ़िनिश कर दूँ या फिर आपको पूरी ज़िन्दगी स्ट्रगल के लिए छोड दूँ?''

डॉक्टर तनेजा चुप हुए है। कमरे में सन्नाटा–सा है। अजीब–सा सन्नाटा। एक ऐसा सन्नाटा जो लहू लुहान महसूस होता है।

आकाश कह रहा है, ''सर, आपने जो डिसिजन लिया क्या आपको ऐसा नहीं लगता था कि वो ग़लत था?'' रूक–रूक कर कहता चला गया है आकाश।

''नहीं, मैंने बहुत सोच समझकर फ़ैसला किया था। मुझे नहीं लगता कि मेरा फ़ैसला ग़लत था।'' डॉक्टर तनेजा की आवाज़ में दृढ़ता है।

इसलिए कि यह अधूरा जीवन किसी दूसरे को जीना था?'' आकाश ने तल्ख़–सा सवाल किया है।

''इसलिए कि आपको ज़िन्दा देखकर मैं बहुत खुश हूँ। पैर और टाँगें नही तो क्या हुआ, बाक़ी शरीर तो है। पैरों पर न सही व्हीलचेयर पर सही।''

दोनों चुप हैं।

''सर, आगे की ज़िन्दगी बहुत मुश्किल होगी।'' विचलित–सी आवाज़ है आकाश की।

''आकाश अगर आप मर जायें तो क्या दूसरा जनम लेकर आयेंगे? ज़िन्दगी एक बार मिलती है आकाश। चैलेंज किसके सामने होते हैं....यू नो? ज़िन्दा इन्सान के सामने चैलेंज होते हैं। डेड बॉडी के सामने कोई चैलेंज नहीं होता।'' डॉक्टर तनेजा का चेहरा भावुकता से भर गया है। ऐसा लगता है जैसे वो अपने बेटे को याद कर रहे हों

''सर, मैं बेड पर पड़े–पड़े दिनभर सोचता रहता था कि मैं ज़िन्दा क्यों हूँ? पर आज? अभी, सर, आपने मुझे नयी दिशा दी है।''

''आकाश, बहुत सारे शॉक लगेंगे आपको। लिसन! अपने अन्दर शॉक अब्जर्वर पैदा करना। बहुत कष्ट उठाने पड़ेंगे। लेकिन मुक्ति के रास्ते भी इन्हीं तक़लीफ़ों से क्रिएट होंगे।''

''जी डॉक्टर सॉब।'' आकाश की आवाज़ में उत्साह है।

''मेरे लिए आज का दिन बहुत इर्म्पाटेंट है।''

''सर, मेरे लिए भी।'' वही उत्साह, जैसा उत्साह डॉक्टर तनेजा की आवाज़ में है।

''आकाश, कई बार पेशेंट, पेशेंट नहीं लगते। वो दोस्त जैसे लगते हैं जैसे कि आप।''

''थैंक्यू सर।''

''कभी मौक़ा मिला तो मैं आपके घर आऊँगा।''

''ज़रूर सर! ज़रूर आइएगा। आप आकर देखेंगे सर, मैं हर मुश्किल से लड़ता हुआ मिलूँगा।''

''आकाश! आपकी बातों ने मेरे अन्दर भरोसा पैदा किया है।'' डॉक्टर तनेजा ने एक बार सर से पाँव तक आकाश का एग्ज़ामिन किया है। कहा है उन्होंने, ''आपको हम कल डिस्चार्ज कर देंगे। कुछ दिन आप घर में बेड पर रहेंगे। फिर व्हीलचेयर पर।'' डॉक्टर तनेजा उठ खड़े हुए हैं। कमरे के दरवाज़े तक गये हैं। कुछ याद आ गया हो उन्हें जैसे कुछ।

पलटकर आकाश के पास रूके हैं, ''और आखरी बात आकाश! अपने अन्दर कोई कम्पलैक्स पैदा मत होने देना। नो हीनभावना। यू आर कम्पलीट मैन। आप मिस्टर आकाश सम्पूर्ण मनुष्य हो।''

डॉक्टर तनेजा मुस्कराए हैं। कन्धा थपथपाया है आकाश का। रूम से चले गये हैं।

10

आकाश को संगीता का अस्पताल आना अच्छा लगता है। बेशक, कुछ दिनों से वो बेरूखी से पेश आती है। इसके बावजूद संगीता में कोई बात है, कोई ऐसा आकर्षण कि आकाश उसके आने की राह तकता रहता है।

संगीता आकर बैठी है। पहले वो आकर बैठते ही हालचाल पूछती थी। पास आती। माथे पर हाथ रखती। अपनी उँगली होठों पर घुमाती। मुस्कराती। थर्मस से चाय निकालती। थर्मोकोल के दो कपों में। लेकिन अब वो जान गयी है कि आकाश का हाल क्या है? अब वो जान गयी है आकाश की विकलाँगता को दूर नहीं किया जा सकता।

संगीता ने उचटती–सी नज़र कमरे में डाली है। उतनी ही उचटती नज़र आकाश पर। पर्स में से किताब निकाली है और अपने 'शेड्स' पर्स में रखे हैं। वो बोल नहीं रही, लेकिन कुछ सोच ज़रूर रही है।

दो नर्सें ड्यूटी रूम से एकसाथ आयी है। एक नर्स ने आकर कहा है कि वो पेशेंट को आज डिस्चार्ज कर रहे हैं।

"डिस्चार्ज?" चौंक–सी गयी है संगीता।

"येस मैम! बेड नम्बर दस को आज डिस्चार्ज करना है।"

"बट, अभी तो पेशेंट की कंडीशन सीरियस है। स्पाइन में अभी वूड्स हैं।

"मैम, आपके पेशेंट ने रिकवर कर लिया है। डॉक्टर तनेजा ने पेशेंट फ़ाइल में डिस्चार्ज करने का लिखा है। प्लीज़ आप ड्यूटी रूम में आइए। थोड़े–से ड्यूज़ हैं उनको क्लीयर कीजिए। हम डिस्चार्ज समरी रेडी कर रहे हैं।" नर्स ने बड़े निर्पेक्ष भाव से कहा है।

संगीता अपसेट हो गयी है। डिस्चार्ज की सूचना पर उसे ख़ुश होना चाहिए था। वो परेशान हो गयी है। कोई भी नहीं जानता कि वो ख़ुश क्यों नहीं है? लेकिन आकाश जानता है। संगीता उद्विग्न है। उसकी बेचैनी बड़ी मौलिक है। पति नाम की गठरी को उठाकर वो कैसे घर ले जाये? घर चली भी जाये तो उस गठरी को रखे कहाँ? व्हीलचेयर पर, यहाँ–वहाँ सरकते अपने पति को, किस–किस से छुपायेगी? वो नहीं चाहती कि कोई हमदर्दी का पिटारा लेकर आ खड़ा हो अपाहिज पति पर रेत के आँसू बहाने।

अपाहिज पति को घर ले जाने से संगीता कतरा रही है।

उसने एक बार आकाश को देखा है। मुँह फेर लिया है। मोबाइल पर कोई नम्बर मिलाया है। तुरन्त काट दिया है। उसने एक बार फिर

आकाश को देखा है। आकाश उसका विचलन समझ रहा है। उस विचलन का कारक आकाश है।

आकाश ने लगभग दैन्यभाव से कहा है, ''मेरा बेड आख़िरी कमरे में लगवा देना।''

''ये मेरा हेडएक है।'' रूखा–सा जवाब देकर संगीता ड्यूटी रूम चली गयी है।

आकाश संगीता द्वारा बोला गया शब्द 'हेडएक' पर केन्द्रित है। कभी वो 'सर' कहती थी....'सर जी' कहती थी। आज वो 'हेडएक' कह रही थी।

आकाश ने अपने आपसे कहा, ''बी रेडी मिस्टर आकाश देव। यह शुरूआती ट्रेलर है। पूरी फ़िल्म तो बाद में।

आकाश ने मेडिक्लेम पालिसी ले रखी थी। कैशलेस था सब। थोड़े–से ड्यूज़ थे। संगीता ने कार्ड से अस्पताल के वो ड्यूज़ पे किये हैं। डिस्चार्ज समरी, दवाइयों का पर्चा, नो ड्यूज़ पेपर वो अपने पर्स में रख रही है। यहाँ तक तो ठीक है। उसने सारा सामान पैक कर लिया है। लेकिन वो आकाश को कहाँ पैक करेगी प्रश्न यह है।

उसने बहुत सारा सामान डोंगी में रहने दिया है। इंफ़ैक्शन का डर बड़ी चीज़ होता है। उसका बस चलता तो वो आकाश को भी डोंगी में छोड़कर चली आती।

एक जूनियर डॉक्टर आकाश से मिला है। कुछ हिदायतें दी हैं। फिर उसने संगीता से कहा है कि वो आकाश के साथ वैसा ट्रीट करे जैसा जीवित इन्सानों के साथ किया जाता है।

आकाश डॉक्टर की बात सुनकर सिहर उठा है। तो क्या वो जीवित इन्सान नहीं है? शायद! शायद हाँ। शायद नहीं। जीवित या लगभग जीवित।

उस डॉक्टर ने फिर कहा है, ''एक बात का ज़रूर ध्यान रखना। बेड पर पड़े पेशेंट को अगर इगनोर किया जाने लगे वो साइकिक प्राब्लम बन जाता है।

"मैं ध्यान रखूँगी।" संगीता ने झटपट बात पूरी की है। वो चाहती है डॉक्टर चला जाये। संगीता अपनी मुश्किलों से जूझ रही है। उसे डॉक्टर की हिदायतें चुभने लगी हैं। संगीता का द्वन्द्व विचित्र है। न वो आकाश को अस्पताल में छोड़कर जा सकती है न वो साथ ले जाना चाहती है।

नर्स स्टैला आयी है। उसने विश किया है। ब्लैसिंग दी है। फिर कहा है उसने, "पेशेंट से हमारा रिलेशन बहुत थोड़े दिनों का होता है।"

"लेकिन मैं यहाँ बहुत दिन रहा।"

"इसलिए आप हमारी मैमोरी में आ गये हैं।"

"आई वाज़ टिपिकल पेशेंट।" आकाश

"मीन?" सटैला नर्स।

"अपनी दो झूलती हुई टाँगें उठाकर जा रहा हूँ। परहेप्स इसलिए याद आता रहूँगा।"

"डोंट से लाइक दिस। आप कितना सेव करके जा रहे हैं।"

"सेव....मीन्ज़?"

"सेव मीन्ज़ लाइफ़।"

"अफ़कोर्स।"

"लिसन! अपने हार्ड टाइम से डिफ़ीट मत लेना। हार्ड टाइम को इंजाय करना।"

"इज़ इट पासिबल।"

"वैरीमच पासिबल।" नर्स सटैला मुस्कराई है। उसने हाथ आगे बढ़ाया है। आकाश से वो हाथ मिला रही है। दोनों मुस्करा रहे हैं। संगीता भौंचक–सी देख रही है।

"यीशू आपको शक्ति दे।" स्टैला ने कहा है। आवाज़ में प्रार्थना–सी हो जैसे।

नर्स स्टैला ने संगीता से कहा है कि वो वार्ड बॉय को भेजती है। व्हीलचेयर से मिस्टर आकाश को कार पार्किंग तक चले जायेंगे। तब तक आप टैक्सी अरेंज कर लेना।"

टैक्सीवाले ने मुँह–सा बिचकाया है। हैल्थी लोगों को टैक्सी में ले जाना नो प्राब्लम। व्हीलचेयर पर बैठे 'बीमार' को टैक्सी में जगह देना। उसने कहा है कि संगीता कोई चादर–वादर बिछा दे पिछली सीट पर।

"हम इस तरह के मरीज़ अपनी टैक्सी में नहीं बिठाते।" टैक्सीवाला बद्‌तमीज़ क़िस्म का आदमी है।

"क्यूँ नहीं बिठाते?....साले अब्बी तेरी टैक्सी का कचूमर निकाल दूँगा और तेरा भी।" वार्ड बॉय को गुस्सा आ गया है।

आकाश को वार्ड बॉय ने पिछली सीट पर बिठाया है। ठीक से बिठाने के बाद उसने कहा है, "अच्छे से रहना बाबू सॉब।" वार्ड बॉय की आवाज़ में करूणा है।

इस छोटे–से वाक्य ने आकाश के दिल में हलचल–सी मचा दी है। उसने जेब में रखा सौ का नोट वार्ड बॉय की तरफ़ बढ़ाया है।

वार्ड बॉय ने अपने हाथ जोड़ दिये हैं, "नईं सॉब! बिल्कुल बी नईं। आप ठीक से रहना सॉब।"

संगीता ड्राइवर के साथवाली सीट पर बैठी है। टैक्सी चल चुकी है।

11

आकाश बहुत देर से टैक्सी में लेटा हुआ है। सड़क पर जहाँ गड्ढा आता है टैक्सी थोड़ा उछलती है। सीट पर पड़ा आकाश भी उछलता है। बहुत सारे स्पीड ब्रेकर गुज़रे हैं। आकाश हर स्पीड ब्रेकर पर उछला है। कई बार गिरते–गिरते बचा है। वो गिरता तो पूरी देह सीट के पास ख़ाली जगह में जा गिरती। ये बात सोचकर वो सहम जाता है। दोनों हाथों को उसने ख़ाली नहीं रखा। मज़बूती से पकड़ रखा है। ड्राइविंग सीट की बैक को। कुछ इस तरह कि गिरने की नौबत न आये। गड्ढे आते हैं। वो उछलता है। रीढ़ की हड्डी में दर्द की

तेज़ लहर उठती है। घुटने चरमराने लगते हैं। रिब्ज़ में अजीब–सी कसमाहट उठती है। वो पूरे का पूरा, दर्द की शिद्दत से काँप उठता है।

यह एक कठिन यात्रा है। बेशक, यह यात्रा मीलों–मील की नहीं। इसके बावजूद वो थक गया–सा लगता है। आकाश में एक और मन भी है। आकाश से वो कहता है चल उठ। बाज़ारों में घूम। दौड़ लगा। दौड़, तेज़ दौड़। लेकिन मन लौट आता है उस देह के पास जो असहाय है।

संगीता अगली सीट पर बैठी है। ड्राइवर सीट के पास। वो चाहती तो पलटकर देख सकती थी। वो सामने के दृश्य देख रही है।

सेहतमन्द लोग टैक्सी रूकने पर टैक्सी का दरवाज़ा खोलते हैं। इत्मीनान से ज़मीन पर पाँव रखते हुए बाहर निकलते हैं। आकाश भी ऐसे ही करता था।

एक बार अपनी कार से बाहर निकलते वक़्त आकाश एक वृद्ध से टकरा गया था। वो गिरते–गिरते बचा। आकाश बड़ी हिकारत से बोला था, ''बाबा, देख के चला कर।'' कुसूर आकाश का था। वो वृद्ध को फटकार रहा था। वृद्ध ने हाथ जोड़े। दयनीय आवाज़ में बोला, '' माफ़ करना भाई। बीनाई कमज़ोर हो गयी है।''

आकाश को वो दृश्य याद आ रहा है। काश, उसने वृद्ध से अपनी ग़लती की माफ़ी माँगी होती। आकाश को अपनी चमचमाती कार, अपने चमकते जूते, अपना अहंकार, अपना रौब और रूतबा याद आ रहा है। कितना खोखला होता है सब। उस रेत के टीले की तरह, सहरा की हवाएँ जिसे कुछ पल में समतल कर देती हैं।

आकाश को बहुत कुछ याद आ रहा है। अब वो टैक्सी से उतरेगा नहीं, उतारा जायेगा। नहीं, उतारा नहीं जायेगा। लगभग उठाया जायेगा। लगभग! अब वो ख़ुद एक लगभग है, सम्पूर्ण व्यक्तित्व का कुछ प्रतिशत!

आकाश को सर्वेंट रघु और ड्राइवर ने मिलकर उतारा है। घर तक ले आये हैं। रघु आँ....आँ....ऐं....ऐं की आवाज़ें निकाल रहा है। उसे समझ नहीं आ रहा कि क्या करे। उसने कभी नहीं सोचा था कि

उसका मालिक इस रूप में अस्पताल से वापिस आयेगा। वो आकाश के आगे–पीछे डोल रहा है। वो चाहता है आकाश कुछ कहे। लेकिन आकाश चुप है। चुप ज़ख़्मी है। आकाश ख़ुद डरा हुआ। घर अपना लेकिन अजनबीयत का अहसास कराता हुआ।

आकाश को याद आ रहा है। जब रघु चाय की दूकान पर पिट रहा था। आकाश ने उसे चाय के खोखे वाले से न सिर्फ़ अलग किया, बल्कि कुछ दूर तक उठाकर भी लाया था। तब वो छोटा था। तब आकाश ने रघु को उठाया था। आज रघु उसे उठाकर कमरे तक ले आया था। आख़िरी कमरे में ले आने की हिदायत संगीता ने दी है। यह कमरा एक तरह का स्टोर रूम है। एक दीवान रखा है। और कमरे के हर नुककड़ में ग़ैर ज़रूरी सामान।

कमरे की शायद पांच नुक्कड़ हैं। पाँचवीं नुक्कड़ में आकाश है। घर उसका लेकिन उसके लिए जगह नुक्कड़ भर। वैसे ज़िन्दगी का तर्जुबा ये भी है कि हर शख़्स के अन्दर एक नुक्कड़ होती है। हँसता वो ड्राइंग रूम में है, लेकिन रोता है उस नुक्कड़ में, जो दिल में होती है अपने अदृश्य रूप में।

यह दीवान जो ख़ाली था, मुद्दतों से ख़ाली। आज भर–सा गया है। जंगल में खड़ी ख़ाली सराय में जैसे कोई भटका हुआ लावारिस मुसाफ़िर चला आया हो।

इस कमरे में आकाश बहुत कम आया था। इससे पहले वाले कमरों तक होकर वो वापिस चला जाता। कभी सोचा नहीं था कि यह कमरा उसकी शरणस्थली होगा।

आकाश दीवान पर लेटे–लेटे कमरे को देख रहा है–पुरानी छतरी। पुराना कूलर। टू इन वन, जो नया आ जाने के बाद यहाँ फेंक दिया गया था। रैक। पुरानी वाशिंग मशीन। पुराने जूते। टूटी हुई हत्थीवाली कुर्सी। और....और अजीब–सी गन्ध जो ऐसे भरे हुए सामान वाले, बन्द कमरों से आती है।

कमरे में नीम अंधेरा है जिसमें रोशनी के पंख फड़फड़ाते हुए महसूस होते हैं। कमरे में अजीब–सा सन्नाटा है। जैसे कि कमरा अपने टूटे हुए वाद्ययंत्र से, ख़ामोशी का दुर्बल संगीत पैदा कर रहा हो।

आकाश इस कमरे में है। कमरे की गन्ध के अलावा, गन्ध उसकी अपनी भी है, ज़ख़्मों की गन्ध। संशयों की गन्ध। अस्पताल से घर आये रोगी की गन्ध। गन्ध के अन्दर एक ऐसी गन्ध जो शायद उदासियों की बस्ती से यहाँ चली आई है।

मालूम नहीं आनेवाला समय कैसा होगा, आकाश सोच रहा है।

12

आकाश के आने के बाद पूरे घर में अजीब–सा अवसाद फैल गया है। तब, तब की और बात है जब आकाश सेहतमन्द था। हर मौसम में उसका स्वागत होता। रघु मुस्कराता हुआ आता। हाथ में पकड़ा ब्रीफ़केस ले लेता। संगीता अपने कमरे से निकलती। मुस्कराते हुए पूछती, "सर, आ गये? चाय या कॉफी?"

रघु आकाश के पास रहता। जूते रैक में रखता, जुराबें वाशिंग मशीन में। चप्पल पाँव के सामने रखता।

कितनी अजीब बात है रघु अब भी चप्पलें रखकर गया है, आकाश के बिस्तर के पास। रघु देख रहा है। आकाश के होठों पर फ़ीकी–सी मुस्कान है और आँखें थोड़ी–सी नम! चप्पल जैसी नामुराद शय भी कई बार आँखें नम कर देती है।

रघु को अचानक कुछ ध्यान आया है। उसने बिस्तर के पास पड़ी चप्पलें दीवान के अन्दर सरका दी हैं। उसकी छुपाने की कोशिश पर फ़िदा होने को जी चाहता है।

पता नहीं संगीता कहाँ है? शायद ड्राइँग रूम में हो या किचन में। शायद अकेली बैठकर चाय पी रही हो शायद मोबाइल पर किसी से बात। बहुत सारे शायदों के बीच।

रघु जड़वत् खड़ा है। इस कमरे में पड़ी स्थिर वस्तुओं की तरह। वो शायद आकाश के अधूरेपन को सहन नहीं कर पा रहा। अपने मालिक को उसने हमेशा तनकर खड़े देखा है।

रघु के पास आवाज़ नहीं। शब्द भी नहीं। लेकिन उसके पास 'देखना' है। वो आकाश को ऐसे देख रहा है जैसे वो अपनी दृष्टि से स्पर्श कर रहा हो।

आकाश को जब चाय पीने की इच्छ होती तो वो अपनी हथेलियों से कप जैसा बनाता। हाथ की दो उँगलियों को आधा मोड़ता। जैसे कि उँगली चाय के कप की डंडी में हो।

आकाश ने हवा में वैसी आकृति बनायी हैं। चहक उठा है रघु! आँ....आँ की कई सारी आवाज़ें और उसका पवित्र–सा हँसना।

रघु चाय बनाने के लिए चला गया है। संगीता एक बार भी नहीं आयी। यक़ीनन, वो दूसरी चिन्ता में होगी। दूसरी चिन्ता? आकाश को छुपाये रखने की चिन्ता। आकाश को वो सबसे ऐसे छुपायेगी, जैसे कोई अपराधी लाश को छुपाता है। लाशों को छुपाने के बेशुमार क़िस्से हैं। शायद कुछ क़िस्से ऐसे भी मिल जायें, जिसमें सम्पूर्ण पत्नी ने अपने अपूर्ण पति को छुपाने की कोशिशें की हों।

अचानक संगीता स्टोरनुमा कमरे में आयी है। उसने कमरे में रखी वस्तुओं के साथ–साथ आकाश को भी देखा है। जैसे आकाश भी कोई वाशिंग मशीन, कोई पुराना कूलर या कोई पुराना फ्रिज हो।

वो नहाकर आयी है। अस्पताल से आने के बाद शायद वो रोज़ नहाती हो। या न नहाती हो। या फिर वो आज नहाई हो। उसने सूट बदल लिया है। उसके बाल खुले हैं। वो सुन्दर लग रही है। आकाश का मन करता है वो संगीता को चूम ले। मन भी अजीब शय है। सीमाएँ तोड़ने पर उतारू हो जाता है।

आकाश अगर अपना हाथ बढ़ाए तो ऐन मुमकिन है संगीता हाथ भी न मिलाए। और ऐसे में 'किस' का ख़्याल, जैसे बुझ चुके अंगारों में तपिश की तलाश।

संगीता कुछ फ़ासले पर खड़ी है। वो पेशेंट के इंफ़ेक्शन से डरती है। इंफ़ेक्शन पर्दा है। दरहकीकत, वो आकाश से डरती है। उसके अधूरेपन से। उसकी अपाहिजता से। और....और उसकी गन्ध से और उसकी लुँज–पुँज टाँगों से।

"मुझे इस बात की चिन्ता सता रही है कि किसी ने तुम्हें देखा तो नहीं?" संगीता का यह पहला फ़िकरा है जो उसने आकाश के घर आ जाने के बाद बोला है।

"देखा हो तो देखा हो, इसमें चिन्ता करने की क्या बात है?" आकाश ने लापरवाह अन्दाज़ में कहा है।

"आप नहीं जानते।" वो समझा रही हो जैसे कोई भेद की बात।

"मैं कोई सज़ायाफ़्ता मुजरिम तो नहीं जो फ़रार होकर यहाँ छुपने चला आया है।" अपनी दृढ़ आवाज़ पर खुद आकाश भी चकित है। शायद घर आकर उसे कोई हौसला–सा मिला है।

"आप समझ नहीं रहे।"

"इसमें समझने वाली बात क्या है?"

"ओह माई गॉड।"

"मैं हादसे के बाद अपने घर आया हूँ, दैट्स ऑल।"

ट्राई टू अंडरस्टैंड। लोग मुझसे पूछेंगे तो क्या जवाब दूँगी?"

"जवाब? कोई तुम्हें इंटेरोगेट करेगा क्या?"

"कोई इंटोरेगेट नहीं करेगा। लेकिन आपकी यह विकलाँगता?"

"हैंडीकैप होना क्या जुर्म है?" आकाश के सवाल में सख़्ती है।

"लोगों को मालूम होगा तो वो मुझपर तरस खाएँगे।"

थोड़ा–सा हँसा है आकाश। उसने फ़ब्ती–सी कसते हुए कहा है, "हैंडीकैप मैं हूँ। लोग तरस तुम पर खाएँगे।"

संगीता आकाश को विचित्र नज़रों से देख रही है। जैसे पहली बार उसे पराजय का बोध हुआ हो। वो आकाश को छुपाकर रखने के सारे उपक्रम कर रही है जो कर सकती है। लेकिन इस सारे सर्कस में वो ख़ुद हास्यास्पद लग रही है।

वो आकाश के अधूरेपन पर शर्मसार है। बहुत पहले एक बार क़द की बात चली थी। आकाश ने कहा था कि आदमी का क़द बाहर से नहीं, भीतर से नापना चाहिए। संगीता ने तत्काल कहा था कि उसे क़द्दावर चीजें पसन्द हैं। उसने ये भी कहा था कि लोग क़द्दावर हों तो लाइफ़ भी क़द्दावर होती है। तब वो आकाश को बड़े गर्व से देखने लगी थी।

अब, आकाश अपनी क़द खो चुका है।

रघु चाय का कप लेकर खड़ा है। ये वही गोल्डन किनारी वाला, सफ़ेद चाइना क्ले का ख़ूबसूरत कप है जिसमें आकाश तब चाय पीता, जब बड़े मूड में होता। अब, रघु वही कप लेकर आया है आकाश का मूड बनाने के लिए।

रघु ने चाय का कप तिपाई पर रखा है। आकाश के बिस्तर के पास बैठ गया है। आकाश की टाँगों पर उसका स्पर्श है। उसके हाथ पैरों तक चले आये हैं। वो आकाश को देख रहा है और उसकी आँखों से टप–टप आँसू गिर रहे हैं।

रघु ने आँसू पोंछे हैं अपनी आस्तीन से। चाय का कप देते हुए उसने इशारों से बिस्कुट का पूछा है। जवाब की इन्तज़ार किये बग़ैर वो छोटी प्लेट में दो बिस्कुट रखकर आया है।

उसने कई सारी आवाज़ें निकाली हैं कई सारे संकेत। वो पूछ रहा है क्या आकाश को बहुत दर्द हुआ था। वो पूछ रहा है कि अब दर्द हो रहा है?

रघु फ़र्श पर बैठा है। उसने चादर को टाँगों पर डाल दिया है। वो बेचैन है। वो बहुत सारी बातें करना चाहता है। वो बहुत बातें पूछना चाहता है। उसने पूछा है कि खाने के लिए क्या बनाए। ऐं.... ऐं....आँ....ऊँ....और हाथों के इशारे और किचन की तरफ़ इशारा। और उँगली को चम्मच बनाकर, खाने का इशारा।

रघु कप लेकर चला गया है। उसका जाना कुछ देर का था। वो फिर आया है। तौलिया और पानी और साबुन लेकर।

वो आकाश के हाथ–पाँव, टाँगें, चेहरा, गर्दन, बाज़ू और सिर, गीले तौलिए से साफ कर चुका है। वो किसी समझदार और अनुभवी नर्स जैसा लगा रहा है। मज़े की बात तो ये है कि उसने आकाश की 'शेव' बनायी है। आकाश का साफ--सुथरा चेहरा।

रघु ने आईना दिया है आकाश को, आकाश मुस्कराया है और रघु भी।

13

व्हीलचेयर आ चुकी है, नयी, चमकती हुई व्हीलचेयर आकाश के लिए। अधूरेपन की पूरक। घुटनों से पैरों तक की क्षतिपूर्ति का मुआवज़ा, यह व्हीलचेयर। व्हीलचेयर किसी शोकगीत की तरह लगती है तो कभी कारूणिक चुटकले की तरह।

क्या मज़ाक किया है वक़्त ने। चेयर छीनकर व्हीलचेयर अता की है।

नयी चीज़ों को देखकर अक्सर ख़ुशी का अहसास होता है। लेकिन व्हीलचेयर को देखकर नहीं हो रहा। व्हील चेयर विवशता का जैसे करारनामा हो। बेशक, मुश्किल ज़िन्दगी में थोड़ी–सी आसानी का होना है, यह व्हीलचेयर।

आकाश सोच रहा है व्हीलचेयर को देखकर, जब पाँव थे तो टेढ़े–मेढ़े रास्ते, नाली, झाड़ी, तीन–तीन साढ़ियाँ, पानी का नाला, वो सब बड़ी लापरवाही से फलांग जाता था। इन छोटी–मोटी 'हर्डल' से बेपरवाह रहता था। लेकिन अब छोटी–सी नाली, रास्ते में पड़ा पत्थर रास्ता रोक लेंगे।

आकाश सोच रहा है। अब उसके दो हाथ होंगे। दो हाथों को वो इतना शक्तिशाली बनाएगा कि मुरझाए हुए पाँव और निर्जीव पड़ी दोनों टाँगों को लज्जित नहीं होना पड़ेगा।

व्हीलचेयर के पास संगीता खड़ी है और रघु भी। रघु ख़ुश है। उसकी ख़ुशी में उसकी सरलता है। लोग जैसे दरवाज़े के बाहर

आकर खड़ी नयी कार देखकर खुश होते हैं, जैसे वो अपनी उपलब्धि पर नाज़ कर रहे हों। रघु व्हीलचेयर को देखकर ख़ुश है। उसका मालिक व्हीलचेयर में बैठेगा।

आकाश ने व्हीलचेयर की हत्थी पर हाथ रखा है। वो रघु को देख रहा है जो व्हील चेयर की पुश्त पकड़कर खड़ा है। वो चुप है। आकाश चुप है। सबसे ज़्यादा व्हीलचेयर चुप है। बेजान चीज़ों के पास न जीवन होता है न आवाज़। फिर भी ऐसा लगता है जैसे वो कुछ कह रही हैं। जैसे ख़ाली अकेले कमरे में टूटा हुआ काँच का गिलास, जो ख़ामोश क़िस्से की तरह होता है। या फिर ये व्हीलचेयर! बिल्कुल चुप है। क्या सचमुच चुप है ये। नहीं, कुछ कहती–सी लगती है ये। न ये चुप प्रतीत होती है न इस पर बैठने वाला शख़्स–आकाश।

कल बेजान व्हीलचेयर पर एक जानदार शख़्स बैठेगा। तब, क्या पता, व्हीलचेयर में भी जान आ जाये।

कल व्हीलचेयर पर बैठकर आकाश पूरे घर में घूमेगा। जब संगीता आफ़िस चली जायेगी, तब। ये ख़्याल आकाश देव को रोमांचित कर रहा है। लगभग दो महीने बाद आकाश व्हीलचेयर पर बैठेगा। बरामदे में आकर ख़ूब सारा आसमान देखेगा। सूरज को देखे भी कितने दिन हो गये। कल वो धूप की चटाई पर अपनी व्हीलचेयर खड़ी करेगा। धूप को 'हैलो' कहेगा। धूप तो मुमकिन है कोई जवाब न दे। लेकिन सरसराती हुई हवा उसकी कमीज़ के कॉलर को छेड़कर चली जायेगी। कोई गिलहरी नज़र आयी तो उससे पृथ्वी का हालचाल पूछेगा। पूछेगा वो चिड़िया से भी कि इस ज़हरखुरानी दुनिया में वो अपनी नन्हीं–सी जान को कैसे बचा रही है।

व्हीलचेयर पर वो आज भी बैठ सकता है। रघु भरपूर सहारा देकर बिठा देगा उसे। लेकिन कोई झिझक–सी है। कोई डर–सा भी है। पता नहीं वो इस पर बैठ पायेगा या नहीं। नहीं, वो ज़रूर बैठ सकेगा। संगीता के सामने व्हीलचेयर पर बैठना उसे अच्छा नहीं लग रहा। वो दूर खड़ी देखती रहेगी इस तमाशे को।

ज़िन्दगी, तमाशों के सन्दूक में पड़े, उन ज़ख़्मों का नाम है, लोग जिनकी पट्टियाँ बदलते रहते हैं। तमाशों का सन्दूक भी अजीब है जो सिर्फ़ उदासी की चाबी से खुलता है।

कितने दिलकश थे वो दिन–आकाश देव यादों के दश्त में चला गया हो जैसे। दफ़्तर से बाहर निकलता। अतुल ग्रोव रोड की शान्त सड़क। अमीर–तरीन लोगों के बंगले–कोठियाँ। ऊँचे अशोक के दरख़्त। गोल्डन शावर और माधवी लता की बाँउडरी वॉल पर झूलती लताएँ। जगदीश चन्द्र माथुर लेन से घूमते हुए कस्तूरबा गाँधी मार्ग। सड़क के दोनों तरफ नीम के उम्र दराज़ दरख़्त। दरख़्तों में तोतों और कव्वों के घर। कभी टालस्टाय मार्ग तो कभी–फ़िरोज शाह रोड पर पैदल, बेफ़िक्र होकर घूमते हुए। पुश्किन की प्रतिमा को निहारते हुए। मंडी हाउस मेट्रो से पहले श्रीराम सेंटर तक एक चक्कर और फिर मेट्रो से घर वापसी। कभी दोपहर को, अक्तूबर, नवम्बर या दिसम्बर के महीनों में, कनाट प्लेस के बरामदे में बेवजह घूमते हुए। कैफ़े कॉफ़ी डे या बारिस्ता से कॉफी का कप लेकर घूँट–घूँट पीते हुए, फ़न जैसा कुछ क्रिएट करते हुए। .... ज़िन्दगी थी या ज़िन्दगी का छोटा–सा जश्न।

यादों का काग़जी शामियाना ऐसा ही होता है। बारिशों के लिए मचलता है। वो जानता है कि हश्र क्या होगा? लेकिन बारिशों के खेल में हश्र की किसे परवाह।

वो दिन थे जब पाँव उड़न खटौला बन जाते थे। जब अवचेतन जाग उठता था। जब मन धूनी रमाते जोगी जैसा। और तन! अपने होने का एहतराम करता। समय जैसे उँगली पकड़कर साथ चलता एक ज़िद्दी बालक।

वो ख़ूबसूरत दिन। हाथ पर रखे किसी आईस क्यूब की तरह फिसल गये।

पता नहीं क्या बात थी कि काल देवता आकाश से ऐसे नाराज़ हुआ कि व्हीलचेयर थमा दी।

14

जिन चीज़ों से हम बहुत ज़्यादा प्यार करते हैं, वही छिन जाती हैं, जैसे आकाश देव की खुशनुमा शामें। जैसे फुटबॉल ग्राउँड। जैसे फुटबॉल। जैसे उसका खिलंदड़ापन। जैसे उसके तनकर चलने का अंदाज़। जैसे उसकी रूमानियत। जैसे उसकी जॉब। उसका संगीता से इश्क़। सब छिन गये। सूरज, जब शाम को समन्दर में डूबता है तो वो अकेला नहीं डूबता, वो दिनभर के शोर शराबे, हंगामें के साथ डूबता है।

आकाश का सूरज, समन्दर में जा गिरा है। ये क्या हुआ है कि उसे हौसला देने, मिट्टी का कोई अधबुझा दीया उसके सामने आ खड़ा हुआ है। क्या वो रघु है? शायद।

कैसी बिडम्बना है व्हीलचेयर सुविधा देती है, सुख नहीं देती।

शाम है और आकाश व्हीलचेयर पर बैठा है। जिस्म में अजीब तरह का दर्द उठता है, स्पाइन से होता हुआ घुटनों तक। आगे ऐसी सरहद है जहाँ से लौट आता है। आकाश दर्द को सहन करने की आदत बना चुका है। ज़िन्दगी की उदासियाँ, जैसे चौका चूल्हा समेट कर उसके पास आ बैठी हों।

व्हीलचेयर पर बैठने का अनुभव नया—नया है। आकाश को अभी बैठना नहीं आ रहा। या मन से वो व्हीलचेयर पर बैठना नहीं चाहता। दौड़ने वालों का पृथ्वी से रिश्ता कुछ और तरह का होता है। व्हीलचेयर पर वो विवश होकर बैठ तो जाते हैं, रिश्ता नहीं निभा पाते। शायद इसलिए, कुछ देर पहले आकाश को रघु ने व्हीलचेयर पर बिठाया। वो किचन में चला गया। धड़ाम की आवाज़ आयी। आवाज़ सुनकर रघु भागा। देखा तो आकाश व्हीलचेयर से लुड़क कर फ़र्श पर गिर चुका था। गिरे हुए आकाश को रघु ने उठाया, व्हीलचेयर पर बिठाया। व्हीलचेयर पर बैठकर आकाश अस्थिर था। रघु हाँफ रहा था। आकाश ने दर्द के बावजूद मुस्कराने की कोशिश की। हाँफता हुआ रघु भी मुस्कराने लगा।

संगीता कुछ दूर खड़ी थी। इस आडियो–विज़ुअल दृश्य की वो चश्मदीद गवाह थी।

रघु चाय लेकर आया है। वो अच्छे–से अच्छे कप में चाय लाता है। संगीता को अच्छा नहीं लगता। वो चिढ़ जाती है। किसी दूसरे तरीक़े से रघु पर गुस्सा निकालती है। दो–तीन बार वो रघु को थप्पड़ भी मार चुकी है। मार खा चुकने के बाद, रघु आकाश की व्हीलचेयर के पास आ बैठता है। फ़र्श पर बैठा हुआ रघु अपनी पीड़ा के विषय में कुछ नहीं कहता। आकाश का दुख जानने के लिए, व्हील चेयर की हत्थी पर अपने हाथ रखकर बैठ जाता है। आकाश उसके सिर में उँगलियाँ घुमाता है। रघु की आँखें छलक पड़ती हैं।

आकाश शानदार कप में चाय पी रहा है। फ़र्श पर बैठा रघु टूटी डंडी वाले कप को लेकर बैठा है। वो जब हँसता है तो आकाश के होंठों पर ख़ुद–ब–खुद मुस्कान चली आती है। आकाश और रघु जब पास–पास बैठे होते हैं तो शब्द और आवाज़ अपने किसी दूसरे काम पर चले जाते हैं। ख़ामोशी....बेआवाज़ हारमोनियम को रख देती है.........दोनों के बीच!

आकाश ने एक बार सोचा कि वो व्हीलचेयर ड्राइंग रूम तक ले जाये। अपने विचार को उसे स्थगित कर दिया है। वहाँ संगीता बैठी है। चाय पीती हुई। केक स्लाइस खाती हुई। टी.वी. का रिमोट हाथ में है। वो चैनल बदल रही है।

बिल्कुल वैसे, जैसे उसने रिश्ते का चैनल बदल दिया है।

संगीता ने शायद आस्था चैनल लगाया है या फिर संस्कार चैनल। किसी सन्त जी के प्रवचनों की आवाज़ आ रही है। संगीता बड़ी श्रद्धा से प्रवचन सुन रही है। प्लेट में जो शामी कबाब रखकर आयी थी, उसे भी खा रही है।

आकाश देख रहा है। संगीता का चेहरा बड़ा दयालू कृपालु लग रहा है। ऐसा लगता है, उसके अन्दर के सारे विकारों का 'केथारसिस' हो रहा है।

सन्त जी का प्रवचन समाप्त हुआ है। संगीता उठ खड़ी हुई है। उसने बड़ी हिकारत से आकाश को देखा है।

अभी–अभी वो एक पर्व मना रही थी। पाखण्ड का पर्व। कितना सफल आयोजन था, चाय, शामी कबाब और संस्कार चैनल के बाबा जी। बाबा जी या सन्त जी प्रवचन दे रहे थे सम्बन्धों में मधुरता का। शामी कबाब और बिकीज़ के साथ चाय पीते हुए प्रवचनों का भी 'बाइट' ले रही थी संगीता।

वो ड्राइंग रूम से उठकर कप रखने के बहाने आकाश और रघु को देखने आयी है। रघु का पता नहीं। आकाश आँगन में व्हीलचेयर पर बैठा है। वो बार–बार आकाश को देखता है। पुराना वक़्त होता तो संगीता कहती, "आकाश! आप आकाश को देख रहे हैं।"

कई दिनों बाद आकाश को देखो तो वो कुछ–कुछ रूठा हुआ–सा लगता है। आकाश हमेशा चुप रहता है। परिन्दे उड़ते रहते हैं। सितारे टूटकर गिरते रहते हैं। आकाश चुप रहता है। पृथ्वी भी चुप रहती है। चुप तो दरख़्त भी रहते हैं और झीलें भी। कुदरत की हर शय कम बोलती है, या बिल्कुल नहीं बोलती।

संगीता ने दूर खड़े होकर देखा है आकाश को। वो बोली नहीं। चुपचाप देखती रही। सख़्त नज़रों से उसका देखना आकाश को परेशान कर रहा है। वो अभी–अभी प्रवचन सुनकर आयी है। सम्बन्धों में मधुरता बनाए रखने का प्रवचन! उसके देखने में रूखापन है। उसका चेहरा कठोर है।

आकाश ने व्हीलचेयर को थोड़ा घुमा–सा लिया है। अब संगीता की तरफ़ उसकी पीठ है। ज़रूर संगीता तिलमिलाई होगी।

संगीता जब दफ़्तर चली जाती है तो आकाश घर भर में व्हीलचेयर पर घूमता है। व्हीलचेयर को खींचते हुए हाथ बेशक थक जाते हैं। कमर का दर्द बेशक बढ़ जाता है। लेकिन जी नहीं भरता। आकाश हर शय को बार–बार देखता है और हर बार, हर शय नयी लगती है। आँगन में हो तो आसमान नया लगता है। और हवा का दुपट्टा नया–नया सा लगता है।

ड्राइँग रूम में आकर वो हैरानकुन नज़रों से हर वस्तु को देखता रहता है। हर शय को वो ढूँढ़–ढाँढ़ कर, ख़ुद बाज़ार से लाया था। सब चीज़ें पुरानी हैं कई साल पहले की। चीज़ें उसे अजनबीयत से देखती हैं और वो चीज़ों को। जैसे छोटे बच्चे के लिए हर शय एक खिलौना होती है। आकाश के लिए हर शय कोई बिछुड़ा हुआ दोस्त। वो चाहता है हर बेजान शय से बातें करे।

अचानक आकाश की नज़र शेल्फ़ में रखे लाफ़िंग बुद्धा पर जा अटकी है। आकाश को ऐसे लग रहा है जैसे लाफ़िंग बुद्धा उसे देखकर हँस रहा है। लाफ़िंग बुद्धा को देखकर आकाश मुस्करा रहा है। बुद्धा हँस रहा है। आकाश मुस्करा रहा है। ड्राइंग रूम के बाहर खड़ा रघु अपने मालिक को देख रहा है। मालिक जो एक खिलौने को देखकर हँस रहा है। खिलौना जो लाफ़िंग बुद्धा है। पता नहीं, लाफ़िंग बुद्धा आकाश की विकलांगता पर हँस रहा है या इसलिए हँस रहा है कि हँसते रहना उसकी प्रवृति है। या फिर वो इसलिए हँस रहा है कि उसने बहुत दिनों बाद घर के मालिक को देखा है और मालिक है कि व्हीलचेयर पर है। या फिर वो इसलिए हँस रहा है कि शोकगीत लिखती सृष्टि में हँसने वाला एक लाफ़िंग बुद्धा भी है।

आकाश बेशक शेल्फ़ के पास है लेकिन कोशिश करने के बावजूद वो लाफ़िंग बुद्धा को नहीं उठा पा रहा। वो उचक रहा है। बार–बार। अपने हाथों को उस तक पहुँचाने की कोशिश करता हुआ आकाश।

ड्राइंग रूम के बाहर रघु खड़ा है। वो मालिक के खेल को बिगाड़ना नहीं चाहता। लेकिन वो हैरान है कि मालिक को लाफ़िंग बुद्धा उठाने की क्या लाचारी आन पड़ी।

शेल्फ़ के बिल्कुल पास ले जाकर अपनी व्हीलचेयर को आकाश थोड़ा–सा और ज़्यादा उचका है। लाफ़िंग बुद्धा को सरका कर उठाने की कोशिश में घटना ये घटी है कि वो हाथ में आया, छिटका और फ़र्श पर जा गिरा है।

लाफ़िंग बुद्धा टूट गया है। उसकी हँसी बिखर गयी है। बिखरी हुई हँसी जैसे लाफ़िंग बुद्धा की न हो, ख़ुद आकाश की हो।

रघु ड्राइंग रूम में, आकाश के सामने खड़ा है। सहमा हुआ। सन्नाटे की ज़द में। जैसे लाफ़िंग बुद्धा, आकाश से नहीं, उससे टूटा हो।

वो बिखरे हुए टुकड़े चुन रहा है। व्हीलचेयर पर बैठा आकाश रघु को देख रहा है।

दफ़्तर से संगीता घर वापिस आयी है। चाय का कप लेकर वो ड्राइंग रूम में आ बैठी है।

अचानक उसकी नज़र शेल्फ़ पर ठिठक गयी है। लाफ़िंग बुद्धा अच्छे शगुन का प्रतीक था, वो कहीं नज़र नहीं आ रहा। उसने रघु से पूछा है। रघु सहम गया है। वो चुप है। चुप तो वो रहता ही है। आँ....आँ की आवाज़ से सवालों के जवाब देता है।

आकाश ने कहा है, ''लाफ़िंग बुद्धा मेरे हाथ से गिरकर टूट गया है।''

बहुत सख़्त–सा चेहरा हो गया है संगीता का।

''लाफ़िंग बुद्धा तोड़नेवाला मैन, 'सैड बुद्धा'......बनकर मेरे सामने होता है हर वक़्त। क्या करूँ उसका?''

''आप उसे ख़ुशगवार नज़रों से देखने की कोशिश करें जैसे एक्सीडेंट से पहले उसे देखती थीं। तब वो शायद 'सैड बुद्धा' नज़र न आये।'' आकाश की बेरौनक आवाज़ में, यादों की उस बूढ़ी चिमनी का धुआँ है, जो अकेली है और ग़मज़दा।

संगीता ने जैसे दाँत पीसे हों। उसने ऐसे देखा है जैसे कोई कीकर उग आया हो उसकी दृष्टि में।

वो चली गयी है।

आकाश चाहता है संगीता उससे बातचीत करे। उसके पास बैठे। उससे हालचाल पूछे। कान्धे पर हाथ रखे। हाथों को सहलाए। पीठ का.......मसाज करे। उसकी कमज़ोर हो चुकी, निर्जीव सी टाँगों को छूकर देखे। क्या पता उसके छूने से कोई सेंसेशन पैदा हो जाये। रात को जब वो व्हील चेयर से उतरकर बिस्तर पर हो तो वो उसके पास आकर लेट जाये।

आकाश अपनी ख़ुशफ़हमी पर मन ही मन हँसता है। मन ही मन तरस खाता है अपने आप पर।

पता नहीं आकाश के अन्दर कैसा जुनून पैदा हुआ है कि उसने अपने पास से गुज़रती हुई संगीता का हाथ पकड़कर रोक लिया है।

बौखला–सी गयी है संगीता "हाऊ यू डेयर?" उसने हाथ छुड़ाने की कोशिश की है। आकाश देव बेशक कमज़ोर हो चुका है। बेशक उसकी टाँगों ने उसका साथ छोड़ दिया है। बेशक पीठ पर.......... स्पाइनल कॉड पेसमेकर लगा है। इसके बावजूद, उसके हाथों की पकड़ मज़बूत है। उसकी कलाई रेसलर की कलाई हो जैसे। संगीता ने हाथ छुड़ाने की कोशिश की है। वो सफल नहीं हुई। धक्का–सा दिया है उसने व्हीलचेयर को। व्हीलचेयर आगे सरकती चली गयी है और लुड़ककर नीचे आ गिरा है आकाश।

संगीता जा चुकी है।

एक पर्दा गिरा है अवसाद का।

एक पर्दा उठा है संवेदना का। रघु आया है। वो बालक है बेशक। लेकिन उसका शरीर गठा हुआ है। उसने मज़बूती के साथ, आकाश को व्हीलचेयर पर बिठाने की कोशिश की है। व्हीलचेयर आगे चली गयी है। व्हीलचेयर को उसने दीवार के साथ सटा दिया है। आकाश को वहाँ तक ले गया है उठाकर। अब उसने आकाश को देखा है। व्हीलचेयर को देखा है। सोचा है उसने कि उसे क्या करना है। उसने आकाश की दोनों बगल में अपने दोनों बाज़ू रखकर पूरी शिद्दत और ताक़त से आकाश को उठाय है और व्हीलचेयर पर टिका–सा दिया है।

हाँफ़ता हुआ रघु मुस्कराने की कोशिश कर रहा है। आकाश रघु को देख रहा है। उसके गूँगेपन के भीतर जमी किसी आवाज़ को महसूस कर रहा है।

"आँ....आँ....हूँ।" उसने कप जैसा कुछ हवा में बनाते हुए आकाश से पूछा है।

"चाय....हाँ हम दोनों पीएँगे।" आकाश की भीगी हुई–सी आवाज़ ....रघु का खिलखिलाकर हँसना।

वक़्त का पर्दा हटाकर ज़िन्दगी देख रही है कि लोग....हारे हुए लोग, किस तरह जीत का जश्न मनाते हैं।

दोनों चाय पी रहे हैं।

चाय के कप दोनों को शाबासियाँ–सी दे रहे हों जैसे।

15

पन्द्रह दिन बाद 'फ़ालोअप' के लिए अस्पताल जाना है। आकाश नहीं जा रहा। किससे कहे आकाश! यही तो दिक्क्त है।

क्या आकाश संगीता से डरने लगा है। आकाश अपने आपसे सवाल करता है। उलझ जाता है। नहीं, उसका सवाल, जवाब तक की यात्रा करने से घबराता है। कोई पुरूषोचित ग्रन्थि है जो उसे सवाल तक रोक लेती है। जवाब की तलाश नहीं करने देती। आकाश शायद संगीता से डरने लगा है। ज़्यादा नहीं, तो कुछ–कुछ। शायद इसलिए वो संगीता का सामना करने से कतराता है। संगीता के घर में होने का अर्थ है, आकाश का न होना। आकाश के होने का अस्वीकार, संगीता की उपेक्षाओं से ज़ाहिर होता है।

अस्पताल का आख़िरी दिन जब डॉक्टर तनेजा आये थे बिल्कुल आख़री मूमेंट पर, जब अस्पताल से घर जाने की तैयारी हो चुकी थी। मुस्कराते हुए उन्होंने आकाश से हाथ मिलाया था। संगीता से भी हाथ मिलाया था उन्होंने और कहा था, "ब्यूटीफुल लेडी! मुझे कहने की कतई ज़रूरत नहीं कि आप अपने हेंडसम हसबेंड का बहुत ध्यान रखेंगी। उन्हें आपके सहारे की बहुत ज़रूरत पड़ेगी।"

सहारा! संगीता से सहारे की उम्मीद जैसे पानी में आग की तलाश। वो अब आकाश से चिढ़ने लगी है। आकाश उसे अच्छा नहीं लगता। आकाश का अधूरापन, संगीता की पूर्णता के आगे, दीनता से भरा दिखायी देता है। संगीता आकाश के होने को भरसक नकराती है।

लेकिन आकाश है। पूरे घर में है। वो इस हक़ीकत का क्या करे? किस तहख़ाने में डाले आकाश को। वक़्त के किस कैप्सूल में उतारे आकाश को?

आकाश पर मर–मिटने वाली संगीता आकाश से घृणा करती है। आकाश उसका पति है वो इस शब्द की तासीर को ख़त्म कर देना चाहती है।

आकाश के साथ संगीता का यह व्यवहार बहुत अविश्वसनीय–सा प्रतीत होता है ख़ुद आकाश को। कोई इतना प्यार करने वाला इतना ज़्यादा चिढ़ने लगे, ऐसा होता तो नहीं। लेकिन ऐसा हुआ ज़रूर है। आकाश के साथ हुआ है। एक स्त्री जो बहुत प्रेम करती थी, विकलाँगता के बाद उस स्त्री की इतनी अधिक बेरूखी। उपेक्षा, जिसमें घृणा, किसी फ़ंगस की तरह है।

संगीता से प्रेम विवाह के लिए आकाश को कड़ा फैसला लेना पड़ा, अपने परिवार से बग़ावत! लेकिन संगीता का अपने परिवार में आना जाना लगा रहा। पहले जैसी बात वहाँ भी नहीं थी। फिर भी संगीता से उन्होंने पूरी तरह से रिश्ता नहीं तोड़ा था।

कितना अकेला हो गया है आकाश! संगीता की बेरूखी ने उसे और ज़्यादा अकेला कर दिया है। अगर रघु बोल सकता तो आकाश उससे कितना ज़्यादा बोलता। नहीं, यह बात नहीं। आकाश के लिए रघु अब भी एक हमदर्द दोस्त की तरह है। उसकी चुप सैकड़ों शब्दों की अभिव्यक्ति है। उसके पास आं.....एं जैसे बहुत कम शब्द हैं। इनसे वो अपनी भाव रचना करता है और सफल होता है।

संगीता के दफ़्तर आने से पहले आकाश व्हीलचेयर पर घर की परिक्रमा पूरी कर लेता है। जैसे छोटे बच्चे चाबी वाली कार, बस, ट्रक या इंजन को चलाते हैं। आकाश अपनी व्हीलचेयर को चलाता है। फ़र्क ये है बच्चे घर के फ़र्श पर बैठकर चाबी वाले खिलौने चलाते हैं। आकाश ख़ुद व्हीलचेयर में होता है।

संगीता जब आ जाती है या उसके आने से पहले आकाश अपने स्टोर रूम में चला जाता है। यह एक ऐसी अलिखित अंडरस्टैंडिंग है

जिसके अन्दर अड्जस्टमेंट लफ़्ज़ का अविष्कार ख़ुद आकाश ने किया और उस ख़ुशी में अपनी पीठ भी थपथपाई है।

संगीता के आने से पहले वो कई सारी ख़ुराफ़ातें भी करता है। मसलन, शेल्फ़ पर रखे उसके फोटो को कई बार चूमता है। आयी लव यू भी बोलता है। मुस्कराता है। यह ख़ुराफ़ात, उसका इश्क़ है। इश्क़ इतना ज़्यादा इक तरफ़ा है कि इस 'फ्रेम चुम्बन इश्क़' का संगीता को ज़रा भी पता नहीं। बेशक शीशे को पता है। शीशे के पीछे जो संगीता की तस्वीर है, उसे भी पता है। लेकिन संगीता को पता नहीं।

रघु आकाश को 'वॉच' करता रहता है। कहीं उसका मालिक थक तो नहीं गया? कहीं मालिक व्हीलचेयर से गिर तो नहीं पड़ा। एक और बात भी है। आकाश चाय बहुत पीता है। रघु एक डेढ़ घण्टे बाद आकाश को चाय बनाकर देता है। थोड़ी–सी आप भी पीता है। दवाइयाँ देने का काम भी रघु का है। जब आकाश दवाई खाना भूल जाता है तो रघु याद दिलाता है। वो अपनी हथेली पर कुछ रखता है। फिर मुँह में फाँकता है। पानी पीने का दृश्य उपस्थित करता है। वो हर दृश्य में रघु कम प्रतीत होता है। ईश्वर की अनुकृति ज़्यादा प्रतीत होता है।

संगीता के आने से पहले रघु पूरे घर में दोबारा पोचा लगाता है ताकि व्हीलचेयर के पहिए के निशान साफ़ हो जायें।

संगीता जब दफ़्तर चली जाती है तो आकाश ख़ूब नहाता है। अब जख़्म भर गये हैं, इसलिए कोई दिक़्क़त नहीं। ख़ुराफ़ात यह कि आकाश संगीता के उस साबुन से नहाता है जिसे वो बॉथरूम में छुपाकर रख जाती है। साबुन की यह चोरी रोमांचक होती है। उससे ज़्यादा रोमांचक होता है संगीता के तौलिए से शरीर साफ़ करना। संगीता के तौलिए से जब आकाश अपने अंडरवीयर के अन्दर प्राइवेट पार्ट को साफ़ करता है तो वो थोड़ा उत्तेजित भी हो जाता है।

आकाश व्हीलचेयर पर बैठकर नहाता है। बॉथरूम और व्हीलचेयर को सूखे कपड़े से साफ़ करना रघु ख़ूब जानता है।

रघु आकाश के आसपास रहता है। आकाश को अच्छा लगता है। जैसे चाँद के आसपास सितारे रहते हैं तो चाँद को अच्छा लगता है। जैसे फूलों के पास तितलियाँ रहती हैं, फूल हँसते रहते हैं। जैसे अँधेरे के आसपास जुगनू रहते हैं तो अँधेरे को कुछ–कुछ दिखायी देने लगता है। आकाश को अच्छा लगता है, जब रघु उसके आसपास होता है।

सब ठीकठाक चल रहा था बहुत कुशलतापूर्वक। आकाश का व्हीलचेयर पर दिनभर घूमना। चाय पीते रहना और संगीता के साबुन से नहाने के बाद उसके तौलिए से पौंछना। आकाश की कोई दमित कामना थी या प्रतिवाद का कोई नया तरीक़ा। शाम तक संगीता का तौलिया सूख जाता। संगीता को पता नहीं चलता था। आकाश ख़ुश होता कि वो इस तरीके से संगीता से बदला ले रहा है।

आज संगीता दोपहर को घर आ गयी है। उसकी कुछ हॉफ़ डे बची हुई थीं। उसने हॉफ़ डे लीव का फ़ार्म भरा और अपने क्लीग रोहित के साथ दोपहर को घर चली आयी है।

रोहित को ड्राईंग रूम में बिठाकर वो आकाश से कहने आयी है कि वो बिल्कुल बाहर न निकले। आकाश भी कुछ ज़्यादा ही सरफ़िरा हो गया है इन दिनों। संगीता जिस काम के लिए मना करे उसे वो ज़रूर करता है। जैसे कि अब! वो व्हीलचेयर पर बैठकर अपने कमरे से निकला है। ड्राईंग रूम में तो नहीं गया लेकिन ड्राइंग रूम के साथ लॉबी में उसने अपनी व्हीलचेयर जमा दी है।

संगीता अपने क्लीग के साथ बैठी चाय पी रही है। उसकी हँसने की आवाज़ आ रही है। कितना अच्छा हँसती है संगीता। संगीता का हँसना आकाश ने बहुत दिनों बाद सुना है। उसे अच्छा लग रहा है। बेशक, वो अपने क्लीग के साथ हँस रही है, पर वो हँस रही है। यह क्या कम है कि उसके हँसने की आवाज़ आ रही है।

चाय पीकर संगीता का क्लीग चला गया है। संगीता ड्राईंग रूम से बाहर निकली है। बहुत अच्छे मूड में निकली है वो ड्राईंग रूम से। अचानक व्हीलचेयर पर बैठे आकाश पर उसकी नज़र अटकी है।

बौखला गयी है वो। "मैंने कहा था न।" उसने तल्ख़ी से कहा है। आकाश ने उसी तल्ख़ी से जवाब दिया है, "कौन–कौन सा एरिया प्रोहिबिटेड है, यह मिलट्री क्षेत्र नहीं......घर है। मेरा घर। तुम्हारा घर। और हमारा घर।"

संगीता ने कहा कुछ नहीं। उसने सख़्त नज़रों से आकाश को देखा है। वो चली गयी है अपने गुस्से की किरचों को गिराती हुई।

वो आँगन की तरफ़ निकली है। अपने तौलिये को देखकर वो ठिठक गयी है। तौलिया उसने दूसरी तार पर लटकाया था। यहाँ कैसे? तौलिया अब तक सूख जाना चाहिए था, यह तौलिया इतना गीला कैसे?

इससे पहले कि वो आकाश से पूछती, इससे पहले कि आकाश कोई जवाब देता। रघु आकर बोल रहा है....ऐं....ऊँ....ऊँ....आ....आ। उसने संकेतों में बताने की कोशिश की है कि तौलिया फ़र्श पर गिर गया था। मिट्टी–सी लग गयी थी। उसने पानी में से निकाल कर दोबारा तार पर टांग दिया।

"सच कह रहा है तू रघु?" संगीता सशंकित है।

रघु ने कानों को हाथ लगाकर कसम खाई है। उसकी लम्बी सी आवाज़ निकल रही है....आं....आं....आं।

"रघु यू आर ग्रेट।" आकाश ने मन ही मन कहा है। रघु ने बड़ी चतुराई से एक लड़ाई टाल दी है। वरना घर में कोहराम मचता। माहौल बिगड़ता। संगीता तो तैयार होकर मार्केट चली जाती। आकाश तनाव में घिर जाता।

16

संगीता ने सूचना–सी देते हुए कहा है कि संडे को उसकी बॉस लंच पर आयेगी।

यह सूचना बिल्कुल वैसी है जैसे रेलवे स्टेशन का अनाउंसर, रेलगाड़ी के आने की सूचना दे रहा हो।

"क्या वो मुझे पूछने आ रही है?" आकाश ने जिज्ञासावश पूछा है।

"नहीं।"

"तो?"

"तो क्या?"

"वो किस सिलसिले में आ रही है, मैं इतना तो पूछ ही सकता हूँ।"

"दिस इज़ नन ऑफ़ युअर बिज़नेस।" संगीता के स्वर में खुरदरापन है। अंग्रेजी बोलकर वो एक डिस्टेंस रखना चाहती है।

"अगर मेरा कोई मतलब नहीं तो फिर ये सूचना किसलिए दी गयी है।"

"लिसन मिस्टर आकाश देव! आपके लिए ख़ुशख़बरी नहीं है कि मेरी बॉस आ रही हैं।" संगीता की तर्जनी ऐसे उठ रही है आकाश के सामने, जैसे वो उँगली न हो तरकश हो।

"जानता हूँ यह ख़ुशखबरी नहीं है तो फिर?"

"ये चेतावनी है।....वार्निंग है आपके लिए।"

"मेरे लिए क्यों?"

"आप अपने कमरे में रहें, इसलिए।" वो कह रही है। यह समझाना नहीं, आदेश देना है।

आकाश कह रहा है, "मेरा बाहर निकलना आपकी बॉस को अच्छा नहीं लगेगा?"

"बॉस को अच्छा लगेगा या नहीं लगेगा, लेकिन मेरी नाक कट जायेगी।"

"अगर पति की दुर्घटना में उसकी टाँगें निर्जीव हो गयी हों और वो व्हीलचेयर पर बैठकर पत्नी की बॉस के सामने आ जाये तो क्या पत्नी का नाक कटना हो जायेगा।"

संगीता चुप है।

आकाश हँस रहा है। कह रहा है, "बेशक मैडम संगीता! आपकी नाक तो कटेगी अगर मैं आपकी बॉस के सामने या किसी के सामने व्हीलचेयर लेकर आ जाऊँ। और उस पर मैं बैठा नज़र आऊँ।"

"चुप हो जाओ।" बेहद आवेश में है संगीता।

आकाश चुप है। व्हीलचेयर को संगीता के पास लेकर गया है। संगीता डर गयी है। डर कई तरह का है। कहीं आकाश उसका हाथ न पकड़ ले। कही उसके गाल न छू ले। कहीं वक्ष पर हाथ न रख दे। कहीं मार न दे। आकाश जब बिल्कुल ठीक था उसने आवेश में आकर संगीता को ऐसा तमाचा जड़ा था कि वो सोफ़े पर जा गिरी थी।

"संगीता, प्लीज़ संगीता! ऐसा क्यों कर रही हो? मैं वही तो हूँ। वही, बिल्कुल वही। जिसकी तुम बहुत रिस्पेक्ट करती थी। जिसे तुम बहुत चाहती थी।....क्या ख़राबी आ गयी है मुझमें? मेरी टाँगें ख़राब हो गयी हैं। मेरे पैरों में खड़ा होने की सकत नहीं रही, क्या यह मेरा फ़ाल्ट है?" आकाश की आवाज़ में कारूणिक ध्वनियाँ हैं।

"लिसन, डोंट प्ले इमोशन कार्ड।" सख़्त–सा दो टूक जवाब। सारी की सारी संवेदना लय को तोड़ता–फोड़ता हुआ।

"ओ के! मैडम संगीता। आपकी इज़्जत, आपके सम्मान से बढ़कर मेरे लिए और कुछ भी नहीं है। आप गर्व से हमेशा की तरह तनकर चलो। आपको यही अच्छा लगता है। मैं और ज़्यादा कोशिश करूँगा आपके रूतबे को ठेस न लगे। आपने नोट किया होगा, मैं कभी घर से बाहर नहीं निकला। आपकी बॉस जब तक रहेगी, मैं अपने कमरे में रहूँगा।" हाँफ रहा है आकाश। दूर खड़ा रघु उसे देख रहा है।

"थैंक्यू मिस्टर आकाश" इतना–सा जवाब। इतनी–सी बात। संगीता चली गयी है।

आकाश बेहद व्यथित है। व्याकुल परेशान और उद्विग्न! वो गहरी सोच में डूबा है। क्या हो गया है संगीता को? कोई नार्मल स्त्री इतनी अधिक घृणा तो नहीं कर सकती। संगीता ने आकाश से प्रेम विवाह किया था। इतना अधिक प्रेम करने वाली संगीता इतनी अधिक नफ़रत करने लगी है। बातों में कितना डिस्टेंस पैदा करने लगी है वो। नाम के साथ हमेशा मिस्टर लगाती है। हिन्दुस्तानी लोगों के लिए 'मिस्टर' इतना आदर सूचक नहीं, जितना कि परायेपन को ध्वनित करता है।

संगीता अपने कमरे में है। वहाँ ए.सी. है। गरमी के दिन हैं। उसके कमरे में ए.सी. चल रहा है। कमरे का दरवाज़ा बन्द है। ताकि कूलिंग अच्छी हो जाये।

आकाश के कमरे में सिर्फ़ सीलिंग फ़ैन है। जो तेज़ चलने पर आवाज़ करता है। उसे 'सलो' चलाओ तो हवा कम हो जाती है। आकाश की इस प्राब्लम को आकाश जानता है या वो सामान जो कमरे में है, जो बोल नहीं सकता। या फिर रघु, जो आकाश के कमरे में आकर बैठ जाता है। जैसे कि अब।

आकाश गहन सोच–विचार में है। आज उसने तय किया है कि वो संगीता के साबुन को हाथ भी नहीं लगाएगा। उसके तौलिये को छुएगा भी नहीं। अगर यह चोरी है तो वह ये चोरी नहीं करेगा। अगर खेल है तो वो ये खेल नहीं खेलेगा। अगर विरोध है तो विरोध के इस तरीके को त्याग देगा। ज़िन्दगी किसी भी भावना से चलती हो, बदले की भावना से तो बिल्कुल नहीं चलती।

17

आज इतवार है। छुट्टी का दिन है। आकाश के लिए सारे दिन छुट्टी के होते हैं। बेहद एफ़िशिएँट, ब्रिलिएँट और कर्मठ शख़्स जो तमाम दिन आफ़िस में व्यस्त रहता था। चाय का कप ठण्डा हो जाता। वो काम में इतना तल्लीन होता कि चाय पीना भूल जाता।

वही शख़्स आकाश, अब ख़ाली रहता है। दिनभर व्हीलचेयर पर। और यात्रा घर भर की। लौटकर फिर अपने कमरे में।

कम्पनी ने आकाश के सारे अकाउंट्स क्लीयर कर दिये हैं। सारे ड्यूज़ और छः महीने की एकस्ट्रा सेलरी आकाश के बैंक अकाऊँट में डिपाज़िट कर दी है। और आकाश को कम्पनी से रूख़सत कर दिया है। कम्पनी ने सीधे–सीधे तो नहीं कहा कि वो हैंडीकैप को अपने पास नहीं रख सकती। कम्पनी का तर्क बड़ा विचित्र है कि सेल्ज़ जैसे डिपार्टमेंट में, जैसी एक्टीविटीज़ की ज़रूरत होती है,

वो आप नहीं कर पायेंगे। इसलिए आपको सेवामुक्त किया जाता है। इस पत्र के साथ अपायंमेंट की वो 'क्लाज़' बोल्ड शब्दों में सेपरेट पेज पर दर्ज की गयी हैं कि बिना कारण बताए, एम्पलाई को दो महीने की सेलरी के साथ सेवा मुक्त किया जा सकता है।

कम्पनी की दयानतदारी यह भी है कि उसने अस्पताल का कुछ ख़र्च भी 'पे' किया है। छः महीने की सेलरी के साथ बाक़ी ड्यूज़ भी बैंक अकाउंट में जमा करा दिये हैं।

आज इतवार है। आकाश अपने कमरे में है। कमरे का दरवाज़ा बन्द है यूँ तो....संगीता के सख़्त आदेश हैं। बन्द दरवाज़े के बावजूद, आकाश ने दरवाज़े को थोड़ा–सा खोल रखा है। एक छोटी–सी झिर्री जहाँ से छोटे–छोटे दृश्य नज़र आते रहें।

झिर्री से वो बाहर के दृश्यों को देख लेता है। फिर अपनी व्हीलचेयर की दुनिया में लौट आता है। बाहर की दुनिया विशाल और गतिशील है। इसलिए आकर्षक है। कमरे की दुनिया सीमित है। इसकी सीमाओं में बँधा हुआ आकाश, नीम रोशनी में बैठा है। उसका मन करता है ट्यूब लाइट जला दे। लेकिन ट्यूब लाइट की रोशनी दरवाज़े की झिर्री से बाहर जा गिरेगी। आकाश को लगता है वो बन्द अँधेरे कमरे नहीं बैठा, सिनेमा हॉल में बैठा है और फ़िल्म चल रही है। बाहर के दृश्यों का विज़न मिक्सचर दिलकश है और वो फ़रेब भी पैदा करता है। क्या हर दिलकश शय, फ़रेब के नकली पैरों पर खड़ी होती है।

बाहर की दुनिया में हल्की–सी तेज़ी आयी है। गेट के पास कार रूकने की आवाज़ ने, घर के भीतर की हर शय को सचेत कर दिया है। संगीता अपने बॉस को हर तरह से सन्तुष्ट और प्रभावित करना चाहती है। अगली प्रमोशन बॉस की सी. आर पर निर्भर है। इसलिए बेहद ज़रूरी है कि बॉस, संगीता की मेहमाननवाज़ी से प्रसन्न हो। मेज़बान संगीता बहुत सचेत और मसरूफ़ नज़र आ रही हैं। कभी–कभी वो आकाश के कमरे की तरफ़ भी उचटती–सी नज़र डाल देती है, जिसका दरवाज़ा आकाश ने लगभग बन्द कर रखा है।

बॉस ने घर में प्रवेश किया है। आकाश ने दरवाज़े की झिर्री पर नज़रें टिका दी हैं। ड्राइवर ने बड़ा–सा गुलदस्ता और गिफ़्ट थाम रखा था। बॉस ने क्रमशः गुलस्ता और गिफ़्ट संगीता को भेंट किये हैं। ड्राइवर वापिस कार की तरफ़ चला गया है।

संगीता की बॉस का शानदार लुक है। वो संभ्रांत शिष्ट और सौम्य लग रही है। ये वही बॉस है जिससे आकाश मिला था। संगीता ने बड़े गर्व से , दपदपाते लफ़्ज़ों में कहा था, ''माई हसबैंड।''

''हाय।'' हाथ मिलाते हुए बॉस ने अपनी बात पूरी की थी, ''वैरी टॉल एण्ड हैंडसम।''

क्या बिडम्बना है। उसी 'हसबैंड' को संगीता ने स्टोरनुमा कमरे में छुपा रखा है। हिदायत ये भी है कि वो बॉस के सामने न आये।

संगीता की बॉस सभ्य है और शायद संवेदनशील भी। हो सकता है, वो संवेदनशील न हो, महज़ औपचारिक हो। कुछ तो है। उसने पर्स खोलकर चॉकलेट निकाली है। मुस्कराते हुए रघु को दी है उसने चॉकलेट! रघु ने चॉकलेट लेकर दोनों हाथ जोड़ दिये हैं। काश, रघु बोल सकता।

आकाश को अच्छा लगा है।

संगीता की बॉस तीस–पैंतीस साल की ख़ूबसूरत स्त्री है। उसकी औपचारिकता में, बैठने में, पानी पीने में, मेज़ पर गिलास रखने में सौम्यता है। सौम्यता संगीता में भी है, लेकिन इतनी नहीं। यही फ़र्क है। संगीता अपने हावभाव से सबार्डिनेट लगी रही है। बेशक, संगीता घर की मालकिन है, लेकिन उसकी हरकतें केयर टेकरों जैसी हैं। संगीता की बॉस सहज है। अफ़सराना ठाठ है तो सलीका भी है। आत्मसम्मान है लेकिन दंभ नज़र नहीं आता।

एलीट लोगों की एक ख़ास बात होती है, वो हमेशा भरे पेट नज़र आते हैं। मध्यवर्गीय लोग चीज़ों पर टूट पड़ते हैं। एलीट एक लय पैदा करते हैं। वो चाय भी ऐसे पीते हैं जैसे 'गोल्फ़' खेल रहे हों।

आकाश सोच रहा है कि वो वहाँ होता। वहाँ! जहाँ वो दोनों बैठी हैं। वही बॉस उसे देखती। हैरान रह जाती। शायद सांत्वना देती।

या न देती। घृणा करने लगती संगीता की तरह। या, ये भी मुमकिन है कि व्हीलचेयर तक चली आती।

लेकिन आकाश इस कमरे में है। जहाँ रोशनी कम, अंधेरा ज़्यादा है। अपाहिजता, मनुष्य को उसके परिवेश से काट देती है। वो अकेला होने लगता है। अपने कष्ट के साथ। अपने तनाव, अनिन्द्रा और तड़प के साथ।

वो सोच रहा है, ऐ ईश्वर, किसी का रास्तों से नाता मत तोड़ना।

आकाश के अन्दर एक दूसरा आकाश भी है। आकाश जब नर्वस होता है। अवसाद के अँधेरे कुएँ में उतरने लगता है तो आकाश के अन्दर दूसरा आकाश, उसके अन्तर्मन में, किसी हरदिल अज़ीज दोस्त की तरह आ खड़ा होता है। उसकी जेब में उम्मीद की टुकड़ा भर धूप होती है, बिछा देता है उसी धूप को। जैसे कि अब। कह रहा है वो दूसरा आकाश, पहले आकाश से, इतना सीरियस क्यों हो रहा है यार! संगीता की बॉस है, तेरी नहीं। तेरा वहाँ होना बिल्कुल ज़रूरी नहीं। अपनी विकलाँगता से मत जोड़ लिया कर हर चीज़ को। तू न विकलाँग है न अपाहिज। एक्सीडेंट के कारण तेरी टाँगें निर्जीव हुई हैं, बस! क्या पता उनमें कभी जीवन आ जाये? क्या पता तू उठ कर खड़ा हो जाये अपने पैरों पर। लिसन यार आकाश! वो दो लेड़ीज़ आपस में बैठी खा–पी रही हैं, इंजाय करने दे उन्हें।

आकाश के अन्दर जो दूसरा आकाश था। उसने आकाश को न सिर्फ़ पाठ पढ़ाया, बल्कि डाँट भी दिया। इस डाँट का असर आकाश पर खूब हुआ। वो काफ़ी कुछ नार्मल हो गया है।

संगीता की बॉस उठ खड़ी हुई है। वो बहुत देर से बैठी थी। पर्स मेज़ पर पड़ा है। उसे पड़ा रहने दिया है उसने। बहुत सहज होकर वो मुस्करा रही है और टहल रही है। ड्राईंग रूम से निकलकर वो लॉबी में चली आयी है। लॉबी में कुछ पल खड़े होकर उसने घर की तारीफ़ की है और कह रही है, "बड़ा डीसेंट, स्वीट होम है। चलो आपका घर देख लेते हैं।"

संगीता सिहर उठी है।

आकाश ने अपने कमरे का आधा दरवाज़ा खोल दिया है। ताकि ऐसा लगे कि उसे छुपाया नहीं गया। वो अपनी मर्ज़ी से बैठा है। फिर उसने दरवाज़ा बन्द कर दिया है। झिर्री रहने दी है। दरवाज़ा खुला रखना ख़तरनाक होगा। हो सकता है संगीता की बॉस देख ले। उसके बाद संगीता कितने ग़ुस्से में होगी।

झिर्री....लगभग एक फुट का गैप! आकाश, संगीता की बॉस को, उसकी प्रत्येक गतिविधि को देख रहा है। वो कमरों से ग़ुज़र रही है। ज़ाहिर है, वो आकाश का कमरा देखेगी या उचटती–सी नज़र डालेगी। आकाश व्हीलचेयर पर बैठा नज़र आयेगा।

इससे पहले कि कुछ घटित होता....संगीता की बॉस कमरे की तरफ़ आती, आकाश ने कमरे का दरवाज़ा खोल दिया है। घुटनों पर उसने छोटी–सी सफ़ेद चादर डाल दी है। व्हीलचेयर को हाथों से सरकाता हुआ, कमरे से निकलकर लॉबी में आ गया है। वहाँ, जहाँ संगीता और उसकी बॉस खड़ी हैं।

आकाश को देखकर संगीता तमतमा उठी है। लेकिन वो ख़ामोश है। उसकी ख़ामोशी में ग़ुस्से का ज्वालामुखी फूट रहा होगा। यह हैरान करने वाला मंज़र है। कुछ अनहोनी–सी घट गयी हो जैसे। संगीता की बॉस भौंचक–सी आकाश को देख रही है। सम्पूर्णता के संसार में एक अपूर्ण शख़्स, व्हीलचेयर जैसी सवारी पर चला आया है, कष्ट की गठरी बग़ल में दबाए।

आकाश ने मुस्कराने की कोशिश की है। संगीता की बॉस के सामने उसने नमस्कार की मुद्रा में अपने दोनों हाथ जोड़ दिये हैं।

संगीता की बॉस ने शिष्ट–सी मुस्कान के साथ नमस्ते की है। फिर अपना दायाँ हाथ बढ़ाते हुए उसने ''हाऊ आर यू'' कहा है।

आकाश ने हाथ मिलाया है। संगीता की बॉस व्हील चेयर के करीब आयी है। उसने घुटनों पर हाथ रखते हुए कहा है, ''वैरी सैड।'' फिर बड़ी विनम्रता से पूछा है, ''यह मिस हेपनिंग कब हुई?''

''मैम, जब मैंने वन मंथ 'अर्न्ड लीव' ली थी। संगीता ने चालाकी से बात को सँभाल लिया है।

संगीता की बॉस का हाथ अब भी आकाश के घुटने पर है। वो पूछ रही है, "क्या पेन होता है?"

"फिज़िकली कम....मेंटली ज़्यादा।" आकाश ने फ़ीकी–सी मुस्कान के साथ जवाब दिया है।

कहा कुछ नहीं संगीता की बॉस ने। वो चुप खड़ी है। उसने अपना हाथ आकाश के घुटने से उठाया है। व्हीलचेयर की हत्थी पर रख दिया है।

आकाश ने घुटने से हाथ हटाते हुए संगीता की बॉस को देखा है। वो सोच रहा है कि बॉस शायद उक्ता गयी है। वो जाना चाहती है। आकाश का अन्दाज़ा ग़लत साबित हुआ है। बॉस ने व्हीलचेयर की हत्थी पर हाथ रखा है। कहा है, "मिस्टर आकाश....यही नाम है न आपका?....हम एक बार पहले भी मिल चुके है।"

"आई रिमेंबर मैम! मुझे ये भी रिमेंबर है कि आपने मुझे टाल एण्ड हैंडसम कहा था।"

"आप अब भी हैंडसम हैं आकाश साहब एण्ड टॉल भी।" बॉस कह रही है।

"टॉल?" हैरान हुआ है आकाश।

"येस! टॉल"....यू नो। एक इनर हाइट भी होती है। उस हाइट को कोई एक्सीडेंट नहीं छीन सकता।" संगीता की बॉस संगीता को देखने लगी है।

संगीता शायद एक ही बात सोच रही है कि आकाश अपने कमरे से बाहर क्यों निकला।

"आप बहुत देर से बाहर आये हैं। आप सो रहे थे या कोई और बात?" संगीता की बॉस ने पूछा है।

"कोई और बात।" आकाश ने दीवार की तरफ़ देखते हुए कहा है।

"आप शायद किसी उलझन में थे।" आकाश अभी उत्तर की तलाश में था। आकाश की दुविधा थी कि क्या कहें? आकाश की मुश्किल को संगीता की बॉस ने हल कर दिया है।

उसने उलझन जैसा शब्द खोज निकाला है। इस शब्द के कई अर्थ है। बहुत सारे अर्थ आकाश के पास सुरक्षित हैं।

वो मुस्कराते हुए कह रही है, "आप न मिलते तो हमें अच्छा न लगता।"

"मुझे भी अच्छा न लगता।" आकाश की आवाज़ में छटपटाहट–सी है।

"चलो, आपका 'रूम' देखते हैं।" संगीता की बॉस आत्मीय लग रही है। वो बॉस नहीं लग रही, घर की मेम्बर लग रही है। यही तो परेशानी है। इतनी आत्मीयता और बेतकल्लुफ़ व्यवहार संकट में डाल रहा है। अब आकाश कैसे दिखाए अपना कमरा, जो स्टोर से भी बदतर है।

अचानक कोई चमक–सी उठी है आकाश के मन में। क्यों न उस कमरे को दिखाए जो एक्सीडेंट से पहले उसका था।

कमरे में खड़ी है संगीता की बॉस, हैरान–सी। कभी संगीता को देखती है कभी आकाश को तो कभी कमरे को।

"मिस्टर आकाश, आपने हर चीज़ बड़े करीने से सज़ा रखी है अपने कमरे में। गुड़! वैरी गुड!!"

संगीता की बॉस ने कहा है। बेशक वो मन ही मन सोच रही होगी कि व्हील चेयर पर बैठे एक शख़्स का कमरा इतना साफ–सुथरा, सज़ा–धजा कैसे हो सकता है। मेज़ पर गुलदस्ता तो है दवाई का एक स्ट्रिप तक नहीं। न जेल न कैप्सूल।

आकाश का दिल कर रहा है कि एक बार जाकर वो अपना कमरा दिखा दे, कूलर, पुराना फ्रिज। पुराना रैक। ज़ंग खाई अलमारी। टूटा हुआ ट्रंक। उन सबके बीच दीवान। आकाश का दीवान–ए–ख़ास।

इस दीवाने–ख़ास के आसपास कबाड़। और इस कबाड़ के बीच एक जीवित कबाड़, आकाश! आकाश अपने मन की बात को तहा करके रख लेता है। संगीता की बॉस को भनक तक नहीं लगने देता अपने असली कमरे की। सवाल संगीता की प्रमोशन का भी है।

कमरे से बाहर आ चुके हैं सब। रघु व्हीलचेयर की पुश्त पकड़कर आकाश की मदद कर रहा है।

शुक्र है! शुक्र इस बात का है जो अप्रिय था वो लगभग, या पूरा का पूरा, अदृश्य रहा। संगीता की बॉस ने जो देखा है वो बेहद सामान्य है।

लेकिन सवाल अब भी ज़िन्दा है कि आकाश नर्वस दिखायी देता है, संगीता घबराई हुई।

संगीता की बॉस अब चली जाये तो बेहतर होगा। घर के यथार्थ पर पर्दा पड़ा रह जायेगा। यह ज़रूरी है। जब संगीता की बॉस वापिस जाये तो सोचती जाये कि कितना अच्छा मेल–मिलाप है दोनों में।

"बहुत अच्छा लगा", संगीता की बॉस ने कहा है। वो थोड़ा–सा हँसी है। उसका बेवजह हँसना भी कितना मूल्यवान प्रतीत हो रहा है। ऐसा लग रहा है जैसे यह ज़रूरी हँसी थी। बॉस का हँसना घर में उत्सव जैसा महसूस होता है।

"आपके आने से इस घर में कई रंग भर दिये।" आकाश ने कहा है, वो थोड़ा हँसा है।

आकाश की हँसी में अपनी हँसी मिलाते हुए बॉस ने पता नहीं क्या सोचते हुए कहा है, "लेकिन एक रंग की कमी रह गयी।"

सब सन्नाटे में आ गये। तुरन्त संगीता की बॉस ने कहा है, "आकाश साहब के साथ हमने चाय नहीं पी।"

"ओह!" आकाश ने राहत की साँस ली है लेकिन संगीता को अच्छा नहीं लगा।

"मैम, यू आर रियली ग्रेट! यू आर सेंसेटिव आई एप्रिशिएट युअर जज़्बा।" आकाश ने जज़्बा शब्द पर थोड़ा ज़ोर देकर कहा है। बॉस हँस पड़ी है।

"मैम, आप सचमुच ग्रेट हैं।" संगीता ने अपनी बॉस की तारीफ़ की है। ग़ुस्से के सुलगते बुरादे पर उसने कोई कम्बल–सा डाल दिया है – सेंटीमेंट्स का।

एक बार फिर संगीता और संगीता की बॉस ड्राइंग रूम में चले आये हैं। इस बार आकाश भी है। व्हीलचेयर पर बैठे आकाश से संगीता की बॉस बातें कर रही है। संगीता ऊब रही है। आकाश का यहाँ होना उसे खटक रहा है।

रघु चाय बना लाया है। मेज़ पर चाय की ट्रे, कुकीज़! संगीता की बॉस तत्काल उठी है। चाय की ट्रे में से उसने कप–प्लेट उठाया है। बड़े एहतराम के साथ चाय और प्लेट में बिस्कुट रखकर आकाश तक आयी है। बड़े अदब के साथ उसने कहा है, "आकाश साहब, आपके लिए चाय।"

"थैंक्स।" मुस्कराते हुए आकाश ने चाय का कप–प्लेट ले लिया है। जबसे वो घर में आया है। पहली बार इतना अदब–आदाब! पहली बार ड्राइंग रूम में किसी के साथ चाय पीते हुए। पहली बार वो इतना ज़्यादा मुस्कराया है।

आकाश को आज कुछ नया–सा लग रहा है। आज वो ड्राइंग रूम में बैठकर चाय पी रहा है। चाय जश्न की तरह है। संगीता की बॉस का इसमें अहम रोल है।

वरना आकाश ने घर में चाय पी है या तो अकेले या रघु के साथ। रघु के साथ चाय पीते हुए वो अक्सर सोचता रहा है कि जिन लोगों का शारीरिक रूप से कुछ छिन जाता है, वो समाज में कितने सहम–सहमे नज़र आते हैं जैसे रघु, जिसके पास आवाज़ नहीं। जैसे वो ख़ुद, जिसकी टाँगें, पैर उससे बग़ावत कर चुके हैं।

चाय पीते हुए संगीता अपनी बॉस से बड़े अदब से, बल्कि कुछ हद तक चापलूसी भरी आवाज़ में बातें कर रही है। वो जब अपनी बॉस को देखती है तो मुस्कराने लगती है। लेकिन जब वो आकाश को देखती है तो उसकी नज़र करख़्त हो जाती है।

संगीता अब चाहती है कि उसकी बॉस चली जाये। उसके ज़्यादा देर तक यहाँ रहने से जोख़िम है। क्या पता कोई राज़ खुल जाये। यूँ भी बॉस के साथ रिश्ता 'फ़ारमल' रहे तो ज़्यादा ठीक रहता है।

बेशक, संगीता की बॉस समझदार है। उसने एक डिस्टेंस बनाकर रखा है। कुछ बेअदब लोग माहौल को टिशू पेपर में बदलकर हवा में उड़ा देते हैं। संगीता की बॉस ने ऐसा नहीं किया। माहौल अब भी औपचारिकता के गुलदस्ते में है, अपनी जगह।

उसने ऐसा कोई सवाल नहीं किया जिससे कोई विचलन पैदा हो या फिर संगीता को जवाब देने में दिक्कत आये।

संगीता की बॉस चाय पीने के बाद उठने की मुद्रा में है। उसने पर्स उठाते हुए संगीता का आभार व्यक्त किया है। वो आकाश के पास आयी है। हाथ मिलाते हुए, मुस्कराते हुए और आकाश को एकटक देखते हुए कहा है, ''अपना ध्यान रखना।'',

''श्योर!'' आकाश ने गर्मजोशी से मिलाए गये हाथ का जवाब उसी गर्मजोशी से दिया है। उसका हाथ अब भी संगीता की बॉस के हाथ में है।

रघु के कन्धे को थपकाते हुए वो कह रही है, ''तुम अच्छे बच्चे हो।''

रघु मुस्कराया है।

संगीता अपनी बॉस को बाहर विदा करने गयी है। कार की आवाज़। संगीता के वापिस आने की आवाज़।

इससे पहले कि आकाश अपने कमरे की तरफ़ व्हीलचेयर को मोड़कर ले जाता, संगीता उसके सामने आकर खड़ी हुई है, ''अपने कमरे से बाहर आने की क्या जल्दी थी। वहीं रूके रहते। लेकिन रूका नहीं गया आपसे। बाहर जैसे कोई सर्कस का शो हो रहा हो।'' कटीले तारों जैसे शब्द हैं संगीता के।

आकाश को पता था संगीता कुछ न कुछ ज़रूर कहेगी। उसने सख़्त लहजे में कहा भी है।

''मुझे बाहर आने का कोई शौक़ नहीं था। सर्कस बच्चे देखते हैं, बड़े नहीं। वैसे मैडम, दि फ़ैक्ट इज़ दैट, कि आप जहाँ होती हैं, कोई न कोई सर्कस कर रही होती हैं।''

''शटअप।''

''सवाल पूछा था न! जवाब तो मुझे दे लेने दो। शटअप बाद में कहना।''

''मैं बहस नहीं करना चाहती।''

''आप जानती हैं बहस का मुझे भी कोई शौक नहीं।''

''आपको मेरी बॉस के सामने नहीं आना चाहिए था।''

''क्यों नहीं आना चाहिए था? क्या आपकी प्रमोशन रूक जायेगी या इन्क्रीमेंट में स्टेगनेशन आ जायेगा।''

''लिमिट!....इट्स लिमिट।''

''लिसन, मैं इस बेवजह के टापिक को ख़त्म करते हुए कह रहा हूँ कि उस वक़्त सिचुएशन बहुत क्रिटिकल थी। मैं अपने कमरे से बाहर न आता तो आपकी बॉस आ जाती। ज़रा सोच कर देखो। तब क्या हालत होती तुम्हारी।''

संगीता चुप है।

''बाहर निकलकर मैंने आपकी लाज रखली। आपकी इज़्ज़त बचा ली। वरना तुम्हारी बॉस क्या थॉट ले जाती कि आपने अपने हसबैंड को स्टोर में छुपा रखा है।''

''उस सिचुएशन को मैं सम्भालती। वो मेरा 'हेडएक' था। बट... आपको हमारे बीच एंटर नहीं होना चाहिए था।''

''हमारे बीच?'' आकाश ने सवाल उछाला है।

''हमारे बीच का मतलब आप जानते हैं मिस्टर आकाश!'' वो कहते–कहते रूक–सी गयी है।

बिल्कुल स्पष्ट है यूँ तो। वो दो दुनियाएँ बना चुकी है। एक अपनी सम्पूर्ण दुनिया। दूसरी आकाश की अपूर्ण! व्हील चेयर पर सरकती, ठिठकती, अधूरी दुनिया।

''आपने जवाब नहीं दिया?'' वो बात को ख़त्म नहीं करना चाहती।

''किस बात का जवाब?'' आकाश संगीता का सवाल भूल गया है शायद।

''आपने हमारे बीच एंटर क्यों किया?''

"ओह माई गॉड! आ गया तो आ गया। कौन सा आसमान फट पड़ा है।" आकाश झुंझला–सा गया है। अचानक उसे गुस्सा आ गया है, "लिसन मैडम! ये मेरा घर है। मैं कहीं भी आ जा सकता हूँ।"

"बेशक आप कहीं भी आ सकते हैं लेकिन मेरी बॉस के सामने नहीं।"

"घर में सेंटीमेंट्स चलते हैं, मैनुअल नहीं।" आकाश ने सख़्ती से कहा है।

"कल पूरे दफ़्तर में बात फैल जायेगी।" संगीता बेचैन नज़र आ रही है।

"कौन–सी बात?" आकाश का सवाल चुभ रहा है संगीता को। वो जवाब नही दे पा रही।

"यही कि मेरी दोनों टाँगें मर गयी हैं। यही कि तुम्हारा हसबैंड व्हीलचेयर पर आ गया है।"

"आपने अपने दफ़्तर में छुपाया क्यों?"

"छुपाना ज़रूरी था।"

"संगीता मैडम! आप जिस चीज़ को छुपाने लगती हैं। वो चीज़ आपको डराने लगती है।"

"लिसन! यहाँ मुझे आपकी फ़िलासफ़ी की ज़रूरत नहीं। रियलिटी कुछ और है और उसका मुझे सामना करना है।"

"व्हट एन आयरनीकल!....आप ऐसे परेशान हो रही हैं जैसे आपने हत्यारे को छुपा रखा हो और उस हत्यारे का पता आपकी बॉस को चल गया हो।" आकाश ने कहा है। रूका है कुछ पल। फिर गम्भीरता से वो अपनी बात कह रहा है, "अपने लाइफ़ स्टाइल में बहुत ज़्यादा ट्विस्ट मत लाइए। कूल रहिए। मेरा एक्सीडेंट हुआ है किसी का भी हो सकता है। एक्सीडेंट में डेथ भी हो जाती है। मेरी डेथ नहीं हुई। लेकिन मेरी टाँगों की डेथ हो गयी। क्या यह मेरा 'क्राइम' है कि मैं मरा नहीं, बच गया। क्या यह भी मेरा अपराध है कि मेरी दोनों टाँगों ने काम करना बन्द कर दिया?"

कुछ–कुछ हाँफ़–सा रहा है आकाश। इतनी लम्बी दिल की बात। तड़पती हुई भाषा। पिघलते हुए शब्द।

''कमरे में व्हीलचेयर पर बैठा आदमी इतनी लम्बी बात आसानी से कह सकता है मिस्टर आकाश! लेकिन आपके कमरे के बाहर स्मार्ट और फ़ास्ट दुनिया है। जहाँ सर का एक सफ़ेद बाल और पैर के बढ़े हुए या कटे हुए नाख़ून आपकी 'वीकनेस' को कांउट करते हैं। वहाँ मैं किस तरह कहूँगी कि मेरा वो हसबैंड है जिसकी टाँगें पेरालेटिक हैं और वो व्हीलचेयर पर बैठा रहता है।''

''कुछ महीने पहले मैं इस दुनिया में था।''

''तो?''

''तो कुछ नहीं। फ़ास्ट,....फ़ास्ट लाइफ़ एक छल है।''

''आपके लिए छल, क्योंकि आप इस दुनिया के साथ दौड़ नहीं सकते। मेरे लिए सच है कि मैं इस दुनिया की दौड़ में शामिल हूँ।''

''इसलिए आप हर वक़्त हाँफ़ती रहती हैं।'' तन्ज़–सा किया है आकाश ने। बिफ़र–सी गयी है संगीता।

आकाश उद्विग्न है। व्हीलचेयर की हत्थी पर अपने हाथ टिकाए हुए वो अपनी टाँगों को देख रहा है। वो व्हीलचेयर के फुट स्टेप पर रखी हुई हैं किसी वस्तु की तरह।

आकाश संगीता को देख रहा है। संगीता की पीठ है। बहुत पहले आकाश ने कहा था संगीता से कि उसकी पीठ कितनी आकर्षक है। किसी बन्द किताब जैसी। वो इसे पढ़ना चाहत है।

दुनिया बदल गयी है और संगीता भी। वो भी तो बदल गया है। कहाँ रहा है वो पहले जैसा। पहले उसके लिए चेयर होती थी, अब व्हील चेयर!

संगीता क्या चाहती है उससे। वो सहयोग नहीं देती बेशक मत दे। लेकिन हर पल अन्धी दीवार खड़ी कर देती है वो। वो घर से बाहर नहीं जाने देती। किसी से मिलने नहीं देती। अच्छे कप में चाय नहीं पीने देती। पैर न हों तो चीज़ें कितनी दूर चली जाती हैं।

पहुँच से बाहर। पैर न हों तो आदमी एक ठिठके हुए रक़बे में बदल जाता है। स्मार्ट लोगों की दुनिया में 'रेस' महज़ लफ़्ज़ नहीं, एक स्टाइल है।

संगीता कार स्टार्ट कर रही है। वो शायद मार्केट जा रही होगी या अपनी किसी फ्रेंड से मिलने। कई बार वो बेवजह भी निकल पड़ती है। ड्राइविंग उसे अच्छी लगती है। वो सुविधाओं के आसपास है। सुविधाएँ, उसके लिए किसी 'हर मास्टर्ज़ वायस' की तरह हैं।

आकाश के पास व्हील चेयर है। सबसे बड़ी सुविधा....सबसे बड़ा वाहन।

वो जा चुकी है। लेकिन वो क्या है जो आकाश के हाथ में है। जो दिखायी नहीं देता, लेकिन होता है। वो होता है तनाव का उलझा हुआ गुच्छा। जो सुलझाए नहीं सुलझता। बचपन में वो अपनी डोर को उलझा बैठता था। छत पर पतंग एक तरफ़ पड़ी होती, चरखड़ी एक तरफ़। बीच में फैला हुआ, उलझा हुआ माँझा। वो सिरा ढूँढ़ता रह जाता। सिरा मिल भी जाता। लेकिन डोर गुच्छे में बदल जाती। वो झुंझला जाता। उलझे हुए माँझे के दो सिरे दाँतों से काटता। इकट्ठा करता माँझे को और दूर फेंक देता। अगले दिन फिर वही हाल। फिर डोर उलझ जाती।

तब वो एक खेल था। कितनी लगन से उलझे हुए धागे के सिरे ढूँढ़ता। सुलझाने की कोशिश करता। पतंग उड़ाता। पेच लड़ाता।

तब उलझी डोर को सुलझाना खेल था, अब कशमकश। डोर सुलझती नहीं। और उलझ जाती है।

अभी कुछ देर पहले वो संगीता की पीठ देखता रहा था। उसकी पीठ के पीछे आँखें होतीं तो वो इतनी देर तक उसकी पीठ कहाँ देख पाता। शुक्र ये कि भगवान ने पीठ पर आँखें लगाने का कोई बन्दोबस्त नहीं किया। पीठ को देखना जैसे संगीता को शब्दहीन नमस्ते कहना हो। निवेदन करना हो। निवेदन, कि इतनी उपेक्षा अच्छी नहीं। निवेदन कि वो जैसा है उसे स्वीकार लो। बाहर बेशक भागती हुई

दुनिया है। बेशक, वो उस दुनिया में शरीक़ रहे। लेकिन एक कोना, व्हीलचेयर पर बैठे उस शख़्स के लिए रख ले जो उसका पति है।

और कोई वक़्त होता तो आकाश संगीता की पीठ को देखता। पीठ पर हाथ रखता और गर्दन के नीचे उसे झुककर चूम लेता। वो मुस्कराती। उसे अच्छा लगता। वो कहती, ''नॉटी यंगमैन।''

वो दिन! जब प्रेम की प्रबल भावना थी। आवेग था। अन्दर ताप था। उद्दाम इच्छाएँ। एक–दूसरे पर मर–मिटने का जज़्बा। बेचैनी। आवेश। उत्तेजना। एक–दूसरे को बाहों में भर लेने की तड़प। हाथ में हाथ डालकर चलने का सुख। पैरों की आहटों में वक़्त की गूँज। वो दिन।

ये दिन! दूर, ता–हद्दे–नज़र फैला, फ़ासले का सहरा। उड़ती है उपेक्षा की रेत। गिरती है आँखों में। कोई सपना अपने ताज़ा ज़ख़्मों के साथ आ गिरता है। दिखायी नहीं देता वो। लेकिन आँखों की गुल्लक हो जाती है ख़ाली।

रघु ने आकाश की व्याकुलता को भांप लिया है। आकाश अपनी उदासी, अपने आपसे बेशक छुपा ले, रघु के सामने नहीं छुपा सकता। उसका आकाश के ऐन सामने खड़े हो जाना। देखते रहना आकाश को। वो पढ़ना नहीं जानता। चेहरे की किताब पढ़ना जानता है बेशक! उसने एक हल्की–सी ऐं.... ऐं.... की आवाज़ निकाली है। चला गया है।

बहुत अच्छे कप में चाय लेकर आया है रघु। अतिरिक्त आदर ये कि वो कप के साथ प्लेट भी लाया है। प्लेट में कप न रखा हो तो कप लावारिस–सा लगता है। कप, प्लेट में रखा हो तो ऐसे लगता है जैसे कप बादशाह हो और प्लेट उसका साम्राज्य! यानी, सल्तनत।

वो जब आकाश के लिए चाय बनाता है तो थोड़ी–सी चाय अपने लिए भी बना लेता है। वो आकाश के सामने फ़र्श पर बैठ गया है। फ़र्श पर उसने टूटी डंडी वाला कप रखा है। कप साफ़ करते हुए जब कप टूट जाते हैं या उनकी डँडी टूट जाती है तो वो टूटी डंडीवाले कप रख लेता है। फेंकता नहीं। ये उसके कप होते हैं। आकाश ने कई बार कहा है कि इन कपों को फेंक दिया करे। वो मानता नहीं।

आकाश चाय पीते हुए रघु को देख रहा है। सर्वेंट रघु को नहीं, साथी रघु को।

आकाश ने व्हीलचेयर को थोड़ा आगे सरकाया है। रघु के पास। एक हाथ में कप–प्लेट। दूसरे हाथ से दुलारता हुआ आकाश। सर में हाथ फेरता हुआ। भौंचक–सा देखता हुआ रघु।

सन्तुलन बिगड़ा आकाश का और कप प्लेट लुड़कते–फिसलते फ़र्श पर आ गिरे हैं। कप–प्लेट दोनों टूट गये हैं। कप में बची चाय भी गिर गयी है।

रघु उठ खड़ा हुआ है। गीले कपड़े से उसने आकाश के कपड़े साफ किये हैं। उसकी आं....आं....ऐं....ऐं की आवाज़ें भी उभरती रही हैं। जब वो दुखी होता है तो इन आवाज़ों में कोई गीलापन सा महसूस होने लगता है।

टूटे कप–प्लेट की किरचें साफ करते–कराते कोई छोटी–सी किरच उसके हाथ में चुभ गयी है। उसने किरच को झटके से बाहर निकाला है। हथेली से निकलते ख़ून को चूसने लगा है। इस वक़्त वो अपना चारागार बन गया है। उसने हथेली को होठों से लगाए रखा कुछ देर। ख़ून रूक गया है। वो फिर अपने काम में लग गया है। उसने एक पन्नी उठाई है। छोटी–बड़ी कप–प्लेट की किरचें पन्नी में डालकर वो उठ खड़ा हुआ है। पता नहीं क्या सोच रहा है वो। उसके चेहरे का भाव अपठनीय है। आकाश देख रहा है। लेकिन वो किसी और धुन में है, किसी अन्य सोच में।

रघु पन्नी उठाकर बहुत तेज़ी से घर के बाहर गया है। दूर, नुक्कड़ में जो कूड़ेदान की बाल्टियाँ रखी हैं। वो पन्नी उनमें डाल आया है।

अभी कुछ दिन पहले भी कप टूटा था और संगीता को पता चल गया था। वो ख़ूब ग़ुस्सा हुई। आज रघु सतर्क है, इसलिए।

18

एक लम्बा अरसा गुज़र चुका है। संगीता आकाश के पास नहीं आयी। उसे छुआ तक नहीं आकाश ने। उसकी देहगन्ध महसूस होती है, जब वो पास से गुज़र जाती है। उसका बिना रूके पास से गुज़र जाना, किसी प्रेम आमन्त्रण की मृत्यु हो जैसे। यौन इच्छा की हत्या कितनी विचित्र होती है रक्त की एक बून्द नहीं गिरती।

आकाश याद करता है जब वो डबल बेड पर सोते थे। एक तकिया ख़ाली पड़ा रह जाता। दूसरे तकिये पर वो दोनों बहुत क़रीब। एक–दूसरे की सांसों की आवाज़ को सुनते हुए। देखते हुए। हाथों में एक–दूसरे के चेहरे को भरते हुए। स्पर्शों की नज़्मों के बीच वो दोनों, प्रेम नगर के सैलानी।

संगीता की आँखों में भावनाओं की कश्ती बहती हुई सी। उस कश्ती की पतवार तक पहुँचती आकाश का दृष्टि।

अनायास संगीता बेड के पास का स्विच दबा कर लाइट ऑफ कर देती। खिड़की से छनकर आती रोशनी। रोशनी की लकीर। नीम रोशनी में वो दोनों। बिस्तर सलवटों से भर जाता और वो दोनों देह राग से।

अब संगीता आकाश के पास नहीं आती। बहुत कम देखती है। न देखने जैसा देखना। इस देखने में संवेदना का जल नहीं होता। रेत होती है हिकारत की। यह देखना जैसे घर में पड़े किसी कबाड़ पर नज़र पड़ जाये।

घुटनों के नीचे पाँव तक आकाश का शरीर उसका साथ नहीं देता। लेकिन घुटनों से ऊपर 'थाई' और आगे वो। मर्दाना जिस्म का भाग जहाँ आकाश उत्तेजना–सी महसूस करता है। यह ख़ुराफ़ात दिमाग़ की है। दिल और दिमाग़ मिल जाते हैं। जिस्मानी ज़रूरत अपने आवेग के साथ तन–मन में हरारत पैदा करती है। लेकिन आकाश जानता है उसकी यह इच्छा पूरी नहीं हो सकेगी।

एक दिन संगीता आकाश के स्टोरनुमा कमरे में आयी थी। भौंचक रह गया था आकाश। एक बार तो उसे लगा जैसे संगीता प्रेमातुर होकर कमरे में चली आयी है। लेकिन यह गुमान पल भर में टूट गया। उसने आकाश को सतही तौर से देखा, बस! वो कोई चीज़ ढूँढ़ने आयी थी।

कितना फ़र्क था! वो कोई चीज ढूँढ़ रही थी और आकाश उसमें प्रेम की भावना ढूँढ़ रहा था।

आकाश संगीता को देखता रहा। गहरी आत्मीयता से। संगीता का इस कमरे में आना कोई उत्सव हो जैसे। आकाश उल्लास में था। कनखियों से संगीता को देखता हुआ....नहीं, निहारता हुआ। उसका सुन्दर, सौम्य चेहरा, घने काले बाल, एक दो लटें माथे से होकर चेहरे पर गिरती हुईं, उसकी आँखों में चमक जैसे चाँदनी का कोई गाँव बस गया हो, संगीता की आँखों में। मोहक! आकर्षक! बिन्दास! संगीता! उज्ज्वल! कमनीय! अतिसुन्दर! हान्ट करती। देह उसकी जैसे चुम्बक हो... अपनी ओर खींचती हुई।

आकाश के अन्दर कामदेव जाग उठा हो जैसे। कोई ज्ञात, कोई अज्ञात–सा उपद्रव अवचेत में।

संगीता जैसे आयी थी, वैसे चली गयी थी। छोड़ गयी थी अव्यक्त–सी देहगन्ध। छोड़ गयी थी अतृप्त–सी कामना आकाश के मन में।

आकाश के पास लफ़्ज़ खो गये हैं या फिर व्यक्त करने का समाथ्र्य समाप्त हो गया है। वो कैसे मुतमईन करे संगीता को कि वो पहले जैसा ही है। चेहर, आँखें, बाल, नाक, कान, गर्दन, छाती, बाजू, रीढ़ की हड्डी सब पहले जैसे। प्राइवेट पार्ट भी पहले जैसा और मज़बूत रानें भी पहले जैसी। घुटनों के नीचे का हिस्सा ही तो निर्जीव हुआ है, बस! फिर इतनी उपेक्षा किसलिए?

आज वो आकाश के स्टोरनुमा कमरे में फिर आयी है। इस कमरे की तरफ़ वो पलटकर भी नहीं देखती। ज़रूर कोई काम होगा।

क्या पता उसका हृदय परिवर्तन हो गया हो उसका और वो आकाश के कमरे में चली आयी हो।

कल्पनाएँ कितनी ख़ूबसूरत होती हैं। वो एक लोक की रचना करती हैं जो पृथ्वी से थोड़ा ऊपर होता है, आसमान के थोड़ा पास। कल्पना का लोक आकाश रच रहा है। उसने व्हील चेयर को सरकाया है। संगीता का हाथ पकड़कर उसकी हथेली को चूम–सा लिया है। उसकी हार्दिक इच्छा तो यह थी कि वो संगीता के होठों को चूम ले। लेकिन संगीता का चेहरा उससे दूर था। वो सिर्फ़ हाथ पकड़ सकता था और हाथ को चूम भी सकता था।

यह अप्रत्याशित था। संगीता ने बिल्कुल भी नहीं सोचा था कि आकाश उसका हाथ पकड़ लेगा और हाथ चूम भी लेगा। वो हैरान हुई आकाश के इस दुस्साहस पर। संगीता का हाथ अब भी आकाश के हाथ में था। संगीता के हाथ का स्पर्श क्षणिक था। अब एक मुठभेड़–सी थी। संगीता अपना हाथ छुड़ा रही थी और आकाश हाथ छोड़ नहीं रहा था।

"आज के बाद मेरा हाथ मत पकड़ना, अंडरस्टैंड।" संगीता हाथ छुड़ा चुकी है। थोड़ा हाँफ़ रही है।

"मैंने किसी अन्य स्त्री का हाथ नहीं पकड़ा। अपनी पत्नी का हाथ पकड़ा है। इतनी एंग्री मत हो संगीता। ज़रा पीछे पलटकर देखो। गुज़रे हुए दिन याद करो। कितना अच्छा वक़्त था वो। कितने अच्छे हम थे। कितना अच्छा जीवन था हमारा। हम एक–दूसरे पर मर मिटते थे। ख़ूब प्यार करते थे। एक–एक पल इंजाय करते थे। हम दोनों वही हैं, वही के वही। वही तुम्हारा आकाश मैं। वही तुम, मेरी संगीता। बेवजह के तनाव में कितनी कुछ डिस्ट्राय होता जा रहा है हमारा।" बड़ी संजीदगी से, भरपूर संवेदना के साथ कहा है आकाश ने।

"प्रवचन मत दीजिए मिस्टर आकाश! अब आप व्हीलचेयर पर बैठे एक रिफ़्यूजी हैं। जो गुज़र चुका है वो गुज़र चुका है। उस गुज़री हुई किसी एक मूमेंट को आप वापिस ला सकते हैं? आप दौड़ सकते हैं मेरे साथ। उठ कर चल सकते हैं......खड़े हो सकते हैं?

आप कुछ भी नहीं कर सकते। आप व्हील चेयर को यहाँ–वहाँ घुमा सकते हैं।'' आवेश में कहती चली गयी है संगीता।

सकते में है आकाश। बहुत दूर से शब्दों को ढूँढ़कर लाया हो जैसे। वो ख़ुद तो क्या उसके शब्द भी थकान से भरे प्रतीत होते हैं, ''संगीता, कम्पलीट मैन कोई भी नहीं होता।''

''नहीं होता कम्पलीट मैन कोई भी। लेकिन आपकी तरह हॉफ़ मैन भी कोई नहीं होता।'' संगीता ने जैसे तेज़ाब–सा फेंक दिया हो आकाश के दिल में।

तड़प उठा है आकाश।

जा चुकी है संगीता, तेज क़दमों से। बेग़ैरत, बेलिहाज़, बेइख़्तियार–सी! छोड़ गयी अपने पीछे स्टोरनुमा कमरे में घना, गाढ़ा, रेंगता हुआ अंधेरा। बेहिस–सी उदासी। प्राणहीन सन्नाटा! और आकाश बेचैन, व्याकुल और विमूढ़!

अपाहिजता का बोध आकाश को बेहद व्याकुल कर रहा है। अगर वो पूर्ण व्यक्ति होता तो क्या संगीता इस तरह हाथ झटक कर चली जाती? बिल्कुल भी न जाती। तब वो आकाश की जानिब झुकती। आकाश के कंधे पर अपनी ठुड्डी टिकाकर कहती, ''सर, आई लव यू।

अब! कमरे में अंधेरा। कमरे में सन्नाटा। कमरे में व्हीलचेयर। व्हीलचेयर पर बैठा आकाश।

कल्पनाओं के काँच महल गिरकर टूट चुके हैं। आकाश लौट चुका है गुमान की दुनिया से। अब न उत्तेजना न वासना। न भावना न उसका आवेग। सिर्फ़ ख़ालीपन! बिफरी हुई खामोशियों के बीच, वो अकेला जैसे किसी दुर्गम जंगल में भटक गया हो।

आकाश को महसूस होता है जैसे संगीता ने उसकी आत्मा का अपमान किया हो। वो लगभग ऐसे ही करती है। उसे कोई फ़र्क नहीं पड़ता। लेकिन आकाश टूट जाता है। रोज़ाना, हर सुबह आकाश अपने अन्दर बिखरी हुई ईंटों से इमारत खड़ी करता है। रात तक वो हसरतों की इमारत ईंट–ईंट बिखर जाती है। उसके आसपास एक तिरस्कृत दुनिया होती है। रोज़ाना वो अपने टूटे हुए दिल को मनाता है।

कोई सन्धि–सी करता है। उसकी ज़िन्दगी का रोज़नामचा, अव्यक्त सन्धियों का ग्रेंडटोटल है। वो एक ऐसी सराय है, जहाँ कोई पथिक नहीं ठहरता। ठहरती हैं नंगे पाँव चलती उदासियाँ।

आकाश ने अपने भीतर की ज़िद को इकट्ठा किया है। वो मुस्करा रहा है, एक ज़िद्दी मुस्कान! उसने व्हीलचेयर की दोनों दस्तियों को थपथपाते हुए कहा है, "व्हीलचेयर, माई फ्रैंड। माई बीलवेड। माई डार्लिंग।

व्हीलचेयर को उसने घुमाया है। बरामदे की तरफ़ आ गया है। आसमान धूप हवा, यहाँ बहुत कुछ है। कुछ आवाज़ें भी हैं बाहर से आती। कुछ आवाज़ें रघु की हैं जो किचेन में काम कर रहा है।

कुछ आवाज़ें मन से भी उठ रही हैं ख़ुश आमदीद कहती हुई।

19

आकाश नहीं जानता उसे क्या हो गया है। कभी बहुत ख़ुश। जब बहुत ख़ुश होता है तो रघु को चाय बना कर लाने के लिए कहता है। अलमारी खोलता है। पसन्दीदा कपड़े निकालता है। शर्ट तो ख़दु–ब–ख़ुद डाल लेता है लेकिन पैंट पहनने के लिए उसे मदद की ज़रूरत पड़ती है। पैंट के पोंचों से उन टाँगों को गुज़ारना पड़ता है जो निर्जीव हैं। रघु मदद करता है। एक दिन तो आकाश कमीज़ पैंट पहनकर बैठा। ख्याल आया कुछ। अलमारी में लटकी बहुत सारी टाइयों में एक टाई निकाली। पैंट कमीज़ और टाई! हैंडसम आकाश। ताली बजाई रघु ने। ख़ुश हुआ आकाश। शीशा देखा। शीशे में रीझता आकाश।

आकाश कभी बहुत ख़ुश तो कभी उदास। कभी सहज तो कभी उद्विग्न।

आज वो बहुत ज़्यादा तनाव में है। अपने घर में है और घर को ढूँढ़ रहा है। अपने घर के बयाबाँ में किसी विस्थापित जैसा। रिश्तों के दश्त में रेत–रेत तमन्ना। न ख़त्म होने वाली तिश्नगी।

व्हीलचेयर पर दिनभर यहाँ–वहाँ घूमता हुआ आकाश। जैसे अपने आपको कहीं रखकर भूल गया हो और ढूँढ़ रहा हो अपने आपको। अपने आपको ढूँढ़ना जैसे कोई प्यासा हिरन ढूँढ़ रहा हो पानी को।

आकाश क्यों भटकता रहता है तमाम दिन घर के भीतर, व्हीलचेयर पर। छिन चुके अधिकारों की राख में से कोई चिंगारी–सी ढूँढ़ रहा हो जैसे।

ड्राइंग रूम में व्हीलचेयर को खींचकर लाया है आकाश। सामने संगीता बैठी है। पूछा है आकाश ने, ''कैसी हो संगीता?'' बहुत मुलायम–सी आवाज़ है आकाश की। उतनी करख़्त आवाज़ सगीता की, ''ठीक हूँ।''

''एक बात सोच रहा हूँ संगीता, ''आकाश ने कुछ रूककर अपनी बात को पूरा किया है, ''डाइनिंग टेबल और छः कुर्सियाँ कितने मन से ख़रीदी थीं हमने।''

''फिर?'' संगीता का प्रश्न तीक्ष्ण है।

''मुद्दत से ख़ाली पड़ी हैं।''

''फिर?''

''आज हम मिलकर इस डाइनिंग टेबल पर डिनर करें तो कैसा रहे?'' आकाश ने कहा है।

रघु ने आकाश की बात सुनी है। ताली बजाई है उसने।

''शटअप।'' क्रोध से दाँत पीसते हुए संगीता ने रघु को फ़टकार दिया है। और फिर आकाश को सख़्त नज़रों से देखते हुए कहा है उसने, ''मिस्टर आकाश, हर इन्सान की एक बाउँडरी होती है। उसे क्रास करना ख़तरनाक होता है।'' तिरस्कार है संगीता के शब्दों में।

आकाश फ़ीकी हँसी हँस रहा है। रघु जा चुका है डाँट खाकर। आकाश के पास रघु खड़ा हो तो वो किसी तिनके जैसे सहारे की तरह होता है। वो जा चुका है। आकाश ने संगीता को देखा है, दुखी मन से, ''डाइनिंग टेबल पर बैठकर डिनर की बात करना क्या मेरा सरहद पार करना है? ...अगर रियली ऐसा है तो मैं सॉरी फ़ील करता हूँ।''

आकाश ने व्हीलचेयर घुमाई है। उसके मन मे आया है बहुत दूर चला जाये। कार या बाइक होती तो वो चला भी जाता। व्हील चेयर से तो वो गली के पार भी नहीं गया कभी।

बाहर वो जा नहीं सकता और घर में घोर तिरस्कार। क्या करे आकाश?

20

संगीता घर छोड़कर जा रही है। ख़ूबसूरत और सम्पूर्ण संगीता, विकलाँगता से घृणा करने वाली संगीता, अपनी तमाम भौतिकताओं को इकट्ठा कर चुकी है। उसके पास पूर्णता का दंभ है। घमंड़ है अपने होने का। तिरस्कार है आकाश की विकलाँगता का। वो जा रही है। जा रही है ऐसे जैसे घर जैसी किसी शय को समेट कर जा रही हो। जैसे रिश्तों की कहकशाँ को, किसी टाट की तरह लपेटकर जा रही हो।

उसका जाना क्या एक स्त्री का जाना है? उसका जाना जैसे पैरों की हज़ारों–लाखों आहटों को गूँगा कर देना हो। उसका जाना जैसे सांस लेते घर की साँस को छीन लेना हो।

घर छोड़कर कोई ऐसे भी जाता है भला, जैसे संगीता जा रही है। विकलाँग.... लगभग विकलाँग पति को निर्वासित करके। हाहाकार करते तलातुम के भीतर कोई अबोध और गूँगी कश्ती उछाल दे जैसे। व्हील चेयर पर बैठा उसका पति आकाश उसे देख रहा है, जैसे किसी दृश्य को देख रहा हो।

चार कमरों में बद्हवास–सी घूमती, सामान ढूँढ़ती संगीता। और उसके पीछे आकाश की दृष्टि किसी तड़पते घायल परिन्दे–सी।

आकाश ने कुछ नहीं कहा। क़हा संगीता ने भी कुछ नहीं। फिर वो क्या है जो गूँज रहा है निरन्तर। दुख की लय में। ज़िन्दगी जैसे शोकगीत की ध्वनि हो या फिर भूमिका हो अधबुझे चराग़ों की।

आकाश चाहता है संगीता घर छोड़ते हुए परेशान नज़र आये। जैसे कि आकाश है इस वक़्त, संगीता के घर छोड़ने पर। घर छोड़ने की वेदना कुछ तो नुमायाँ हो संगीता के चेहरे पर।

सर्कस जब चला जाता है शहर छोड़ कर। उसके तम्बुओं के निशान, दुख की कथाएँ बाँचते रहते हैं कुछ दिन। हंगामे, शोर–शराबे, मनोरंजन के बाद का सन्नाटा, यादों के फटे–पुराने काग़ज़ लेकर खड़ा रहता है कुछ दिन! वो कुछ दिन मार्मिक होते हैं।

लेकिन संगीता बेअसर है। निर्विकार! जैसे सनमाइका पर पानी की एक बूँद नहीं ठिठकती। ऐन उसी तरह संगीता के ख़ूबसूरत चेहरे पर उदासी का एक छींटा तक नहीं। शिकायतें ज़रूर नज़र आती हैं आँखों में। जैसे आकाश ने उस पर बहुत ज़्यादा ज़ुल्म किये हों।

दरअसल, आकाश ने कहा था संगीता को, वो जाना चाहे तो जा सकती है। संगीता ने आकाश की इसी बात को ऐसे पकड़ा जैसे चिमटे से कोई अंगारा पकड़ता है। आकाश कहना चाहता था कि उसने यह बात महज़ आवेश में कही हैं, वो बिल्कुल भी नहीं चाहता कि संगीता इस घर से जाये। संगीता का जाना मतलब घर की मृत्यु। घर की मृत्यु से तो बेहतर है संगीता की उपेक्षा।

लेकिन संगीता ने घर छोड़ने का निर्णय कर लिया है। वो हैंगरों से कपड़े उतारते हुए लगता है, जैसे वो रिश्तों के लिबास उतार रही हो।

आकाश अपनी व्हीलचेयर वहाँ–वहाँ ले जाता है जहाँ–जहाँ, जिस–जिस कमरे में वो जाती है। हर कमरा संगीता का कमरा है। हर कमरे में संगीता का सामान है।

आकाश ने बुझी हुई आवाज़ में कहा है, "घर ख़ाली हो जायेगा।"

"मैं अपना सारा सामान नहीं ले जा रही।" बड़ा स्थूल–सा जवाब दिया है संगीता ने।

"मैं सामान की बात नहीं कर रहा।"

"तो?"

"तुम्हारी बात कर रहा हूँ। तुम चली जाओगी तो घर ख़ाली हो जायेगा।" आकाश ने गहरी साँस ली है। बहुत दिन तक वो संगीता

को 'आप' के सम्बोधन से बात करता रहा। आज फिर वो 'तुम' कह कर बात कर रह है। संगीता दूर जा रही है। आकाश 'तुम' सम्बोधन से उसके पास आने की कोशिश कर रहा है।

रघु भौंचक है। न बोलने वाले रघु की आँखें जैसे बहुत ज़्यादा बोल रही हों।

"क्या–क्या ले कर जा रही हो संगीता?" आकाश ने व्याकुल होकर पूछा है।

"चैक की लीजिए। आपका कोई क़ीमती सामान लेकर नहीं जा रही।"

"मेरा क़ीमती सामान?"

"हाँ, आपका क़ीमती सामान!"

"सबसे ज़रूरी और सबसे क़ीमती तुम हो मेरे लिए।"

संगीता का हाथ रूक गया है। हाथ में पकड़ा हुआ हैंगर गिर पड़ा है। जैसे कुछ टूटा हो, बे आवाज़।

उसने आकाश की तरफ़ देखा है। यह देखना थोड़ी देर का था। वो फिर सामान समेटने लगी है।

अटैचीकेस का मुँह खुला है। वो बोल नहीं सकता। वो बोल सकता तो ज़रूर कहता, "मैम, किसलिए जा रही हैं आप?

ऐसा लगा क्षण भर के लिए। जैसे संगीता दुविधाग्रस्त हुई है एक पल के लिए, बस, इतना ही। वो फिर हैंगरों से कपड़े उतार रही है। अलमारी में टंगे ख़ाली हैंगर, रिश्तों का उदास कथानक प्रतीत होते हैं।

काश, संगीता रूक जाये। लेकिन वो नहीं रूक रही। वो जायेगी। वो अपनी ज़िद को कभी पराजित नहीं होने देती। उसकी ज़िद उसकी आनबान है....उसका आत्म गौरव।

वो वक़्त के उन पत्तों पर खड़ी है जो अभी हरे हैं। लेकिन संगीता के पैरों से अजीब–सी आवाज़ निकलती है जैसे वो सूख चुके हों।

संगीता थोड़ी देर बाद चली जायेगी। सामान उठाकर और अकेलापन रखकर। आकाश के हिस्से में अकेलापन आयेगा।....

पहले उसके हिस्से में उपेक्षा थी, अब अकेलापन! दोनों...अकेलापन और उपेक्षा।

आकाश ने गहरी साँस ली हैं। वो जितना ज़्यादा संगीता को देख रहा है, संगीता उतनी अधिक उसकी अनदेखी कर रही है।

ज़िन्दगी भी क्या अजब शय है। यहाँ उजाले के घोषणापत्र अँधेरे लिखते हैं और उनके पास रखी होती है दुख की कलम–दवात।

"संगीता कुछ देर रूक जाओ। कुछ रह भी जायेगा सामान तो फिर आकर ले जाना। लिसन संगीता! आकाश ने बड़ी हार्दिकता से कहा है, "कुछ सामान जान–बूझकर, छोड़कर चली जाओ ताकि वापिस आने की राह बनी रहे।"

संगीता ने आकाश को देखा है, करख़्तगी से या नर्मी से कुछ पता नहीं चल रहा। सूट का दुपट्टा उसके हाथ में है, प्योर शफ़ान का दुपट्टा। ये सूट, जिसका दुपट्टा वो लेकर खड़ी है, शंकर मार्केट से लिया था कभी। इसलिए कि सूट का दुपट्टा आकर्षक था।

आकर्षक संगीता, आकर्षक दुपट्टा हाथ में लेकर खड़ी है। व्हीलचेयर पर बैठे आकाश को देखा है उसने। जैसे सब कुछ भूल–सा गयी हो। एक तरफ़ मुक़म्मल स्त्री। दूसरी तरफ़ मुरझाई हुई टाँगों वाला विकलाँग पुरूष। पति–पत्नी और बीच में अदृश्य–सा बिछा रेगज़ार।

बहुत जल्दी सचेत हुई है संगीता। दुपट्टा अटैची में जा गिरा है और भावना किसी जले हुए काग़ज जैसी, रेंग रही है।

लिपिस्टिक, प्रफ़्यूम, हेयर ड्रॉयर, बहुत सारी आर्टीफ़िशल ज्वैलरी।

आकाश का मन हुआ कि कह दे संगीता को ख़ूब जमेगी आर्टीफ़िशल ज्वैलरी उस पर। क्योंकि वो ख़ुद भी भौतिकता का सरमाया लगती है। कहा नहीं आकाश ने। आकाश नहीं चाहता कि उसकी तरफ़ से कोई तीखी–तुर्श बात संगीता को जाने का एक और बहाना सौंप दे।

"संगीता तुम चाय पीओगी?" आकाश ने पूछा है।

"रघु चाय बनाकर ले आओ।' संगीता कह रही है। उसने रघु से कहा है। वो आकाश से भी यही बात कह सकती थी। न बोलती वो। सिर्फ़ 'हाँ' में सर हिला देती।

संगीता क्या अकेली जायेगी? घर छोड़ता हुआ मनुष्य क्या अकेला जाता है? वो सब कुछ ले जाता है, यहाँ तक कि पैरों की आहट भी। लेकिन एक चीज़ छोड़ भी जाता है। वो होती है याद।

संगीता अपने पाँव की आहटें ले जायेगी, अपने होने की यादें छोड़ जायेगी।

अगर आकाश मुक़म्मल शख़्स होता तो संगीता के सामने जा खड़ा होता। दृढ़ता से कहता, "हिम्मत है तो जा कर दिखा।"

आकाश व्हीलचेयर पर है और उसके अल्फ़ाज़ उससे ज़्यादा विकलाँग हो गये हों जैसे।

संगीता नहीं जानती शायद, घर छोड़कर जाना आसान होता है, लौटकर आना बहुत मुश्किल। घर लौटकर आते हैं जब हम, तो हमारे पैरों में विवशताओं की हवाई चप्पल होती हैं और दिल में पश्चाताप का पेसमेकर।

संगीता सिर्फ़ अपना सोच रही है कि वो विकलाँग पति के साथ उम्रभर कैसे रहेगी। उसका सवाल वाजिब है। लेकिन उसने एक बार भी नहीं सोचा कि विकलाँग पति उसके बिना कैसे रहेगा।

चाय बनाकर ले आया है रघु। पहले वो संगीता को सामने अव्वल तो आकाश को चाय देता ही नहीं था। (यह आकाश और रघु में अलिखित समझौता था) दे भी देता तो सामान्य कप में। लेकिन आज, इस वक़्त वो आकाश के लिए क़ीमती कप–प्लेट में चाय लेकर आया है। यह रघु का प्रतिवाद है, दृढ़ प्रतिवाद। ऐसा प्रतिवाद आकाश नहीं कर पाया। रघु ने कर दिखाया है। आकाश ख़ुश है। रघु भी ख़ुश है। संगीता को ठेस लगी है। घर छोड़कर जाने से पहले जैसे वो बेघर कर दी गयी हो। सामान्य कप संगीता के लिए है। शानदार क़ीमती कप आकाश के लिए। एक गूँगा नौकर अपनी चुप के अन्दर ललकारती हुई कितनी आवाज़ें रखता है।

यह दृश्य फ़्रीज़ हो गया हो जैसे। ट्रे में चाय का कप रखा है। वो कप संगीता का है। आकाश चाय पी रहा है और फ़र्श पर बैठकर रघु भी। और कोई वक़्त होता तो रघु अपना कप लेकर बाहर चला जाता। उसे ऐसी हिदायत दी गयी थी। या फिर यह भी मुमकिन है कि वो अपने आप सीख गया हो यह आदाब।

संगीता ने चाय का कप देखा है। उसने आकाश को चाय पीते देखा है उसने रघु को भी चाय पीते देखा है जो बड़ी बेफ़िक्री से चाय पी रहा है।

दृश्य जैसे कोई फ़्रीज़ शॉट हो। समय जैसे रूक गया हो। संगीता के हाथ में ख़ाली हैंगर है। एक हैंगर ज़िन्दगी का भी है उसके हाथ में, जिसको वो ख़ाली करके जा रही है।

संगीता भीतर से विचलित है, बाहर से सामान्य। अलमारी खुली है। अटैचीकेस का मुँह भी खुला है। ट्रे पर रखा चाय का कप खुले आमन्त्रण जैसा हो। लेकिन जो बन्द हुआ है या हो चुका है वो क्या है?

चाय ठण्डी हो चुकी है। सिर्फ़ चाय? नहीं, सिर्फ़ चाय ठण्डी नहीं हुई, शब्द भी ठण्डे हुए हैं और उनके अर्थ भी। शब्दावलियों के ख़ाली बेंच पर कोहनी टिकाए, थके हुए अर्थ।

ज़िन्दगी जैसे मिलन का नहीं, रूख़सत का नाम हो। संगीता रूख़सत हो रही है। आकाश भीतर से टूट रहा है। चाय पीता हुआ आकाश कितना निरीह प्रतीत होता है। चाय के कप को वो ऐसे पकड़कर बैठा है जैसे वो छिटक जायेगा। डर, पता नहीं, ज़िन्दगी की चारदीवारी फलाँग कर कैसे चला आया है?

सोचना कई बार सच में बदल जाता है। चाय का क़ीमती कप आकाश के हाथ से फिसल कर फ़र्श पर जा गिरा है। कप के टुकड़े बिखरते चले गये हैं। बची हुई चाय फ़र्श पर फैल गयी है। आकाश डर गया हो जैसे। रघु उठ खड़ा हुआ है। भागकर गया है पीछे आँगन की तरफ़। पोचा उठा लाया है। उसके हाथ में पन्नी भी है। उसने कप के टुकड़े उठाए हैं। वो पोचा लगा रहा है।

कप तो अब टूटा है। कप के टूटने से पहले कितना कुछ टूट चुका है। कप के टूटने की आवाज़ ने चौंकाया है। लेकिन जो पहले टूटा है वो कितना निःशब्द है, लेकिन उसकी तहरीर, ज़लज़लों के ख़ानदान में पली हो जैसे।

अभी, कुछ देर बाद चली जायेगी संगीता। वो सामान पैक कर चुकी है। उसे कुछ याद आया है। अलमारी खोली है उसने। प्रफ़्यूम की छोटी–सी बॉटल। चार हज़ार पाँच सौ की है ये शीशी। कुछ महीने पहले साउथ एक्स से ख़रीदी थी। अटैची खोलकर शीशी रख रही थी संगीता के हाथ से फिसल गयी है। शीशी क्या टूटी है कि ख़ुशबू का आबाशार चल पड़ा हो जैसे।

बेबस–सी खड़ी देख रही है संगीता टूटी हुई शीशी को। संगीता शीशी को देख रही है। आकाश संगीता को। आकाश मन ही मन सोच रहा है। शीशी टूटने का दुख है इस स्त्री को, जो रिश्ता तोड़कर जा रही है। रिश्ता टूटने का उसे कोई दुख नहीं।

ख़ुशबू तेज़ है। दूर तक जाती हुई। संगीता इस ख़ुशबू को छोड़कर जा रही है। अपनी देह की तमाम ख़ुशबुएँ उसके अपने पास हैं।

"संगीता तुमने यह प्रफ़्यूम बड़े मन से खरीदा था।"

हिकारत से देखा है संगीता ने।

"अगर मैं चलने–फिरने में समर्थ होता तो अभी चला जाता साउथ एक्स। बिल्कुल यही प्रफ़्यूम तुम्हारे लिए दोबारा ले आता। बट....।"

"लीव इट।....कुछ भी नहीं हुआ है। यूँ ही यह एक्सपायर्ड था।"

"रिश्ते एक्सपायर हो जाते हैं। क्या ख़ुशबुएँ भी एक्सपायर्ड होती हैं?" आकाश ने पूछा है। गहरी साँस ली है उसने। वो जानता है। प्रश्न हवा में तैरता रहेगा कुछ देर और बिखर जायेगा।

संगीता ने कोई जवाब नहीं दिया। वो भीतर से कुछ व्याकुल हुई है। लगता है ऐसा। शायद वो व्याकुल हुई हो या न भी हुई हो।

वो दूसरे कमरे में चली आयी है। उस कमरे में ख़ुशबू इतनी तीखी थी कि वहाँ देर तक खड़े रहना बेचैन कर रहा था। ख़ुशबू बहुत तीखी हो तो वो दुर्गंध में बदल जाती है। ख़ुशबुएँ, धीमी गति से पैदल चलते

मुसाफ़िर जैसी होती हैं। पास आकर वो हाथ मिलाती हैं। आकर्षित करना उनका स्वभाव होता है। अहसास उनका चरित्र। जैसे फूल। वो अपनी ख़ुशबुओं की मुनादी नहीं करते। कोई जलसा भी नहीं होता उनकी ख़ुशबुओं का। उन्हें दूर से देखो तो वो मुस्कराते हुए महसूस होते हैं। उनके पास चले जाओ तो उनकी ख़ुशबू आपसे लिपट जाती है। फूलों की नगरी के निवासी मनुष्य नहीं होते, तितलियाँ होती हैं।

"रघु गाड़ी की डिक्की में सामान रखो।" गाड़ी की चाबी मेज़ पर रखते हुए संगीता ने आदेश दिया है।

रघु सकपका–सा गया है। वो सामान नहीं रखना चाहता। वो बिल्कुल नहीं चाहता कि मेम सॉब यहाँ से जायें। लेकिन बहुत जल्दी सचेत हुआ है वो। चाबी उठाई है उसने और संगीता के भावहीन चेहरे को देखा है। उसके देखने में डर है। तुरन्त नज़रें झुका ली हैं उसने।

रघु डिक्की में सामान रख चुका है। दो अटैचीकेस दो बैग एक छोटा बैग। एक हैंडबैग संगीता के हाथ में है। उसमें ज्वैलरी होगी और कैश भी। शायद वो चिट्ठियाँ भी हों जो शादी से पहले दोनों ने एक–दूसरे को लिखी थीं।

अभी संगीता चली जायेगी। संगीता के जाने के बाद घर ख़ाली हो जायेगा। ऐसा नहीं। सामान तो बहुत रखा है घर में। लेकिन संगीता का घर में नहीं होना, घर के ख़ाली हो जाने जैसा होगा।

"संगीता, बीच–बीच में आती रहना।" आकाश ने व्हीलचेयर को सरकाते हुए कहा है।

संगीता ने कोई जवाब नहीं दिया।

"अपनी मम्मी के घर जा रही हो।" आकाश ने पूछा है।

"हाँ!" कहा है संगीता ने। जैसा वो कोई जवाब न देना चाहती हो। इतनी मुश्किल से जवाब दिया है उसने।

संगीता कमरे से निकल रही है और उसके पीछे–पीछे आकाश भी व्हीलचेयर को सरका रहा है।

उसका कार में बैठना। कार का स्टार्ट होना और चल पड़ना क्षणभर में हुआ है। वो चली गयी है।

संगीता जा चुकी है। उसे गये कुछ वक़्त हो चुका है। कार की आवाज़ वहीं बैठ गयी है। ग़र्द, गली में सो गयी है। आकाश अब भी बैठा है, व्हीलचेयर की हत्थियों पर हाथ रखे। व्हीलचेयर के पास रघु खड़ा है।

घर में अजीब–सा सन्नाटा है। यह वो सन्नाटा है जो किसी के चले जाने के बाद, पीछे छूट जाता है। यह सन्नाटा है या ख़ाली लिफ़ाफ़ा, सारे मज़मून निकालकर चला गया हो जैसे कोई।

गरमी का मौसम है। धूप में कोई कितनी देर तक बैठ सकता है। धूप में बैठकर आकाश साहब तप करते रहिए, जाने वाला तो चला गया।

रघु ने समझदारी दिखायी है। व्हीलचेयर को ड्राइंग रूम में ले आया है। ए सी चलाकर चला गया है वो। ज़रूर चाय बनाने गया होगा। वो आकाश के साथ बातचीत नहीं कर सकता। आकाश की उदासी को महसूस कर सकता है। आकाश जब उदास होता है, वो चाय बनाकर ले आता है। उसकी सादगीभरी सोच है कि आकाश की उदासी, आधा कप चाय से ख़त्म हो जायेगी।

चाय पीते हुए आकाश को रघु बहुत भला लगा है। पीठ पर थपकी दी है। मुस्कराया है आकाश और थोड़ा–सा हँसा है रघु भी। अपनी ऐं...ऐं की आवाज़ों के साथ। उसकी नासमझ आनेवाली ये आवाज़ें पवित्र आवाज़ें हैं।

प्रफ़्यूम की ख़ुशबू ड्राइंग रूम तक आ रही है। क्या ये ख़ुशबू संगीता के चले जाने के बाद की उदास ख़ुशबू है? तो इस प्रफ्यूम को उत्सवों में इस्तेमाल करती थी। उसका घर छोड़कर चले जाना ज़िन्दगी का उदास कर देने वाला उत्सव है। बेचैनी जैसे अपने लहू–लुहान पैरों के साथ रक़्स कर रही हो।

आकाश चुप है। उसकी चुप, भाषा के मण्डप की प्रतीत नहीं होती। उसकी यह चुप आँसुओं के ज़ख़्मी गुम्बद की प्रतीत होती है।

आकाश ड्राइंग रूम में रखे फ़ोटो देख रहा है। अचानक नज़र वहाँ चली गयी है जहाँ फ़ोटो रखे थे। फ़ोटो में संगीता है उसे देखती हुई।

इस देखने में उसका न्यौछावर होने जैसा कुछ है। एक और फ़ोटो है जिसमें दोनों हँस रहे हैं फ़ोटो में हँसी की आवाज़ बेशक नहीं है। लेकिन आकाश उस आवाज़ को सुन रहा है। एक अरसा पहले की वो हँसने की आवाज़ उसे अब भी सुनाई दे रही है। एक और फ़ोटो है जिसमें संगीता मिट्टी का दीया जला रही है। यह दीवाली की रात का फ़ोटो है। पिछली दीवाली संगीता साथ थी। और जो अब आयेगी दीवाली! जलेंगी जब दीयासिलाइयाँ तो सवाल करेंगी, वो सुन्दर–सी स्त्री कहाँ चली गयी जो मिट्टी के दीये जलाती थी। घर को रोशन करने की कला जिसके पास थी....कहाँ है वो?

अलमारियाँ ख़ाली हैं। स्टील की रॉड पर हैंगर ख़ाली होकर लटक रहे हैं। हैंगर खाली लटक रहे हों तो अजीब लगते हैं। उनका भरे होना अच्छा लगता है। ख़ाली हैंगर जैसा दुर्वासा का शाप भोगते हुए। उनके सारे वरदान संगीता लेकर चली गयी है।

इसी कमरे में प्रफ़्यूम की शीशी गिरी थी। चाय का कप भी इसी कमरे में गिरा था। रिश्ते की आख़री गूँज भी यहीं गिरी थी।

इस कमरे से व्हीलचेयर निकालकर आकाश दूसरे कमरे में आ गया है। यही होगा उसका कमरा। रघु ने ताईद की है। इशारों से। अपनी ऐं....ऐं से। उसकी अबूझ आवाज़ में कितना अपनापन है। सब समझ जाता है आकाश।

रघु ने सारी दवाइयाँ मेज़ पर रख दी हैं। कपड़े अलमारी में। किताबें रैक में। यह कमरा आकाश का कमरा।

21

अब आकाश को इसी तरह रहना है, संगीता के बिना, अकेले। संगीता का न होना कितना ज़्यादा होना है। वो इस घर में नहीं है। यह सच है। लेकिन एक सच यह भी है कि वो कितनी ज़्यादा मौजूद है इस घर में। वो न होने के बावजूद, हर जगह है। रसोई में, कमरों में, आँगन में। उसने जो पिछले वाले आँगन में गमले रखे थे, वहाँ भी वो है।

उसे पेंज़ी अच्छे लगते थे, आकाश को स्वीट विलियम! उसे माधवी लता की बेल अच्छी लगती थी और आकाश को गोल्डन शॉवर।

आकाश जूतों वाले रैक को देख रहा है। रैक लगभग ख़ाली हो चुका है। लगभग, मतलब लगभग! पूरा ख़ाली नहीं हुआ। संगीता अपने सेंडिल चप्पलें अपने साथ ले गयी है। आकाश के जूते, चप्पलें रखी हैं। लगभग ख़ाली हो चुके रैक में अब भी एक चीज़ है जिसे देखा जा सकता है, आकाश के जूते! आकाश एकटक उन्हीं जूतों को देख रहा है। ब्लैक, ब्राउन स्वेड के जूते। शानदार, लगभग नये। जूते नये हैं, बेशक नये। लेकिन पैर पुराने पड़ गये हैं। पुराने और बेहिस और बेजान। आकाश इन्हें देख सकता है। इन्हें पहन नहीं सकता। यह देखना कितना मार्मिक है। अपने जूते, जैसे किसी ग़ैर के हों।

संगीता का एक पुराना सेंडिल दो पुरानी चप्पलें अब भी रैक में रखी हैं। वो उन्हें यहीं छोड़ गयी है। क्या वो पुराने थे इसलिए छोड़ गयी है या फिर....आकाश सोचते–सोचते रूका है एक पल, फिर एक चमक–सी दौड़ गयी है उसके ज़ेहन में... शायद वो वापिस चली आये, इन्हें उठाने। या फिर इन्हें उठाने का बहाना लेकर। ऐसा लगता है, संगीता पुराने सेंडिल नहीं छोड़ गयी, कोई बहाना छोड़ गयी है। आकाश रैक को देख रहा है। जैसे किसी यादों के स्वेटर को उधेड़ रहा हो।

जाने से पहले संगीता ने एक बार आकाश को देखा था....बस, क्षण भर के लिए। कितने सारे गुज़रे ज़माने याद आते चले गये थे। यही संगीता थी किसी उफनती हुई नदी की तरह उतर जाती थी आकाश के भीतर अपनी तमाम आवाज़ों के साथ, तरंगों के साथ। अपने आवेग और अपनी क्रीड़ाओं के साथ। वो आकाश के भीतर प्रेम के अव्यक्त पल को प्राप्त करने आती। वो जब जा रही होती तो आकाश को लगता कोई लहर छूट गयी है उसके अन्दर।

संगीता का घर छोड़कर जाना, जैसे दिल एक शीशा हो और उसमें तरेड़ पड़ जाये।

उसने जब देखा था आख़री दफ़ा तो आकाश को लगा था जैसे वो कुछ कहना चाहती है। वो शायद अपना कोई कंटैक्ट नम्बर कोई पता बता देना चाहती है।

आकाश फिर वहम की नाबीना दीवार से जा टकराया था। ये उसका वहम ही तो था।

पता नहीं पलट कर उसने आकाश को देखा था या फिर अलमारी को। यह भी मुमकिन है वो ख़ाली लटकते हैंगरों को देख रही हो, जिन्हें वो ले नहीं जा रही थी, जिन्हें वो ले जाना चाहती थी।

उसने घड़ी पर वक़्त देखा था। वो कई बार घड़ी को देख चुकी थी। जैसे प्लेटफ़ार्म पर खड़ा कोई व्यग्र यात्री बार–बार घड़ी को देखता है। पता नहीं, संगीता की कौन–सी रेलगाड़ी 'लेट' हो रही थी।

बहुत साफ़ था वो विकलाँग की दुनिया से दूर चले जाना चाहती थी। ये और बात कि विकलाँग कोई और नहीं, उसका पति था।

आकाश उसकी इच्छाओं का सम्मान कर रहा था। नहीं रोक रहा था उसे। शायद यह भी कोई प्रेम हो....या ऐसी भावना, जो प्रेम नगर की वासी हो।

"ऑल दि बेस्ट!" आकाश ने संगीता को कहा था वो गेट के पास कार स्टार्ट कर रही थी जब। आकाश ने इन्तजार की थी शायद वो कुछ कहे। शायद वो कहे 'अपना ध्यान रखना।' लेकिन एक विकलाँग अपना ध्यान कैसे रखेगा? यह प्रश्न कहीं नेज़े की तरह न उछल पड़े। संगीता ने कुछ नहीं कहा था। वो चली गयी थी।

रघु आकाश को देख रहा था। आकाश एक मुद्दत से रैक को देख रहा है। अब दोनों रैक को देख रहे हैं।

रघु रैक को देख रहा है और उसे ध्यान आया है सॉब के जूतों पर ग़र्द जमी है। उसने काले–लाल ब्रुश से लाल और काले रंग के जूते साफ़ किये हैं। चमकाएँ हैं। और कालेवाला 'हश पप्पी' का जूता आकाश के पैरों के पास रख दिया है। आकाश सिहर उठा है। वो जूते को देख रहा है। जूता उसका है लेकिन पाँव अब उसके नहीं रहे। इतना बेगानापन है। न पाँव उठते हैं न जूते।

आकाश डर रहा था कहीं रघु जूते साफ़ करके उसके आगे न रख दे। रघु ने जूते नहीं रखे, डर रख दिया है।

रघु को ख़्याल आया है। सचेत हुआ है वो। बड़ी तत्परता से जूते उठाए हैं उसने। रैक में रखकर वो आकाश के पास आया है। हाथ जोड़कर खड़ा हुआ है। आकाश ने उसे अपनी बाहों में भर लिया है।

दोनों, चुपचाप बैठ गये हैं कमरे में। आकाश व्हीलचेयर पर। रघु फ़र्श पर।

आवाज़ों का ताप बड़ा मानीख़ेज होता है। आवाज़ों से भरा घर जवान रहता है। अक्सर वो घर बूढ़े और उदास नज़र आते हैं जो ख़ाली होते हैं। जिनके बाहर ताला जड़ा होता है, जिनके भीतर ख़ामोशी किसी छिपकली की तरह रेंगती रहती है। आवाज़ों में ज़िन्दगी का जश्न होता है। रेलगाड़ियाँ इसलिए कभी नहीं थकतीं कि वो हज़ारों आवाज़ों के लश्कर के साथ चल रही होती हैं। घर में उठती आवाज़ें, घर को ज़िन्दा रखती हैं। आवाज़ें, उस अदृश्य मोमबत्ती को लेकर घर भर में घूमती रहती हैं जिसके पास ज़िन्दगी का वैभव होता है।

आवाज़ें पैर नंगे होती हैं। घर में जब घूमती हैं तो लगता है वो अपनी चप्पलें ढूँढ़ रही हैं।

आकाश को संगीता की आवाज़ सबसे अच्छी लगती थी। वो जब किसी फ़िल्मी गीत का मुखड़ा गाती तो और भी अच्छी लगती। फिर वो मुस्कराने लगती। उसकी मुस्कान में भी कुछ ध्वनित–सा महसूस होता। संगीता एक दिन किसी बात पर रो पड़ी थी। उसकी आँखों से आँसू टपक पड़े थे। उन आँसुओं के टपकने में भी ध्वनि थी, जिसे आकाश की आत्मा ने सुना था।

आकाश को नर्सों की आवाज़ भी अच्छी लगती थी। वो एक लय के साथ आकाश के रूम में आतीं। उनकी संक्षिप्त–सी बातें और उन बातों में सद्भावनाएँ.....डॉक्टर तनेजा की गुफ़्तगू आकाश को हमेशा अच्छी लगी। उनकी आवाज़ में आत्मीयता होती, थोड़ा–सा खिलंदड़ापन भी।

आकाश को रघु की आवाज़ भी अच्छी लगती है। उसकी गों...
.गों....ऐं....ऐं....ओं....ओं में अपनापन, शिकवे, हिदायतें, दोस्ती तो होती ही है। एक दुख भी होता है कि वो अपनी बात पूरी तरह नहीं समझा सकता।

आवाजें कभी--कभी, जैसे लोहे के जूते पहनकर निकल पड़ी हों ठक–ठक करती। आवाज़ें अकेलेपन के आसमान में छतरी की तरह खुलती हुई। आवाज़ें सन्नाटे को डाँटती हुई। आवाज़ें, उदासियों के काग़ज पर किसी दस्तख़त जैसी

हर शख़्स दुनिया में अपनी आवाज़ों के साथ प्रविष्ठ होता है। और वो जब जाता है, सामान बेशक छोड़ जाये अपना, लेकिन अपनी आवाज़ें ले जाता है।

संगीता अपनी आवाज़ों को लेकर चली गयी है, किसी दूसरे घर में।

अगर किसी ने पूछ लिया उससे कि क्यों छोड़कर आयी हो पति का घर? तो क्या जवाब देगी वो? शायद वो कह सके कि पति व्हीलचेयर पर आ गया था। व्हीलचेयर पर बैठे विकलाँग शख़्स को कैसे पति कहती? शायद वो सवाल का कोई जवाब न दे और चुप रहे। लेकिन जो सवाल उसका पीछा करता रहेगा, उससे कैसे पीछा छुड़ाएगी। हो सकता है कोई उससे सवाल ही न करे।

संगीता जा चुकी है। उसकी दिनचर्या में थोड़ा–सा फ़र्क तो आया ही होगा। सारे काम उसे रघु के बिना करने पड़ते होंगे। ये भी मुमकिन है उसने मेड रख ली हो। क्या पता वो कहाँ रहने लगी है? अपनी माँ का घर या फिर कहीं दूसरी जगह किराये का फ़्लैट! पता नहीं। ये भी कोई हैरान करने वाली बात नहीं कि उसका पता आकाश के पास नहीं। वो पता दे जाती तो क्या आसमान फट पड़ता। कुछ भी नहीं होता। वो जानबूझकर बिना पता दिये, बिना हाय–हैलो किये चली गयी है। रिश्ते को उसने कपड़े का थान समझा और उसे बीचों–बीच चीर कर, दो–फ़ाड करती हुई चली गयी।

काश, वो एक पल के लिए सोचती कि आकाश कैसे रहेगा उसके बग़ैर।

22

बिजली का बिल आया है। उसे भरना है। रघु नहीं कर पायेगा यह काम। आकाश को करना होगा। संगीता शायद ऑन लाइन 'पे' करती थी। आकाश का तो मोबाइल भी पता नहीं किस हालत में होगा।

व्हीलचेयर पर आकाश है। पीछे रघु है। आकाश की व्हील चेयर मैनुअल है, ऑटोमेटिक नहीं। ऑटोमेटिक व्हीलचेयर कम से कम ढाई लाख की है। थोड़ा और अच्छी चार लाख....पाँच लाख। नहीं, वो इतने पैसे नहीं ख़र्च कर सकता। ये मैनुअल व्हीलचेयर भी अच्छी है। क्या ख़राबी है इसमें? कुछ भी तो नहीं। हाथों से पहिए सरकाने होते हैं। तो क्या हुआ। रघु भी 'स्पोर्ट' करता है। अब भी वो साथ है।

पहली बार घर से निकला है आकाश! जिन दुकानदारों से वो सामान ख़रीदता था, वो उसे हैरत से देख रहे हैं। हमदर्दी का पता नहीं। जिज्ञासा ज़रूर होगी।

जब सड़क पर कार, स्कूटर, बाईक की भीड़–सी बन जाती है, रघु सर्तक हो जाता है। व्हीलचेयर को घुमाता है। साइड में लगा देता है।

दूकानदारों ने आकाश को अपनी–अपनी दूकानों से देखा है। काउंटर के उस पार खड़े दूकानदार, जैसे वो उस पार की दुनिया में हों और आकाश के पास आने के लिए वीज़ा लेना पड़ता हो।

लेकिन एक दूकानदार है जो दूकान छोड़कर आकाश के पास आया है। नमस्ते में दोनों हाथ जोड़ दिये हैं। उसका नाम दयालचन्द है। दयालचन्द के चेहरे पर दुख है। उसने आक़ाश के कन्धे पर अपने हाथ रखे हैं। आकाश ने उनके हाथ पर हाथ रखकर मुस्कराने की कोशिश की है। कहा है, "एक टेम्पोवाला पीछे से टक्कर मार गया था। बच तो गया। लेकिन घुटनों से नीचे की टाँगें बेजान हो गयी।" आकाश एक पल चुप हुआ फिर बात पूरी कही है, "व्हीलचेयर मदद करती है और ये अपना रघु भी।"

"आकाश जी दुकान पर आइए।" दयालचन्द ने कहा है।

"अभी तो बिजली का बिल भरने जाना है। एक–दो और भी काम हैं। फिर आऊँगा।"

"बिजली का बिल मुझे दीजिए। दफ़्तर दूर है। मैं जाकर भर आऊँगा।" दयालचन्द की बात में अपनापन है।

"बहुत शुक्रिया दयालचन्द जी। इस बार मुझे जाने दीजिए। एक मुद्दत से मैं घर से भी नहीं निकला। कुछ और काम भी हैं। आपके पास आऊँगा मैं।" आकाश ने कहा है। थोड़ा–सा मुस्कराया है। नमस्ते की है और व्हीलचेयर को सरका दिया है।

दो किलोमीटर या इससे भी थोड़ा ज़्यादा के फ़ासले पर है बिजली घर का दफ़्तर। वहाँ भीड़ है। अफ़रा–तफ़री। लोग हैं कि इधर–उधर, यहाँ–वहाँ आ–जा रहे हैं।

आकाश व्हीलचेयर पर बैठा है। रघु चुप खड़ा है।

फर्स्ट फ़्लोर पर शीशे की खिड़की से एक शख़्स ने देखा है। वो उतर कर आया है। आकाश के पास आकर खड़ा हुआ है और उसका पहला सवाल, "सर, आप फुटबॉल प्लेयर....मिस्टर आकाश।"

"सर, वेम्बले ग्राउंड में मैं भी। सर, आपको खेलते देखा था। टेक्नीक का कौशल और आपकी पास डिलवरी। सर, ख़ूब खेलते थे आप! बट सर, ये व्हीलचेयर?" वो रूक–सा गया है कहते–कहते।

एक टेम्पो ने पीछे से हिट किया। बिलो नी सारा पोर्शन डेड हो गया है।" आकाश ने कहा है।

"ओह वैरी सैड।....सर फ़ीज़ियोथेरेपी या कुछ मेडिसन...समथिंग।" उसने धीरे–धीरे रूक–रूककर कहा है।

"बहुत सारी थेरेपी करके देख ली हैं। बट....।" आकाश ने गहरी सांस ली है। चुप हो गया है।

"सर यहाँ किस काम से आये हैं।"

"बिजली का बिल भरना है।"

"वैरी सिम्पल सर! बिल दीजिए सर। मैं अभी भर देता हूँ। बिल विंडो पर मेरा फ्रेंड बैठा है।"

आकाश ने बिल और पैसे दिये हैं।

वो लड़का चला गया है।

आकाश बरामदे में आ गया है। रघु और वो चुप हैं।

पांच मिनट या फिर छः या सात मिनट ही गुज़रे होंगे। वो लड़का बिजली बिल की रसीद लेकर आया है। ''सर, मैंने अपना मोबाइल नम्बर लिख दिया है। आप कहीं नोट करके रख लेना। अगली बार जब बिल आये तो आप बिल्कुल मत आना। मुझे फ़ोन कर देना। मैं आपके घर से रिसीव कर लूँगा। बहुत छोटी–सी बात है सर! सर, प्लीज़ आप मत आना। मैं हूँ यहाँ! फ़ार युअर काइँड सर्विस।''

आकाश को अच्छा लगा है। उसने अपना हाथ आगे बढ़ाया है। लड़के ने बड़े तपाक से हाथ मिलाते हुए कहा है, ''सर, अपना ख़्याल रखना। आई होप, आप फुटबाल ग्राउंड में आयेंगें, ज़रूर आयेंगे सर।''

आकाश ने कुछ नहीं कहा। मुस्कराया है थोड़ा–सा।

मोबाइल शॉप पर रिचार्ज कराते हुए आकाश ने अपने आपसे सवाल किया है, रिचार्ज तो करा लिया तुमने अपना मोबाइल आकाश साहब, लेकिन बात किससे करोगे?

रिचार्ज करते वक़्त दूकानदार ने मोबाइल देखा है। कहा है, ''सर, स्क्रीन पर स्क्रैच आ गये हैं, कहीं गिरा था आपसे?''

''एक्सीडेंट के वक़्त मोबाइल भी गिर गया था।'' आकाश ने कहा है।

''सो सैड।'' दूकानदार लड़के ने कहा है।

स्क्रैच!.... आकाश ने मन ही मन दोहराया है ये लफ़्ज़। स्क्रैच क्या सिर्फ़ मोबाइल स्क्रीन पर पड़े हैं, ज़िन्दगी के स्क्रीन पर जो स्क्रैच पड़े हैं उनका क्या हो?

दयालचन्द! इसी मार्केट के छोटे से दूकानदार हैं। दूकान कम चलती है उनकी। संगीता उनसे कभी कुछ नहीं ख़रीदती थी। आकाश अक्सर उनसे सामान खरीदता था। चाय पत्ती, चीनी, दालें और भी बहुत कुछ। आकाश जब उनकी दूकान पर जाता तो वो कभी–कभी, इसरार करके चाय भी पिलाते। बातें करते।

बातें करने के वो शौकीन थे। वो आकाश को देखते रहे, जब वो बिजली घर से वापिस आ रहा था।

23

आकाश मोबाइल तो रिचार्ज करा आया था लेकिन बात किससे करे? वो मोबाइल उठाता। कंटैक्स में जाकर नाम और नम्बर देखता। कोरे काग़ज पर दो–तीन नम्बर नोट करता। डॉयल के लिए उँगलियाँ हरकत में आतीं। बीच में रूक जातीं। वो पशोपेश में डूब जाता।

आज वो मोबाइल लेकर बैठा है। वो चाहता है बहुत सारे लोगों से बहुत देर तक बातें करे। बातें करता रहे। मन के भीतर जमी बर्फ़ पिघलती रहे। दिल के बन्द दरवाज़े खुलते चले जायें। अँधेरे कक्ष में चाँद पैदल चला आये और हो जाये रौशनआमेज़ दुनिया।

लेकिन बात किससे करे यह बड़ा संकट है।

मोबाइल कम्पनी ने फ्री टॉक टाइम भी दिया है। कम्पनी ने जैसे मज़ाक उड़ाया हो। वो नये समाज की भाव–भंगिमा का सर्वे कर चुकी है। वो जान चुकी है नये समय में कोई किसी से बात नहीं करना चाहता। नहीं, ऐसा नहीं। बात तो लोग करते हैं एक–दूसरे से। लेकिन जो शख़्स व्यर्थ हो चुका हो, उससे बात नहीं करते।

आकाश कितने विश्वास के साथ अपने क्लीग से बातें करता था। अब दफ़्तर छूट चुका है, रिश्ते टूट चुके हैं।

वो जो आपसदारी थी....दोस्ताना था, क्या हुआ उसका। इस प्रश्न का उत्तर किससे पूछे। आत्मीयता का क्षरण, नये समय की बड़ी दुर्घटना है, जिसे लोगों ने अपने सामने घटित होते देखा है। सहर्ष स्वीकर किया हो जैसे। आत्मीयता के क्षरण पर काश कोई सेमिनार होता, व्हीलचेयर लेकर वो भी पहुँच जाता।

ज़िन्दगी क्या सचमुच अकेले होते चले जाने का नाम है, आकाश ने मन ही मन कहा है।

आपके पास मोबाइल हो और डायरी में लिखे सैकड़ों मोबाइल नम्बर भी हों, लेकिन नम्बर डॉयल करते हुए संकोच होने लगे, संकोच से ज़्यादा डर लगने लगे।

व्हीलचेयर पर बैठे आदमी का भूगोल कितना सिमट जाता है। दोस्त कितने कम हो जाते हैं। आकाश ने मन ही मन कहा है। मोबाइल उसके हाथ में है और निरन्तर सोच रहा है, कितनी तेज़ रफ़्तार से चल रहे हैं सब।....सबके सब। वो भी इसी तरह चलता था। नॉन स्टाप! निरन्तर भागता–दौड़ता। पल–पल का हिसाब रखता। एक–एक मिनट को कैलकुलेट करता। तब उसने नहीं सोचा था कभी जो पीछे छूट गये हैं, थोड़ा ठिठक कर उन्हें भी देख ले। तब वो पलटकर, पीछे मुड़कर नहीं देखता था, अब इस रफ़्तार युग में जो दौड़ रहे हैं, उनके पास न वक़्त है न जज़्बा कि वो पलटकर, व्हीलचेयर पर बैठे आकाश नामक पूर्व मित्र को हैलो कर सकें।

आकाश ने सबसे पहले संगीता को फ़ोन करने का सोचा है। डर भी रहा है कहीं झिड़क न दे। दो बार फ़ोन। बेल जाती रही। फ़ोन नहीं सुना संगीता ने।

आकाश मन मसोसकर बैठा है। अपने आपको अपशब्द कह रहा हो जैसे, मन ही मन। वो जानता था यही हश्र होगा, हुआ भी। क्या ज़रूरत थी फ़ोन करने की जो यहाँ तिरस्कृत करती थी, बाहर जाकर क्या फूल बरसाएगी? ख़ामख़्याली।

राजेन्द्र को फ़ोन करने का तय किया आकाश ने। बिडम्बना यह कि फ़ोन मिलाने के लिए भी वो योजनाएँ बना रहा था।

आकाश राजेन्द, दोनों का दफ़्तर में एक जैसा स्टेटस था। दोनों असिस्टेंट मैनेजर थे। अच्छी अंडरस्टैंडिंग थी।

फ़ोन सुनते हुए राजेन्द्र बहुत उत्साही प्रतीत नहीं होता था। ऐसा लगता था वो अपने सामने बैठे किसी शख़्स से बात भी कर रहा हो। ऐसा लगता था जैसे वो इस फ़ोन से मुक्ति चाहता हो। व्यर्थ लोगों के फ़ोन से इरीटेशन होने लगती है, वैसी इरीटेशन राजेन्द्र को हो रही थी।

आकाश ने फ़ोन बन्द कर दिया था। गहरी सांस ली थी उसने। उसे लगा था वो किसी निर्जन टापू की तरह हो गया है। सन्नाटे में आवाज़ें लगाता निर्जन टापू, कोई जहाज़ नहीं रूकता उसकी आवाज़ पर। उसकी आवाज़ों के शव गिर पड़ते हैं। वो खुद करता है अपनी आवाज़ों की अन्तेष्टि और फिर अपने सन्नाटे में आवाज़ों के ख़ेमे तानता हुआ।

आकाश ने कैलाश को फ़ोन किया। उसकी आवाज़ में हमदर्दी थी। उसने कहा कि वो आकाश से मिलने आयेगा किसी दिन! अभी वो मीटिंग में है। फिर इत्मीनान से बात करेगा।

प्यास का मारा हिरन जैसे दश्त में भटक रहा हो....सन्नाटे का मारा आकाश वैसे आवाज़ों के लिए तरस रहा है।

उसने मोबाइल मेज़ पर रख दिया है।

उसने देखा रघु चाय का कप लेकर खड़ा है।

आकाश जब कभी परेशान होता। रघु समझ जाता। वो व्हीलचेयर के पुश्ते को पकड़कर खड़ा हो जाता चुपचाप या फिर चाय बनाकर ले आता।

आकाश को अच्छा लगा। उसने रघु को 'थैंक्यू' कहा। चाय पीने लगा। दोनों चाय पीने लगे, आकाश और रघु।

आकाश अपने पैरों की तरफ़ देखता है जो व्हील चेयर के फुट रेस्ट पर पड़े हैं, न हरकत न जुम्बिश। न हिलते हैं न उठते हैं। जस के तस धरे रहते हैं बेजान। पैर महज़ पैरों की आकृतियाँ हों जैसे।

आकाश पैरों को देखता है....देखता रहता है एकटक! मन ही मन सम्भावना का काग़जी घोड़ा दौड़ने लगता है।

एक बार, बस एक बार पैरों में जान आ जाये। घुटनों से नीचे टाँगों में रक्त दौड़ पड़े। ज़िन्दा हो जायें टाँगें और पैरों में आ जाये ताप। वो उठकर चल पड़ेगा। व्हीलचेयर को देखेगा एक बार, हाथ रखेगा व्हीलचेयर की पुश्त पर। और चल पड़ेगा। पैदल चलेगा। दूर तक पैदल। कच्चे रास्ते पर चलेगा पैदल और देखेगा अपने पैरों के निशान। पैरों के निशान क़िस्सागो बनकर सुनाते रहेंगे क़िस्से, ख़ामोश रास्ते को....

जहाँ बिछे होंगे काँटे, बिल्कुल वहाँ चलेगा नंगे पाँव। फूलों के बगीचे के देखेगा ज़रूर। फूलों से करेगा थोड़ी गुफ़्तगू। लेकिन पाँव रखेगा, ऐन वहाँ जहाँ झाड़ियाँ होंगी और नुकीले काँटे। पाँव में जब चुभेंगे काँटें, बहेगा रक्त और उठेगी टीस। तो वो होगा बहुत ख़ुश। बहुत ख़ुश होगा वो कि उसके नंगे पैरों ने निभाई काँटों से दोस्ती। दुलारता रहेगा काँटों को और सहलाता रहेगा अपने पाँव।

बस एक बार पाँव चलना सीख जायें तो निकल पड़ेगा जून की ठेठ दुपहरी में बिना चप्पल पहने। जलेंगे पाँव जितना अधिक। उतना अधिक वो होगा प्रसन्न! कि पैरों को महसूस हुई जलने की तौफ़ीक। वो धूप का आभार व्यक्त करेगा और धन्यवाद कहेगा सूरज को। जिसने पैरों को जलने का भाव बोध दिया।

पाँव मिल जायें उसे तो वो उतारकर जूते चट्टानों पर रखेगा पाँव। ब्लेड जैसी तीक्ष्ण चट्टानें छील कर रख देंगी उसके पाँव। अपने पैरों से बहते लहू को देखेगा। और देखेगा अपने पाँव जो किसी योद्धा की तरह जीत चुके होंगे नुकीली चट्टानों से बाज़ियाँ। पट्टियाँ बाँधते हुए पैरें पर, हल्का–सा थपकाएगा अपने पाँव।

पैरों से वो करने लगेगा मुहब्बत। इससे पहले उसने अपने चेहरे से मुहब्बत की या आँखों से। हाथों से या उँगलियों से। नाक से और अपने दाँतों से भी करता रहा मुहब्बत! अपने पैरों से कभी मुहब्बत नहीं की। पैरों ने उसे लम्बी यात्राओं की सम्भावनाएँ दीं। पैरों ने ही तो सम्भव किया हर जगह पहुँचना।

अगर पाँव में जाग उठे हरकत। होने लगे रक्त संचार घुटनों से नीचे पैरों तक, तो वो सचमुच बारिश के मटमैले पानी में ऐसे दौड़ता चला जायेगा छपाक–छपाक की आवाज़ पैदा करता जैसे बचपन में करता था कभी।

तितलियों के पीछे दौड़ पड़ेगा और दौड़ पड़ेगा कटी पतंगों के पीछे....बस, पाँव को चलना आ जाये अगर! पाँव जो अब चलना भूल गये हैं।

पैर हो जायें जीवित एक बार, फिर तो वो दिन भर बदलता रहेगा जूते। रघु हैरान होकर उसे देखेगा जब वो अलमारी से निकालेगा सूट टाई। सूट बूट में वो खड़ा होगा आदमक़द आईने के सामने। बाज़ार जायेगा। इतराता। मुस्कराता। गुनगुनाता। मुँह में च्युइंगम, आँखों पर रेबैन का चश्मा। थोड़ी हेकड़ी। थोड़ी गर्मी। थोड़ा तसव्वुर थोड़ी मुस्कान।....एक बिन्दासपन लेकर, शहर की सड़कों पर, बेवजह घूमता हुआ। वजह! सबसे बड़ी वजह अपने आप पर रीझने का उत्सव।

उसे याद आ रहा है फुटबाल को 'किक' लगाना। तेज़ रफ़्तार से बॉल को चकमा देकर आगे ले जाना और गोल दाग़ना। उसे याद आ रहा है ट्रैक पर दौड़ लगाना। उसे याद आ रहा है मॉल में देर तक घूमना। बिग बाज़ार में बिना थके देर तक चलते रहना। उसे याद आ रहा है कार में बैठकर, पैर से ब्रेक लगाना। उसे याद आ रहा है कार से उतरते वक़्त, पहले दायाँ पैर निकालना, फिर बायाँ। रिमोट से कार को लॉक करना और बेफ़िक्री के आलम में चल पड़ना।....

उसे याद आ रहा है आफ़िस की लिफ़्ट ख़राब होती तो वो सीढ़ियाँ चढ़ने लगता। पाँव उसे पाँचवीं मंज़िल पर पहुँचा देते। पता न चलता। हर काम में पाँव आगे आ जाते। फ़रमाबरदार बनकर। बाक़ी जिस्म पीछे रहता, पाँव सबसे आगे।

उसे अब पता चला है पाँव कितने ज़रूरी थे। उसने कभी पैरों की कद्र की नहीं। पैरों को उसने कभी ग़ौर से देखा नहीं। पैर तो नेमत थे। ईश्वर का सबसे बड़ा उपहार, जो जिस्म को मिला, वो पाँव ही तो थे।

अब! पाँव यूँ पड़े हैं व्हीलचेयर के पायदान पर जैसे जिस्म से उनकी अनबन हो गयी हो। और ये दो टाँगें निर्जीव–सी। पतली। मरियल। शुष्क। खड़े होना भूल गयी हों जैसे।

काश, एक बार वो अपने पैरों पर टाँगों के सहारे खड़ा हो जाये, संगीता देखे और देखती रह जाये। काश, उसके पैरों को आ जाये चलने का हुनर एक बार फिर...।

क्या ज़माना था, जो गुज़र गया। क्या जीवन शिल्प था और क्या जुर्रत थी आकाश में। वक़्त की आँखों में आँखें डालकर देखता तो हैरान रह जाता वक़्त! वक़्त अपना हाथ बढ़ाता और तपाक से मिलता आकाश से।

तब, आकाश का वक़्त से दोस्ताना था। ऐसा लगता था दोनों साथ–साथ चल रहे हैं।

वो ज़माना अब नहीं रहा। जा चुका वो ज़माना अपना जाजम उठाकर।

अब ख़ाली–ख़ाली आकाश। व्यर्थता के बोध से भयभीत। तेज़ रफ़्तार दौड़ते समाज को देखता रहता है निर्निमेष! मन करता है उसका दौड़ पड़े। पाँव हैं कि कहा नहीं मानते उसका। न उठते हैं न हिलते हैं।

आकाश के पास करने को कुछ भी नहीं होता। व्हीलचेयर पर घूमते रहना घर के भीतर। वो समय सापेक्ष होना चाहता है। वो नहीं होना चाहता समयहीन।

वो कुछ करना चाहता है। कुछ करते रहना जैसे अपने होने का उत्सव हो। केवल सांस लेना ज़िन्दा होने का सबूत हो सकता है। लेकिन ज़िन्दगी क्या सिर्फ़ सांसों का गणित होती है। ज़िन्दगी का भावार्थ कुछ और होता है शायद! शायद या फिर यक़ीनन।

आकाश रघु को कहता है वो घर में रहे। अकेले निकल पड़ता है। रघु आकाश को जाते देखता है। परेशान हो उठता है। आकाश रघु को आश्वस्त करता है कि वो ज़्यादा दूर नहीं जायेगा और जो हो चुका है उससे ज़्यादा होगा भी नहीं।

लेकिन इस नामुराद समय में जहाँ लोग किसी कारख़ाने के कल–पुर्ज़े बन चुके हों, वहाँ व्हील चेयर पर बैठे आदमी का सड़क पर निकल पड़ना बिल्कुल ऐसे होता है जैसे कच्ची रस्सी पर नट का चलना।

एक बाइक वाला तेज़ रफ़्तार तो था ही, बदहवास भी था। वो बाज़ार में था जहाँ शो केस में हेकड़ी रखी जाती है और वर्क चढ़ाकर

ख़ौफ़ को बेचा जाता है। वो बाइक चलाते वक़्त ख़ौफ़ पैदा करता था। डर पैदा करना उसका शगल था। वो शगल पैदा कर रह था। बाइक की साइलेंसर विहीन आवाज़ से लोग जितना चौंकते, सिहरते, वो उतना हर्षो–उल्लास से भर उठता।

स्कूटर, आटो, कारों को पछाड़ता हुआ वो आगे निकल रहा था। जैसे आगे, बहुत आगे, बहुत आगे निकल जाना उसका ध्येय हो....या सफलता का सूत्र।

वो आकाश की व्हीलचेयर को दायीं तरफ़ से हिट करता हुआ आगे निकल गया।

वो तो आगे निकल गया लेकिन आकाश की व्हील चेयर पलट गयी। आकाश गिर पड़ा। पलटी हुई व्हीलचेयर के पास पड़ा आकाश। चोट तो ज़्यादा नहीं लगी, खरोंचें ज़रूर आयीं। अब आकाश को एहसास हुआ कि पाँव चलने के लिए ही नहीं होते, गिर पड़ो तो उठ खड़े होने की सम्भावना भी पैदा करते हैं।

प्रश्न ये था और विकट भी था कि आकाश जैसे–तैसे अपने आपको उठा भी ले व्हीलचेयर को कैसे खड़ा करे?

उसकी मशक़्कत विचित्र थी। पूर्ण लोग ऐसी मशक़्कत से शायद कभी न गुज़रें हों, ख़ुद खड़ा होना, जबकि टाँगें और पैर नाकारा हो चुके हों और गिरी हुई व्हीलचेयर को उठाना। यह एक अक्षम व्यक्ति का संघर्ष था जिसे लोग सर्कस की तरह देख रहे थे।

दस बारह साल का लड़का आकाश के पास आकर रूका। उसने व्हीलचेयर सीधा करने की कोशिश की। दयालचन्द ने दूर से देखा। दूकान छोड़कर भागे। आकाश के पास हाँफ़ते हुए पहुँचे। व्हीलचेयर को खड़ा किया। तब तक दो–तीन लोग आ गये। आकाश को उठाकर व्हीलचेयर में बिठाया। दयालचन्द ने आकाश की पीठ थपथपाई। दस बारह साल के लड़के को थैंक्स कहा। थैंक्स कहा आकाश ने सब लोगों का। आकाश व्हीलचेयर घुमाने लगा तो लड़के ने कहा, "सर, ऐनी हेल्प? मैं आपको घर तक छोड़ देता हूँ।"

आकाश की थोड़ी–सी आँखें नम हो गयीं। 'हेल्प' शब्द ने आत्मदया का भाव पैदा किया था शायद।

"नो, थैंक्यू वैरी मच माई डीयर यंग फ्रेंड।" आकाश ने कहा।

लड़का मुस्कराया। चला गया।

दयालचन्द ने आकाश को रोका। दूकान तक चलने का आग्रह किया और व्हीलचेयर को दूकान तक ले आये। नीम के नीचे व्हीलचेयर रोक कर दो कप चाय मँगाई। चाय पीते हुए दयालचन्द ने पूछा, "कहीं चोट–वोट तो नहीं लगी?"

"जब मैं गिरा तो थोड़ा घबरा गया था। लेकिन अब मैं नार्मल हूँ।"

"मैं आपको घर तक छोड़ आता हूँ।"

"नहीं, मैं बिल्कुल ठीक हूँ। डोंट वरी।" आकाश ने हाथ मिलाया। व्हीलचेयर घुमाई।

दयालचन्द और आकाश ने एक साथ देखा, रघु सड़क पर घबराया हुआ–सा। यहाँ–वहाँ देखता हुआ भटक रहा है।

अचानक उसने नीम के पेड़ के नीचे आकाश की व्हीलचेयर देखी। आकाश को देखा। भागा। वो उत्साहित होकर भागा। बेतरतीब नासमझ आने वाली आवाज़ें निकालता हुआ। आकाश के पास पहुँचा। ठिठका। मुस्कराया। आकाश के हाथ पर अपना हाथ रखकर, गों....गों की आवाज़ निकालते हुए, समझाने की कोशिश करता रहा कि वो बहुत परेशान हो गया था। आकाश ने उसे अपने पास बुलाकर गले से लगाते हुए कहा, "रघु, तू मेरा सच्चा दोस्त है।"

आकाश की मुठभेड़ सबसे ज़्यादा अपने से होती है, फिर समय से। जाता हुआ समय, व्हीलचेयर पर बैठे आकाश को जैसे कह रहा हो, मैं किसी कि लिए नहीं रूकता। तुम मेरे साथ चल सको तो चलो। तुम्हारी व्यर्थता के घाव पर मरहम पट्टी करने का मेरे पास वक़्त नहीं है। मुझे और भी ज़रूरी काम हैं। वक़्त अपने लम्हात का लश्कर लेकर, हज़ारों आवाज़ों की गूँज फेंकता आगे निकल जाता है। वक़्त की निस्संगता उसकी अदाकारी है।

हर वक़्त समय से लड़ाई। और बेवजह लड़ाई अपने साथ। जब से आकाश ख़ुद बेवजह हुआ है, बेवजह लड़ाइयाँ उसे लड़नी पड़ती हैं। वो एक ऐसा योद्धा है जो अपने आपसे पराजित होता है। हर समय रक्तरंजित होता है उसका मन! टूटती हैं चकनाचूर होकर, बहुत सारी अभिलाषाएँ।

ज़िन्दगी की मेज़ पर हर रोज़ एक नयी सन्धि।

घर के बाहर मुख्य सड़क पर रोज़ सुबह। आकाश जैसे जीवित कथानक को देख रहा हो, जीवन का जीवित कथानक।

बच्चे बसों में, ऑटोरिक्शा में स्कूल जा रहे होते हैं। स्कूल ड्रैस में प्यारे–प्यारे ख़ूबसूरत बच्चे। वो दृश्य शानदार होता है। लेकिन आकाश उन बच्चों को देखकर थोड़ा व्याकुल हो जाता है। उसे रघु का ध्यान आता है। गूंगा रघु। जिसे लिखना–पढ़ना नहीं आता। जिसने कभी स्कूल ड्रैस नहीं पहनी। जिसके पास बस्ता भी नहीं है। बस्ता!

अचानक आकाश के ज़ेहन में एक विचार कौंधा है। रघु का कम से कम एक बस्ता और स्कूल ड्रैस तो ली जा सकती है।

सुबह इसलिए ख़ूबसूरत होती है कि वो अपने साथ धूप को लेकर आती है। धूप, सूरज के हाथों से लिखी गयी, पृथ्वी के लिए ख़ैर–ख़ैरियत की चिट्ठी होती है। सुबह का आना ज़िन्दगी के ऊंघते किवाड़ पर कोई दस्तक हो जैसे।

सुबहें आती रहें हमेशा। हमेशा दिन निकलने की उम्मीद जागती रहे।

आकाश घर के बाहर मेन रोड पर एक कोने में व्हीलचेयर रोककर, स्कूल जाते बच्चों को देखता रहता है। बच्चे हाथ हिला देते हैं। वो भी थोड़ा मुस्कराते हुए हाथ हिलाता रहता है। ये क्षण बड़े सुखद, आनन्द से भरे होते हैं। बच्चे ख़ुशगवार माहौल पैदा करते आगे चले जाते हैं। बच्चे मासूम होते है और पवित्र! बच्चे अच्छे लगते हैं, हमेशा। बच्चे जीवन की प्रार्थनाओं जैसे होते हैं। सयाने लोगों की दुनिया में बच्चे किसी आश्वासन की तरह होते हैं कि मासूमियत, गणित को

पराजित कर देगी एक दिन! एक दिन ऐसा भी आयेगा जब लोगों के जीवन शिल्प में सादगी किसी ठाठ की तरह होगी।

एक दिन एक बच्ची ने आटोरिक्शा रूकवाया था। वो किसी पब्लिक स्कूल में पढ़ती थी। दस ग्यारह साल की सुन्दर सी, गुड़िया जैसी लड़की ने एक फूल दिया था और केडबरीज़ चॉकलेट। मुस्कराई थी वो। कहा था उसने बड़े जोश के साथ कि आज उसका हैप्पी बर्डे है।

ग्रीट किया था आकाश ने। बच्ची से हाथ मिलाया। दुआएँ दी। बच्ची चली गयी। आकाश देर तक देखता रहा उसकी ऑटोरिक्शा। वो अब भी हाथ हिला रही थी। सब बच्चे हाथ हिला रहे थे। कुछ उत्सव कितने मासूम और दिलकश होते हैं।

24

आकाश अक्सर दयालचन्द की दूकान पर चला जाता है। वो भी आकाश का इंतजार करते रहते हैं। आकाश कभी नीम के पेड़ के नीचे व्हीलचेयर को रोक लेता है तो कभी दूकान के पास। दुकान का छोटा–सा काउंटर है। दयालचन्द उस पार होते हैं, आकाश काउंटर के इस पार।

गर्मियों में नीम के पेड़ के नीचे आकाश को बैठना अच्छा लगता है। सर्दियों में दूकान के पास, बरामदे के बाहर।

दयालचन्द, दुनिया जहान की बातें करते रहते। कोई कस्टमर सौदा–सुल्फ़ा ख़रीदने आता तो वो उठ खड़े होते। सामान देते वक़्त अगर दो–चार और ग्राहक आ जाते तो वो भूल जाते कि बात क्या थी और कहाँ ख़त्म की थी। जब बैठते तो कोई नयी बात शुरू कर देते। आकाश भी उनकी बातों में मशगूल हो जाता। कई बार तो बातों में इतना डूब जाता आकाश कि भूल जाता अपने आपको। वो भूल जाता कि वो व्हीलचेयर पर बैठा है। कुछ पल का यह भूलना जैसे पुराने दिनों का लौट आना हो।

दयालचन्द की एक ख़ूबी यह भी थी कि वो कुरेदते नहीं थे। उन्हें पता था कि संगीता घर छोड़ कर चली गयी है। आकाश के लिए ये मुश्किल दिन थे। ऐन उस वक़्त जब संगीता की सबसे ज़्यादा ज़रूरत थी, संगीता आकाश को छोड़कर चली गयी थी। दयालचन्द ने आकाश की कैफ़ियत को समझा था। आकाश के टूटने की आवाज़ों को दयालचन्द ने सुना था। बस, उन्होंने यही किया था कि वो आकाश के भरोसेमंद दोस्त बन गये थे।

दूकानदारों को सबसे प्रिय दूकानदारी होती है। दूकानदारी के वक़्त कोई भी दूकानदार नहीं चाहता कि उसकी दूकान के पास कोई बेवजह ज़्यादा देर खड़ा रहे। इससे दूकानदारी ख़राब होती है। ग्राहक खिसक जाते हैं। टूट जाते हैं। ग्राहक ने एक बार कोई दूसरी दूकान तलाश कर ली तो फिर उसका वापिस पहले वाली दूकान पर आना मुश्किल होता है।

दयालचन्द भी इस बात को जानते थे। लेकिन उन्हें अपनी दूकानदारी बचाने से ज़्यादा एक नौजवान की ज़िन्दगी बचाना ज़्यादा ज़रूरी लगा। उस वक़्त जब आकाश बिल्कुल अकेला था। पत्नी जा चुकी थी। दोस्त कन्नी काट चुके थे। अचानक दयालचन्द ने अपना हाथ आगे बढ़ाया था। एक छोटी–सी दूकान का मालिक, इतना बड़ा मनोवैज्ञानिक भी हो सकता है, यह आकाश को धीरे–धीरे पता चला।

दयालचन्द की दूकान कम चलती। कस्टमर कम आते। वो एक तरह से ग़रीब दूकानदार थे। लेकिन चेहरे पर परम सन्तोष! जैसे बहुत बड़े रईस हों। जैसे पचासों ग्राहकों को निपटाकर आकाश के पास आ बैठे हों। एक बार उन्होंने बातों–बातों में कहा भी था, जाको कछु न चाहिए सो ही शाहनशाह! जिसे किसी शय की तमन्ना नहीं, वही शहंशाह है, वही बादशाह।

वो दो बार चाय मँगाते। एक कप चाय। जिसे वो हर बार दो कपों में डालते। आकाश के कप में थोड़ी ज़्यादा चाय, अपने कप में कम।

दोनों बार चाय पीते हुए आकाश को लगता जैसे कोई घर का बहुत आत्मीय उन्हें चाय पिला रहा है। दो बार आधा–आधा कप चाय, ज़िन्दगी ख़ामोश जश्न प्रतीत होती।

आकाश ने कई बार कोशिश की है कि चाय के पैसे कभी–कभी वो भी दे दे। लेकिन दयालचन्द माने ही नहीं। उन्होंने समझाते हुए कहा कि चाय के पैसे किसने दिये, यह बात मामूली–सी है। बड़ी बात ये है कि आपने चाय किसके साथ पी। आकाश जी मैं आपके साथ चाय पीता हूँ तो मेरे अन्दर कोई अच्छी–सी फ़ीलिंग पैदा होती है।

एक शख़्स जो व्हीलचेयर पर उनके पास आता था। उसके साथ चाय पीना दयालचन्द को अच्छी फ़ीलिंग देता था। यही बात थी दयालचन्द में। वो ख़ुद औक़ात में रहते। आकाश को रूतबा अता करते।

यही वजह थी कि आकाश दयालचन्द जी की दुकान पर चला आता। उसे अच्छा लगता। उसे लगता कोई है जो उसकी आन्तरिक वेदना को समझ रहा है। और जिस्मानी तकलीफ़ों को गहराई से जानता है।

आकाश किसी दिन दयालचन्द की दुकान पर न जाता तो उसे महसूस होता जैसे दिन के रोज़नामचे में कुछ ख़ाली–सा रह गया हो। वैसे आकाश का रोज़नामचा था भी क्या? व्हीलचेयर को यहाँ–वहाँ घुमाते रहना। रघु के साथ चाय पीना। संगीता को याद करना।

दिन के कोरे कागज़ पर ज़िन्दगी की आधी अधूरी वर्णमाला।

जब आकाश सेहतमंद था। ताज़ादम और ख़ुशबाश! सामान लेने दयालचन्द जी की दूकान पर आता। पता नहीं आकाश ने ये छोटी–सी दूकान क्यों चुनी थी। जबकि आसपास कई बड़े डिपार्टमेंटल स्टोर थे। संगीता वहाँ जाती। आकाश यहाँ आता।

आकाश दयालचन्द जी की दुकान पर आता तो वो मुस्कराते हुए अभिवादन करते। आकाश को देखते हुए अक्सर कहते, "गुड फ़िजीक! गुड लुकिंग जेंटलमैंन! अपनी इस फ़िज़ीक को सँभालकर रखना।"

व्हीलचेयर पर बैठे आकाश को देखकर दयालचन्द को अपना वो फ़िकरा ज़रूर याद आता होगा...गुड फ़िजीक वाला फ़िकरा। आकाश को तो वो फ़िकरा कभी भूला नहीं। लड़ाई किससे लड़े आकाश। अपनी नियति से....समय से.... या भाग्य से? ईश्वर जैसी कोई परमसत्ता उसे दिखायी देती तो वो उससे ज़रूर सवाल करता, "मेरे साथ इतना अन्याय क्यों किया भगवान।"

आकाश के अन्दर ये बेचैनी उसे हमेशा उद्वेलित किये रखती है।

आकाश एक दिन दयालचन्द की दूकान पर गया और नीम के पेड़ के पास व्हीलचेयर रोक दी। दयालचन्द कुर्सी लेकर आये और बैठ गये।

वो चुप।

आकाश भी चुप।

दोनों के बीच एक अज्ञात–सी चुप। जटिल और थोड़ी अव्यक्त। ऐसी चुप और कहीं होती तो प्रश्नवाचक में बदल जाती। लेकिन दयालचन्द जी की दूकान के बाहर जहाँ वो दोनों आकाश और दयालचन्द बैठे थे, जहाँ चारों तरफ गहमा–गहमी थी, आवाज़ों की अजीब–सी बस्तियाँ थी, ...वहाँ दो शख़्स चुप थे। एक ऐसी ख़ामोशी, जिसे शब्दों की कोई ज़रूरत नहीं थी।

वो बहुत देर बाद बोले, क़रीब बीस मिनट बाद, "आकाश बऊजी, मैं देखना चाहता था कि आप में कितना धैर्य है। मुझे चुप बैठा देखकर और कोई होता तो इसका ग़लत मतलब निकालता और उठकर चला जाता। लेकिन आपने मेरी ख़ामोशी में अपनी ख़ामोशी मिला दी और बड़े इत्मीनान से बैठे रहे। मैं देखना चाहता था कि आप शब्दों के बिना जी सकते है या नहीं?"

"फिर?" आकाश ने सवाल किया। वो भी बीस मिनट बाद बोला। थोड़ा–सा मुस्कराया।

"आप जी सकते हैं। आप अपनी आवाज़ के साथ जी सकते और अपनी ख़ामोशी के साथ भी।" दयालचन्द ने कहा।

"दयालचन्द जी, मेरे घर में, मेरे साथ रघु रहता है जो बोल नहीं सकता। वो चायवाले की दूकान पर काम करता था। वो उसे बहुत मारता था। एक दिन मैं जब उधर से गुज़र रहा था तो वो रघु को बेतहाशा पीट रहा था। मैंने चाय वाले से रघु को मुक्त कराया। फटकारा उसे। उसका, रोना, उसकी गों....गों.... उसकी ऐं....ऐं और इशारे मुझे द्रवित कर गये। वो गूँगा था। बोल नहीं सकता था। लेकिन सुन सकता था। मैं कुछ देर उसे लेकर खड़ा रहा। सोचता रहा कि क्या करूँ।"

"तो?"

"मैं उस गूंगे रघु को अपने घर ले आया। चाय वाले से पता चला था कि इसका नाम रघु है।"

दयालचन्द आकाश को देखते रहे। सोचते रहे कि आकाश आख़िर कहना क्या चाहता है।

"दयालचन्द जी, मैं रघु को सर्वेंट की तरह लाया था, तरस खाकर। अब वो मेरे घर के सारे काम करता है। वो तो सब ठीक। लेकिन अब वो मेरा बहुत अच्छा दोस्त भी है। एक हमदर्द, कम उम्र का समझदार दोस्त! ख़ामोश रहने की कला मैंने उससे सीखी है।"

"बेशक!" दयालचन्द ने कहा है।

"इसलिए कई बार न बोलना भी मुझे बोलने जैसा लगता है।"

इस बीच एक ग्राहक ने चाय पत्ती, चीनी और उड़द की दाल ली। लेकिन छब्बीस रूपये कम पड़ गये। ग्राहक ने जो पैसे दयालचन्द को दिये थे वो उनके पास रहने दिये। उसने कहा कि वो बाक़ी पैसे घर से लेकर आता है। सामान तभी ले जायेगा।

दयालचन्द ने सामान लिफ़ाफे में डालकर उसे देते हुए कहा, "सामान ले जाइए। पैसे बाद में दे ज़ाना।"

"भाई जी, पैसे लिख लीजिए।"

"कहाँ लिखूँ?"

"कॉपी पर।"

"कॉपियाँ झूठी हैं। आप सच्चे हैं। आपको याद रहे तो दे जाना।" दयाल जी ने ग्राहक से विनम्र लहजे में कहा।

"मुझे याद रहेगा।" ग्राहक बोला।

"याद न भी रहे, तब भी कोई बात नहीं। याद रखने या न रखने के तनाव में मत रहना।" दयाल जी ने मुस्कराते हुए कहा।

ग्राहक हैरान था और आकाश विस्मित!

चकित करने वाली बात यह भी थी कि वही ग्राहक दस मिनट ही नहीं गुज़रे होंगे कि दयालचन्द की दूकान पर दोबारा आया। बक़ाया पैसे देकर उसने धन्यवाद कहा और कहा कि वो इस अच्छे एपीसोड को हमेशा याद रखेगा।

चायवाले को उन्होंने चाय का संकेत किया। वो फिर से कुर्सी पर बैठते हुए बोले, "कबीर और फ़रीद एक बार मिले। दोनों गले लगे। दोनों एक–दूसरे को देखते रहे। दोनों आमने–सामने मिट्टी पर बैठ गये। बैठे रहे घण्टों चुपचाप। फिर उठे। गले लगे। चल पड़े अपने–अपने रास्तों पर। उनके पास मौन की भाषा थी, हमारे पास शब्दों का शर होता है आकाश जी।"

25

आकाश घर भर में व्हीलचेयर पर घूमता रहता है। रघु से भी बोलता रहता है कुछ न कुछ। वो हँस पड़ता है। इशारे करता है। ऐं....ओं.... गों.... की आवाज़ें। ये आवाज़ें जैसे उसका पोस्टकार्ड पर लिखा पैग़ाम हों.... या सलाम या नमस्ते या अभिवादन। जब वो चुप होता है तो लगता है जैसे वो कोई बन्द अन्तेर्देशीय पत्र हो अपनी आवाज़ों को महफूज़ रख लिया हो उसमें।

आकाश अलमारियाँ खोलता है। बन्द करता है। टी वी चलाता है थोड़ी देर बाद ऊब जाता है। फिर उसे बन्द कर देता है। मोबाइल का फ़ेसबुक। सरफिंग। और फिर उसे भी रख देता है।

अब आकाश ने अपना कमरा बदल लिया है। उस बेड रूम में आ गया है जो कभी संगीता और उसका था। संगीता नहीं है। वो जा चुकी है। लेकिन डबल बेड है। दो तकिये भी हैं और ओढ़ने के लिए दो चादरें भी।

आकाश ने स्टोरनुमा कमरा रघु को दे दिया है। बहुत गर्मी हो तो वो आकाश के कमरे में फ़र्श पर बिस्तर लगाकर सो जाता है। ए सी रूम में वो इत्मीनान से सो जाता है। सर्दियों में वो अपने स्टोरनुमा कमरे में सोता है।

सर्दियों में दोनों धूप में नाश्ता करते हैं। एक ऐसी मेज़ जो आकाश की व्हील चेयर के पास दायीं तरफ़ रख दी जाती है। प्लेट। प्लेट में परांठा या टोस्ट या सेंडविच और चाय। लेकिन गर्मियों में जगह बदलती रहती है। जगह सर्दियों में भी बदल जाती है, कई बार।

रघु को घर में छोड़कर आकाश निकल पड़ता है। बाज़ार बहुत बड़ा है। आकाश कभी दायीं तरफ़ कभी बायीं तरफ़। दायीं तरफ़ दयालचन्द की दूकान पड़ती है। वो अक्सर दायीं तरफ़ जाता है। दयालचन्द की दूकान। उसकी ज़िन्दगी के बहुत सारे कोनों में एक कोना दयालचन्द की छोटी सी दूकान है। नीम का पेड़ है। गिलहरियाँ हैं। धूप और छाँव और हवा, नीम के पेड़ के नीचे उससे दोस्ती करने आती हैं।

आकाश कुछ दूर तक बाज़ार की जानिब व्हील चेयर पर चला गया है। रेमैंड्स शोरूम, प्लैनेट फ़ैशन, लेडिस गार्मेंट का बड़ा शोरूम 'दि स्त्री'। रिबोक के जूते की शॉप।....यहाँ से एक बार स्पोर्ट्स शू खरीदे थे आकाश ने। अब, शॉप तो अब भी है, लेकिन पाँव इस लायक नहीं रहे कि जूते डाले जा सकें। कार्तिक स्वीट हाउस। सिटी पेस्ट्री शॉप। बाज़ार में एक छोटा–सा मन्दिर भी है। मन्दिर अब नयी लुक में खड़ा है। लेकिन दस ग़ज दूर चबूतरे पर बैठा मोची जस का तस।

अजीब बात है न! सिर्फ़ मोची ने आकाश को नमस्ते की है। वो उठा है। उठने में उसे थोड़ा वक़्त लगा है। एक उम्र के बाद, कुछ लोग उठ जायें तो बैठ नहीं सकते और बैठ जायें तो उठना कठिन।

संगीता ने एक बार अपना सेंडिल ठीक कराया था। बहुत अरसा हो चुका है। लेकिन मोची को याद था। उसने नमस्ते की है। वो उठकर आया है। उसके साथ पुराने जूतों की गन्ध और ग़रीबी की गर्द भी साथ चली आयी है। आकाश ने व्हीलचेयर को रोक लिया है। मोची व्हीलचेयर के पास आकर खड़ा हुआ है और पुराने जूतों की गन्ध भी। आकाश को मोची का आना अच्छा लगा है और पुराने जूतों की गन्ध भी।

वो हाथ जोड़कर खड़ा है दयनीय भाव से। पूछने की हिम्मत उससे नहीं हुई। ग़रीब आदमी अक्सर सवाल करते हुए डरते हैं।

आकाश ने उसके दोनों हाथ थामते हुए कहा है, "एक्सीडेंट हो गया था। चलना–फिरना इस व्हीलचेयर पर हो पाता है। तुम ठीक हो?"

"मीहर है। बाबे की बड़ी किरपा है।" मोची ने कहा है। चला गया है वो।

आकाश ने व्हीलचेयर मोड़ ली है। ऐसा लगता है जैसे वो मोची से मिलने आया हो।

व्हीलचेयर को मोड़ना कितना मुश्किल है। कितना आसान है बड़ी कारों को मोड़ना। कितना कठिन है व्हील चेयर को दूसरी तरफ़ ले जाना।

व्हीलचेयर को मोड़ कर, किनारे पर खड़ा हो गया है। राहत की सांस ले रहा हो जैसे। पैर ठीक नहीं। लेकिन आँखें ठीक हैं। नजरें यहाँ–वहाँ भाग जाती हैं, इतनी तेज़ कि पकड़ में नहीं आतीं।

आकाश रेस्तराँ को देख रहा है, सनफ़्लॉवर। संगीता के साथ कई बार आ चुका है। किसी दिन रघु के साथ आयेगा। सनफ़्लावर रेस्तराँ शहर के बीच किसी जगमगाते टापू जैसा। क्या रख–रखाव। क्या शानोशौक़त।

वापिस आते हुए आकाश दयालचन्द की दुकान तक़ चला आया है। वो जैसे आकाश की इतंजार कर रहे थे। उनसे रहा नहीं गया। अपनी बेचैनी ज़ाहिर कर दी, "आज आपने देर कर दी आकाश बऊजी। आपके साथ चाय पीने की बात ही कुछ और होती है।

अकेले चाय पीने में वो बात नहीं।'' उन्होंने कहा और चायवाले को चाय का बोलकर आये। बैठे। हालचाल पूछा। पूछा कि कमर में दर्द अब भी उतना होता या कम। पूछा कि टाँगों में कोई सेंसेशन महसूस होती है। पूछा कि दवाइयाँ चल रही हैं या बन्द हो गयी हैं। आख़िर में यह भी पूछा कि कोई दिक़्क़त हो तो बेझिझक बता देना। दिक़्क़त यानी पैसे की दिक़्क़त। आख़िर में उन्होंने कहा, ''संगीता...।'' वो कहते–कहते चुप हो गये।

आकाश मुस्करा रहा है। कह रहा है, ''आपका होना मेरे लिए नेमत की तरह है। और आपकी चाय! यही चाय है जिसमें मैं बहुत अफेक्शन महसूस करता हूँ। पहले से बेहतर हूँ।'' बस आकाश चुप हो गया है। आकाश ने न संगीता के विषय में कुछ बताया है न अपनी दिक़्क़त के बारे में।

आकाश चाय पीते हुए दयालचन्द को देख रहा है। कैसा शख़्स है ये। बहुत ग़रीब है। दूकान चलती नहीं। लेकिन चाय हमेशा अपनी पॉकेट से पिलाता है। चाय पिलाते हुए कितना ख़ुश नज़र आता है। आकाश ने बहुत कोशिश क़ी है कि वो कभी–कभी चाय पिलाने का उसे भी मौका दें। दयालचन्द ने हँसते हुए कहा है, ''आप यहाँ व्हीलचेयर पर मुश्किल यात्रा करके आते हैं यह क्या कम बात है।''

वो अखबार उठा लाए हैं जो दूकान के काउंटर पर रखा था। वो एक खबर दिखा रहे हैं एक नौजवान जो अपनी प्रेमिका से बहुत प्यार करता था। प्रेमिका ने शादी से मना कर दिया। नौजवान ने ऐन बाज़ार के बीच प्रेमिका को चाकू से गला काट दिया। प्रेमिका सड़क पर गिर पड़ी। वो तड़पी और कुछ देर बाद मर गयी। प्रेम करने वाले ने अपनी प्रेमिका की हत्या कर दी।

उन्होंने कुछ देर चुप रहने के बाद दीर्घ श्वास लेकर कहा है, ''आकाश सर जी, कितना डरावना है ये वक़्त। कोई किसी पर भरोसा करे तो कैसे करे।''

वो चुप होकर आकाश को देख रहे हैं। आकाश चुप है। लेकिन दयालचन्द चुप नहीं रहना चाहते। वो कह रहे हैं, '' इस हत्यारे वक़्त

में प्रेम की सबसे पहले मौत हुई है।'' फिर ख़ुद पर काबू रखते हुए उन्होंने कहा है, ''प्लीज डोंट माइंड। कभी–कभी मैं बहुत व्याकुल हो जाता हूँ।''

घर की तरफ़ आते हुए आकाश सोच रहा है, दयालचन्द जी ठीक ही कह रहे थे कि हमारे समय में प्रेम की सबसे पहले मृत्यु हुई है। नहीं तो क्या संगीता, उसे इस अवस्था में घर छोड़ कर जाती?

26

दयालचन्द जी की दूकान पर आकाश का जाना उसके रोज़नामचे का हिस्सा है।

लेकिन आज उनकी दूकान बन्द है। आकाश हैरान है। वो कहीं जाते तो एक–दो दिन पहले आकाश को बता देते थे। अचानक बिना बताए कहाँ चले गये होंगे। आज आकाश ने सोचा था वो बहुत सारी बातें करेगा। बताएगा कि उनकी शॉप पर आना उसे कितना अच्छा लगता है। किसी बहुत आत्मीय दोस्त के मिलने जैसा।

आकाश बन्द दूकान को देखकर इसलिए भी चकित है कि उसने पहली बार इस तरह दूकान को बन्द अवस्था में देखा है। अव्वल तो वो कहीं जाते नहीं थे। और कहीं जाते तो फिर आकाश बाज़ार की तरफ़ आता ही नहीं था।

आकाश कुछ देर नीम के पेड़ के पास जो खरंजा था वहाँ ठिठका रहा।

व्हीलचेयर को उसने मोड़ लिया है, वापिस जाने के लिए। सामने जो कपड़े की दूकान है उसके मालिक घनश्याम आ रहे हैं। रूकने का इशारा किया है उन्होंने। पास आकर ख़ुद–ब–ख़ुद बोले हैं, ''दयाल जी से मिलने आये थे।''

आकाश ने सर हिलाकर हाँ कही है।

''वो तो कूच कर गये।''

''मतलब?''

"मतलब चोला पुराना पड़ गया था। पुराने चोले को छोड़कर, चले गये इस संसार से।"

आकाश विचलित हो उठा है। और घनश्याम दास पर ग़ुस्सा भी आ रहा है कि कैसी दार्शनिकता बघार रहा है। सीधी बात क्यों नहीं करता।

घनश्याम दास बोलता चला जा रहा है, "बड़ा भला आदमी था दयाल। भले आदमी जल्दी चले जाते हैं। हम सब लोग कच्चे घरों के निवासी हैं। पक्की रजिस्ट्री कोई कराकर नहीं आया।"

"क्या हुआ था उन्हें?" आकाश ने पूछा है। कहा है घनश्याम दास ने, "बड़ी नामुराद शय है दिल! अचानक धड़कना बन्द कर देता है। ख़बर तक नहीं देता बऊजी। दिल का दौरा पड़ा रात को। बेटा यहाँ फोर्टिस में ले गया। तब तक तो कुछ बचा नहीं था। डॉक्टरों ने कहा, "ही इज़ नो मोर।" बड़ी अपरमपार है ऊपर वाले की लीला। कोई दख़ल दे सकता है भला? बिल्कुल भी नहीं। वो जब चाहे... जिसको चाहे अपने पास बुला ले।"

घनश्याम दास के आसपास कुछ और लोग भी जुड़ गये हैं। वो यही तो चाहते थे।

उनका आध्यात्म जारी है।

सन्न रह गया है आकाश। इस भरी दुनिया में कुल एक दोस्त। वो भी चला गया।

घनश्याम दास ने कानों को पकड़कर ओम तत्त सत्त कहा है। बाकियों ने भी यही क्रिया दोहराई है।

– यही चौरासी का फेर है। एक ने कहा है।

– बिल्कुल जी। दूसरे ने समर्थन किया है।

– सामान सौ बरस का पल की ख़बर नहीं।

एक बन्दे ने गहरी सांस लेते हुए प्रवचन झाड़ा है।

– पल दा वस्आ कोईना (पल की ख़बर नहीं) किसी ने कहा है।

– अर्थी कब रवाना होगी? अभी–अभी आये एक दुकानदार टाइप बन्दे ने घनश्याम दास से पूछा है।

– "जल्दी रवाना होगी अर्थी। मुरदे को कौन घर में रखता है?" जवाब दिया है घनश्याम दास ने।

"आजकल तो जी ज़िन्दे को भी कौन घर में रखता है।" दूकान पर कपड़ों के कटपीस बेचने वाले ने अपनी कटपीस भावना व्यक्त की है।

सब एक–एक करके चले गये हैं।

आकाश ने बन्द दूकान को देखा है। बन्द दूकान! जैसे यवनिका पात। जैसे ज़िन्दगी की किताब का पूरा हो जाना।

दयालचन्द जी की दूकान कम चलती। ग्राहक कम आते। सामान कम बिकता। उनके पास सब कुछ कम था। लेकिन दोस्ताना कितना ज़्यादा था। मुस्कान इतनी अधिक कि जैसे उदासी के तिरपाल पर मुस्कान की कहकशाँ बिछती चली जाये।

कभी–कभी वो अपने रंज को छुपा न पाते। दूकान कम चलने की बात को सीधे–सीधे न कह कर, शेर के एक मिसरे में बात समेट लेते, "वो कम क़ीमता हैं गौहर जो कि बाज़ारों में बिकते हैं।" ....ये बात शायद वो अपनी दूकान में रखे सामान के लिए कह रहे होते या फिर यूँ ही....।

आकाश को वो इसलिए भी अच्छे लगते थे कि उनमें दूकानदार के अतिरिक्त एक दानिशमंद, पढ़ाकू भी मौजूद था। उनकी यादाशत ग़ज़ब की थी। कभी वो किसी किताब का ज़िक्र छेड़ देते तो कभी दूसरी। विश्व जंग की बात करते। गहरी सांस लेकर कहते, "कौन कहता है जंग में फ़तह होती है। जंग में दोनों फ़रीक हारते हैं। जंग में जीतता है सिर्फ़ विनाश।"

कभी वो एरिज़ोना समन्दरी जहाज़ की बात तो कभी पर्ल हार्बर की चर्चा करते।

आकाश हैरान रह जाता।

चर्चा के बीच वो चाय मँगवा लेते। भुजिया रखते अखबार पर। पारले के दो–चार बिस्कुट। एक बिस्कुट को तोड़ते। छोटे–छोटे टुकड़े करते। नीम के पेड़ के पास फेंकते। गिलहरियाँ दौड़ी चली आतीं और कव्वे भी।

आधा कप चाय। चाय उत्सव हो जाती। दयाल चंद होते। आकाश होता। गिलहरियाँ होती। कव्वे होते।

वो इस बड़े शहर के बड़े इन्सान थे। ग़रीब, दानिशमंद, फ़कीर और फ़क्कड़।

बड़े शहर में एक बड़ा इन्सान जिसे कोई नहीं जानता था या जिसे बहुत कम लोग जानते थे, कल रात उस रेलगाड़ी से चला गया जो लौटकर कभी वापिस नहीं आती।

आकाश को वो आकाश नहीं, 'आकाश बऊजी' कहते थे। पुराने पंजाबियों की यह आदत थी कि वो आदर ज़ाहिर करने के लिए नाम के साथ कुछ न कुछ जोड़ देते। बहुत सारे पंजाबी 'बऊजी' कहते तो कुछेक साईं जी, शाह जी भी कहते। सॉब जी तो बहुत कम कहते।

आकाश को आकाश बऊजी कहने वाले दयालचन्द, इस दुनिया से रवाना हो चुके हैं। आकाश दूकान के बाहर अब भी व्हीलचेयर पर बैठा है। जैसे कि दूकान खुलने का इंतजार कर रहा हो।

दयालचन्द की दूकान सिर्फ़ दूकान नहीं थी वो संवेदना की ऐसी छोटी–सी नगरी थी जहाँ आकाश अपना अधूरापन भूल जाता और जब व्हीलचेयर पर बैठ कर वापिस आ रहा होता तो लगता जैसे वो सम्पूर्ण मनुष्य है।

27

आकाश के मन में अनायास एक विचार आया है कि वो रघु को पढ़ाए। कुछ लिखना सीख जाये। लेकिन कैसे पढ़ाए? वो सुन तो सकता है, बोल नहीं सकता। जब आकाश बोलेगा, क से कबूतर तो रघु कैसे दोहराएगा।

हुआ भी यही था। आकाश रघु के लिए नर्सरी स्तर की किताबें ले आया था। किताबें देखकर ख़ुश हुआ था रघु। लेकिन वो उन्हें पढ़ता कैसे? किताब में छपा आम तो उसे पता था लेकिन आ....आम वो बोलता कैसे? उसे तो बोलना नहीं आता था।

आकाश के हर उच्चारण पर रघु ऐं....आं....गों....गों की आवाज़ें निकालता। हो सकता है वो मन ही मन एक दो तीन चार....आठ.... दस बोल रहा हो। हो सकता है वो क से कबूतर कह रहा हो मन ही मन, लेकिन जब वो बोलता तो आवाज़ बिखर जाती। उच्चारण ऐं....आ.... में सिमट जाता।

आकाश ने एक और तरकीब निकाली। सिर्फ़ लिखना सिखाने लगा। रघु लिखने का प्रयास करता। पेंसिल कॉपी रबड़ और रघु का सांवला हाथ। उस हाथ को पकड़कर, सही अक्षर लिखवाता हुआ आकाश।

पढ़ाई का यह पीरियड लगभग एक घण्टा चलता। कई बार तो आकाश को बहुत ग़ुस्सा आ जाता। आकाश ग़ुस्से में आ जाता लेकिन उस वक़्त वो यह बात नहीं समझ पाता था कि रघु की अपनी दिक्कतें हैं। उसका न बोल पाना उसकी सबसे बड़ी दिक्कत और सीमा है। आकाश का जब ग़ुस्सा उतरता तो उसे पश्चाताप होता।

पढ़ाई का पीरियड जब ख़त्म हो जाता है तो रघु टी वी वाले कमरे में बैठ जाता है। कभी वो फ़र्श पर बैठा होता है तो कभी बरामदे में पड़ी प्लास्टिक की कुर्सी बिछाकर, उसपर बैठ जाता है। वो सोफ़े पर कभी नही बैठा। मालिक व्हील चेयर पर बैठा है और सर्वेंट सोफ़े पर। यह बात रघु को खराब लगती है। इसलिए वो प्लास्टिक की कुर्सी पर बैठता है। आकाश ने कई बार उसे सोफ़े पर बैठने के लिए कहा है लेकिन रघु माना ही नहीं।

घर में कई सारी चीजें हैं जिसका कोई अर्थ नहीं। जैसे कि ड्राइंग रूम में रखा यह सोफ़ा। सोफ़े पर बैठना आकाश के लिए बहुत मुश्किल होता है। और रघु सोफ़े पर कभी बैठा ही नहीं।

रघु टी वी चलाने के लिए कहता नहीं। लेकिन आकाश समझ जाता है। कोई नयी फ़िल्म या हास्य सीरियल या फिर मोटू–पतलू और छोटा भीम।

रघु बड़ी उत्सुकता से टी वी देखता है। उसे अच्छा लगता है। यह उसका एकमात्र मनोरंजन का साधन है।

घर में दो जन हैं आकाश और रघु। आकाश ने रघु को कई बार कहा है कि इस घर पर उसका भी पूरा हक है। लेकिन कोई संकोच है कि कुछ चीज़ों को वो छूता तक नहीं।

रघु को रंग–बिरंगी किताबें बहुत अच्छी लगती हैं। वो जब तब इन्हें खोलकर बैठ जाता है। लेकिन क ख ग घ लिखना उसे नहीं आया। यह वर्णमाला उसके लिए उतनी कठिन है जितनी कि जीवन की वर्णमाला।

फिर भी आकाश रोज़ाना कोशिश करता है। आकाश को उम्मीद है कि रघु ककहरा सीख जायेगा और फिर उसे लिखना आ जायेगा। लेकिन पढ़ेगा कैसे? वो तो बोल ही नहीं पाता। आकाश ने उसे अक्षर बोलने का अभ्यास कराया तो वो आ....ऐं....गों....बोलता चला गया।

आकाश को धक्का–सा लगा है। काश, रघु बोल पाता।

रघु आकाश को देख रहा है। उसके चेहरे पर तनाव है आकाश के मन में तनाव। सही मायनों में आज आकाश को मालूम हुआ है कि गूँगों के पास कितने कम शब्द होते हैं, सिर्फ़ दो या तीन...ऐं....ओं.... ऊं....गों.....। यही शब्द रघु की ज़िन्दगी का सरमाया हैं।

रघु के पास संकेत हैं। ख़ामोश संकेत! वाचाल दुनिया में रघु के मौन संकेत। कई बार समझाने में कितनी दिक्कत आती है उसे। फिर भी वो सीमित संकेतों और अपनी छोटी–सी दुनिया में खुश रहता है। उसे आकाश पर भरोसा है। आकाश को उस पर अटूट विश्वास। ऐसा विश्वास की पूरा घर उसके हवाले करके आकाश निकल पड़ता है अपनी व्हील चेयर पर।

ये और बात कि थोड़ी ज़्यादा देर हो जाये तो यही रघु दीवानावार आकाश को ढूँढ़त रहता है बाज़ार में।

रघु के जीवन में शब्दों की कमी है। वो बोल नहीं सकता, आकाश चल नहीं सकता। दोनों एक ही घर में रहते हैं। दोनों के अपने शरीर हैं और शरीरों से जुड़ी सीमाएँ।

एक दिन रघु को बहुत दर्द था। छटपटा रहा था वो। लेकिन सही–सही बता नहीं पा रहा था कि दर्द कहाँ है। आकाश ने पेरासिटामाल

650 एम जी दी। कुछ राहत मिली। शाम को फिर दर्द उठा। आकाश ने मेफ़टॉल स्पासमिंडन की एक टेबलेट दी। रघु ठीक हुआ। आकाश ने कहा कि वो कमरे में जाकर लेट जाये।

आकाश ने टिफ़िन मँगवाया। चावल, दाल तड़का, दही,। दही चावल और थोड़ी–सी दाल रघु के लिए, दो चपाती और दाल अपने लिए।

रघु एकटक आकाश को देखता रहा। व्हीलचेयर की बाज़ू पर रखे हाथ पर सिर टिका दिया उसने। आकाश ने पीठ थपथपाई।

हमेशा रघु खाना बनाता था। आज वो बना बनाया खाना खा रहा था। आभार व्यक्त करने का उसका अपना तरीक़ा था। वो अक्सर आकाश की बाज़ू पर सर रख देता। कभी–कभी उन पैरों पर हाथ रख देता जो बिना किसी हरकत के, बिना किसी जुम्बिश के व्हीलचेयर के पायदान पर पड़े होते।

उन्हीं पैरों और टाँगों पर रघु रात को तिल का तेल लगाता है। पता नहीं क्यों, उसे उम्मीद–सी है कि इन पैरों में पहले जैसी शक्ति आ जायेगी।

दिन भर काम करने के बाद वो ख़ुद बहुत थक चुका होता है। लेकिन रात को आकाश का सर और कंधा दबाता है। कंधा और कमर दबाने की कला पता नहीं उसने कहाँ से सीखी है। जहाँ आकाश के शरीर में दर्द होता है, रघु के हाथ और उँगलियाँ वहीं पहुँचते हैं।

रघु के पास बेशक शब्द बहुत कम हैं लेकिन संवेदना बहुत है।

रघु जैसे इस घर के लिए बना हो, आकाश को कभी–कभी ऐसा लगता है।

28

आकाश घर नहीं गया। थोड़ा आगे निकल आया है। रूक गया है। शानदार मार्केट इसलिए भी है कि दूकानों रेस्तराओं और शोरूम के सामने बहुत खुली जगह है। बेंच बिछे हैं। ग्रनाइट की चमकदार मुंडेरें भी हैं।

सर्दियों में धूप का ताप और कैफ़े कॉफ़ी डे की कैपुचीनो कॉफ़ी के घूँट। आकाश को याद आ गये हैं पुराने दिन। पुराने दिन और दिलकश दिन। जब सब कुछ अपनी मुट्ठी में था और आकाश को छू लेने की हसरत थी। उम्मीद किसी धूप के टुकड़े की तरह जेब में रखी रहती और हवाएँ खिड़की का पर्दा हटाकर, रोज़ाना चली आतीं, बातें करने के लिए।

दिन जैसे उत्सव के दिन। दिन जैसे कंधे पर रखे आसमान की तरह।

रघु ने ऐं....की आवाज़ निकाली है, चौंक सा गया है आकाश।

सनफ़्लावर रेस्तराँ के सामने व्हील चेयर। बरामदा। बरामदे में खड़ा दरबान। चमकता हुआ स्टील का दरवाज़ा और पीतल की प्लेट पर काले अक्षरों में लिखा, राइट ऑफ़ एडमिशन रिज़र्व्ड।

रेस्तराँ बहुत नफ़ीस है। वातावरण फ़ेसीनेट करता हुआ। आकाश यहाँ दो–तीन बार आ चुका है। दोस्तों के साथ तो कभी अकेला। एक बार संगीता के साथ भी आया था। बहुत पहले की बातें हैं।

रेस्तराँ के एक कोने में ऊंचे स्टूल पर बैठकर एक वायलिन–वादक वायलिन बजाता था। रेस्तराँ में बैठे हुए लोग ख़ामोश हो जाते। रेस्तराँ में नीम उजाला और मेज़ों पर जलते हुए मद्धम लैम्प। ऐसा लगता सब दबे पाँव चल पड़े हैं। सब अकेले हैं। गुम हो चुकी ज़िन्दगी को ढूँढ़ने निकले मुसाफ़िर, वायलिन के संगीत की पतली–सी डोर थामे....

आकाश रेस्तराँ के बाहर है और उसमें अजीब–सा कम्पलेक्स आ गया है, व्हीलचेयर के साथ पता नहीं उसे अन्दर जाने देंगे या नहीं?

वही तो हुआ है जिसका उसे डर था। दरबान ने सलाम किया है बेशक, लेकिन अन्दर जाने से मना भी कर दिया है। आकाश ने पूछी है उससे मना करने की वजह। उसने बड़े अदब के साथ कहा है कि राइट ऑफ़ एडमिशन रिज़र्व्ड हैं।

मैनेजर टाइप कोई शख़्स जो जेट ब्लैक सूट में है उसने बड़ी रेशमी आवाज़ में बताया है कि रेस्तराँ में इतना स्पेस नहीं है कि

व्हीलचेयर जा सके। सॉरी और एस्क्यूज़ मी जैसे शब्दों का अनुचित या उचित इस्तेमाल करते हुए वो अन्दर जा चुका है।

दरबान का लहजा बदल गया है। उसने रूखे लफ़्ज़ों में आकाश से कहा है कि आगे कहीं रोक लें अपनी व्हीलचेयर। वो यहाँ खड़ा रहा तो कस्टमर परेशान होंगे।

आकाश ने सोचा था कि वो रघु को शानदार रेस्तराँ में खाना खिलाएगा। रघु के सामने उसकी चिंदी–चिंदी हो गयी है। गहरी साँस ली है आकाश ने।

रघु सुन सकता है, समझ भी सकता है। उसने अपने साहब के अपमान को महसूस किया है। गुस्से में आ गया है वो। जब वो गुस्से में होता है तो इशारे करता है और बेतरतीब आवाज़ें। वही तो कर रहा है वो। व्हीलचेयर छोड़कर, बिना किसी की परवाह किये वो अपने साहब से लड़ रहा है और संकेतों में कह रहा है कि भाड़ में गया ये रेस्टोरेंट। घर चलो। वो आज कुछ नयी चीज़ बनाएगा।

आकाश मुस्करा रहा है। रघु के गुस्से पर उसे प्यार आ रहा है। आकाश ने कहा है, "रघु मैंने तेरी बात मान ली। घर चलते हैं।"

लेकिन एक विचार–सा आया है। आकाश के मन में। आकाश प्रसन्न हुआ है अपनी सोच पर। रघु को अभी उसने नहीं बताया। रेस्तराँ से कुछ ही दूर है केक पेस्ट्री की शॉप, दि बेकर्ज़।

राइट ऑफ एडमिशन रिज़र्व्ड यहाँ भी है। दरबान ने पूरा गेट खोल दिया है। बड़ी खुशकर्दा बात महसूस हुई है आकाश को। वहाँ काउंटर पर खड़े सेल्ज़मैन और शेफ़ सबने थोड़ा झुककर आकाश को 'विश' किया है। आकाश वहाँ पहुँचा है जहाँ शोकेस में केक रखे हैं।

"एक बर्डे केक हॉफ़ केजी.....या फिर थोड़ा बड़ा....वन केजी।" आकाश ने कहा है।

"सर दिस वन! पाइन एपल केक विद फ्रेश फ्रूट्स।"....ऐट हंडरड ग्राम।"

"ओके।"

"यूअर नेम प्लीज़।" केक पर नाम लिखने लगा है शेफ़। बर्डे केक है। नाम ज़रूरी है।

"मेरा नहीं सर....।" आकाश ने कहा।

"देन।"

"दिस गाई।....इसका नाम है रघु।

आज मैं इसका बर्डे मनाऊँगा।" आकाश ने कहा है आसपास खड़े कई सारे सेल्ज़ काउंटर खड़े लोग चौंक गये हैं।

एक ने हँसकर कहा है, " ओह, यू आर ग्रेट।"

"सर, आपको अपने सर्वेंट का बर्डे याद है, दिस इज़ व्हट आई एप्रिशिएट।" यह बात सेल्ज़ काउंटर पर खड़ी एक लड़की ने कही है।

"नहीं जी, मुझे इसका बर्डे याद नहीं। बस, आज मैंने सोचा लोग अपने बच्चों का बर्डे मनाते हैं। ये भी तो बच्चा है। मेरा बच्चा नहीं है, पर मेरे बच्चे जैसा तो है।"

दूर खड़ा है शॉप मैनेजर। उसने सारी बात सुनी है। वो आकाश के पास आया है। हाथ मिलाया है उसने। आकाश ने केक की पेमेंट की है। केक को पहले पतले गत्ते के डिब्बे में पैक करके बड़ी विनम्रता से मैनजर ने आकाश को दिया है। और फिर एक छोटा–सा पैक बड़े अदब के साथ आकाश को दिया है मैनेजर ने, कहा है, "सर, ये छोटा–सा पैक। सर, इसमें दो चॉकलेट पेस्ट्री हैं, ये हमारी तरफ़ से।"

"आपकी तरफ से?" हैरान है आकाश।

"जी सर, हमारी तरफ़ से बहुत समाल गिफ़्ट।" कहा है मैनेजर ने।

"थैंक्यू वैरी मच।"

"सर, ये सम गुब्बारे एण्ड दो कैप....बर्डे कैप भी हमारी तरफ़ से।" वो कोई सीनियर है काउंटर पर, जिसने कहा है।

फिर क्लैपिंग हुई है।

आकाश भाव विभोर है और हैरान–सा खड़ा है रघु।

रघु का बर्डे है तो ड्रेस शानदार होनी चाहिए, सोचा है आकाश ने और किड्स के शो रूम से दो ड्रेस खरीदीं हैं आकाश ने रघु के लिए।

ड्राइंग रूम में गुब्बारे, झालरें। मेज़ पर केक पेस्ट्री। मोमबत्तियाँ।

आकाश और रघु दोनों ने मिलकर गुब्बारे फुलाए हैं। उन्हें दीवारों पर, छत पर और ट्रॉली के आसपास टाँग दिया है। ड्राइंग रूम के सारे बल्ब जला दिये हैं। कमरा पहले से ज़्यादा जगमगा उठा है।

वो दोनों जन भी अपने भीतर से जगमगा रहे हैं, आकाश और रघु।

रघु विस्मित है। एक नौकर का जन्म दिन। उसे यह बात हैरान किये जा रही है। वो, अपने घर के मालिक की सरगर्मियों को देखकर भी हैरान है। लेकिन आकाश अपनी धुन में मग्न है। उसने स्टीरियो ऑन किया है। बहुत दिनों बाद आवाज़ गूँजने लगी है।

आकाश जो रघु के लिए ड्रेस खरीद कर लाया था। प्रबल भावना के साथ रघु को देते हुए उससे कहा है, "स्मार्ट बॉय, मुँह हाथ धोकर कपड़े बदल लो....पता है ना, आज आपका बर्डे है।"

विस्फारित नज़रों से रघु देखता रहा है आकाश को। कपड़े उठाए हैं उसने। कुछ देर बाद कपड़े बदलकर आया है। "सचमुच बर्डे बॉय लग रहे हो रघु।" आकाश को अच्छा लगा है।

केक। प्लास्टिक का चाकू। चॉकलेट पेस्ट्री। बिस्कुट। और कुछ मोमबत्तियाँ जल रही हैं।

"हम मोमबत्तियों को बुझाएँगें नहीं। मोमबत्तियाँ जलाने के लिए होती हैं, बुझाने के लिए नहीं।" आकाश की बात में तर्क है।

दोनों ने सर पर बर्डे कैप भी लगा ली है। दोनों बर्डे मूड में हैं।

वो दो। दोनों अधूरे।

दो असफल जन किसी सफलता की खोज में।

रघु रोमांचित है। इससे पहले उसने अन्य लोगों के जन्म दिन पर तालियाँ बजाई हैं। आज उसका जन्म दिन है। वो ख़ुश है। उसके चेहरे पर उल्लास है। वो इशारे करता है। कई तरह की आवाज़ें निकालता है। आज उसकी आवाज़ों में न थकान है न दुख। आज उसकी आवाज़ें न भटकी हुई हैं न बिखरी हुई। आज उसकी आवाज़ में ठहराव है। आज उसकी आवाज़ में एक रोशनी–सी है। जैसे जश्न की मोमबत्ती, मेज़ पर जल रही हो और दिल की मुण्डेर पर भी।

आकाश को बिल्कुल पता नहीं रघु की जन्म तिथि क्या है? उसे यह भी पता नहीं कि वो कितने साल का है। इसलिए बहुत सारी मोमबत्तियाँ मेज़ पर जलाकर रख दी हैं।

साधारण और ग़रीब लोग अपना बहुत कुछ गंवा देते हैं, अपना गाँव, अपना घर, अपना पता यहाँ तक कि अपनी जन्म तारीख़ भी उनके पास नहीं होती। वो एक फटा–पुराना बैग लेकर घर से निकलते हैं और फिर निर्मम समय की निस्संग दुनिया में खो जाते हैं।

म्युज़िक सिस्टम का म्युज़िक बदल दिया गया है आकाश ने। हैप्पी बर्डे का अंग्रेज़ी गाना। आकाश क्लैपिंग कर रहा है। रघु केक काट रहा है। यह एक छोटा–सा जश्न है, इतना छोटा जश्न जैसे एक बूंद ख़ुशी। एक बूंद उत्सव। एक बूंद आकांक्षा।

आकाश रघु को देखता है। रघु आकाश को। वो केक काट रहा है। केक का टुकड़ा उसके हाथ में है। आकाश क्लैपिंग कर रहा है। रघु ख़ुश हो रहा है। केक का टुकड़ा उसने आकाश को दिया है और आकाश ने रघु के मुँह में डाल दिया है केक का टुकड़ा। दूसरा टुकड़ा रघु ने आकाश को दिया है।

दोनों तालियाँ बजा रहे हैं। म्यूज़िक सिस्टम पर हैप्पी हैप्पी बर्डे. ...सांग गूंज रहा है। दोनों ने कागज़ की टोपियँ सर पर लगा रखीं हैं। आकाश व्हीलचेयर पर बैठे–बैठे नाच रहा है और रघु फ़र्श पर। रघु बेतरतीब आवाज़ों के साथ नाचता हुआ, आज बहुत ख़ुश है। इतना ख़ुश पता नहीं पहले कभी हुआ हो या नहीं। लेकिन आज। यह 'आज', उसका अपना आज है। वो आज महत्वपूर्ण है। विशिष्ट है।

आकाश ने बेशक सर से टोपी उतारकर रख दी है लेकिन रघु ने टोपी नहीं उतारी। वो अभी टोपी नहीं उतारना चाहता। वो ख़ुश होना चाहता है। ख़ुश रहना चाहता है टोपी सर पर लगाकर। मोमबत्तियों को जलाकर। गुब्बारों को फुलाकर। केक को चाकू से काटकर।

आकाश ने केक का छोटा–सा पीस और लिया है। उसने रघु से कहा है कि वो जितना केक खाना चाहे खा सकता है।

रघु लिमका पी रहा है। आकाश चाय। दो कमतर लोगों के बीच एक उत्सव, सम्पूर्ण उत्सव। न दरी न कनात। न कुर्सियाँ न वेटर। घर की टेबल पर जैसे कोई कहकशाँ–सी जगमग कर रही हो।

आकाश ने रघु से हाथ मिलाया है और अच्छा जीवन जीने की शुभकामनाएँ दी हैं।

29

रघु को मुस्कराना आता है, रूठना और झगड़ना भी आता है। आकाश से नाराज़ होना आता है और आकाश पर जान न्यौछावर करना भी आता है। रोना और हँसन भी आता है। काश, उसे बोलना भी आता।

आकाश गहरी सोच में डूब जाता है, रघु को अगर बोलना आता तो उसकी आवाज़ कितनी खूबसूरत होती। जैसे पहाड़ पर बैठी नन्हीं–सी चिड़िया की आवाज़। जैसे किसी अकेले, छोटे–से झरने की आवाज़। जैसे सांझ के वक़्त नदी में चप्पू की आवाज़।

लेकिन उसके पास आवाज़ नहीं है। अब उसके पास टूटे–फूटे वर्ण हैं। बिखरे–बिखरे व्यंजन....अं....आं....ऐं....क....का.....गों..... ।

रघु अगर बोल सकता तो कितना अच्छा बोलता। अगर वो बोल सकता तो आकाश को पता नहीं किस सम्बोधन से बुलाता। वो शायद 'सॉब' कहता या 'सर' कहता। हो सकता वो 'अंकल' कहता। हो सकता है वो कुछ भी न कहता।

अगर वो बोल सकता तो हो सकता है वो किसी सरकारी स्कूल में पढ़ रहा होता।

पता नहीं आकाश का ख़ालीपन है या कोई जज़्बा, वो रघु को देखता रहता है। तब, ख़ासतौर से, जब उसकी पीठ आकाश की तरफ़ होती है। आकाश उसकी पीठ को देखता रहता है। घर का मालिक, घर के नौकर की पीठ को देखते हुए जाने क्या सोचता रहता है।

आकाश को बहुत मासूम लगता है रघु। दुबला, पतला, लम्बा, छरहरा रघु। शायद दुनिया का सबसे अबोध और कम बोलने वाला लड़का।

दस बारह का या तेरह का। न उम्र का पता है न घर–घाट का। बहुत सीधा है वो। चालाकी तो बिल्कुल भी नहीं उसमें।

आकाश उसे महीने के बाद पैसे देता है। महीने का वेतन। रघु कितना मासूम है। एक दिन अपने बक्से में रखता है पैसे। कई बार निकालता है। गिनने की कोशिश करता है। जिस दिन उसके हाथ में पैसे होते हैं वो बहुत ख़ुश होता है। अगले दिन सारे के सारे पैसे, पूरे का पूरा वेतन वो आकाश को सोंप देता है। जब वो अपना वेतन वापिस करता है तो कुछ इशारे समझता है कि आकाश उस वेतन को सँभालकर रख ले।

आकाश के पास छोटा–सा लैदर का फ़ोल्डर है। रघु का वेतन वो वहाँ रख देता है। फिर रघु ने कभी नहीं पूछा कि कितने पैसे हुए। वो शायद भूल जाता है। या फिर इस तरह का सवाल करना अनुचित लगता है उसे। कहीं साहब नाराज़ न हो जायें।

आकाश, रघु की नज़रों में बड़ा बनकर रहना चाहता है। रघु उसे बड़ा मानता भी है। अटूट भरोसा है उसे आकाश पर।

ऐसा लगता है दो असफल व्यक्ति एक सफल जीवन की यात्रा में साथ–साथ चल रहे हैं।

तब घर, घर लगता था। तब, जब संगीता यहाँ थी, इस घर में। घर, जिसमें घर का अनुभव था। घर, जिसमें घर का जादू था। घर, जिसमें घर किसी जीवित शय का नाम था। घर, जिसमें आवाज़ें गूंजती रहतीं। सब उल्लास में रहते। और पैरों की आहटें निरन्तर सुनाई देतीं।

घर अब भी है यूँ तो। लेकिन घर में जो कशिश होती है घर की, वो नहीं है।

घर में कुल दो लोग हैं जो अपनी क़ीमती हँसी को कम ही ख़र्च करते हैं। जैसे दोनों को हँसना आता ही नहीं।

हँसी की आवाज़ कम सुनाई देती है। जहाँ हँसना हो वहाँ आकाश मुस्करा कर काम चला लेता है।

सब्जी काटते हुए रघु को अचानक चाकू लग गया है। उँगली कट गयी है ज़रा–सी। उँगली ज़रा–सी भी कटे ख़ून बहुत निकलने लगता है।

रघु आकाश के पास भागता आया है। आकाश को अच्छा लगा है। जैसे पिता के पास पुत्र आया हो अपना हाथ दिखाने। आकाश ने सांत्वना दी है, "कुछ भी नहीं हुआ। ज़रा–सा चाकू लगा है। अभी सेवलान से हाथ साफ करके बिटाडिन लगा देता हूँ। बिटाडिन और ऊपर से पट्टी बांध दी है आकाश ने। पीठ को थपकाया है आकाश ने। रघु पट्टी देख रहा है।

30

एक देहाती क़िस्म का आदमी गेट के बाहर खड़ा है। आकाश ने देखा है और रघु ने भी। रघु भागता–सा गया है। गेट के बाहर खड़ा आदमी रघु का पिता है। रघु अपने पिता से मिल रहा है। ऐं....ओं.. ..गों....नं....जैसी आवाज़ें। उसके संकेत। उसका खुश होना। उसका खिलखिलाकर हँसना।

आकाश को रघु के पिता ने हाथ जोड़कर नमस्ते की है।

"तुम्हारा लड़का यहाँ है तुम्हें ये कैसे पता चला?" आकाश ने नमस्ते का जवाब देने के बाद सवाल पूछा है।

"रघु को जिस चायवाले के पास छोड़कर हम गये थे। वहाँ पहुँचे। उसने बताया एक बाबू सैब ले गये। हमने कहा कि उनका घर दिखाओ तो। वो नेक आदमी हमें यहाँ छोड़ गया।"

"मिल लिए अपने बेटे से।" आकाश ने पूछा है।

"हाँ साहब मिल लिए। अब तो रोजाना मिलना होता रहेगा रघुआ से।"

"रोज़ाना?" आकाश ने चौंककर पूछा है। माथा ठनका है आकाश का। संशय उसे पहले ही हो रहा था।

"सैब लेने आये हैं इसे।" रघु के पिता ने कहा है।

आकाश के चेहरे की हवाइयाँ उड़ गयी हैं। वो अपने बेटे को लेने आया है, रघु को लेने। और उसके बाद? उसके बाद क्या होगा आकाश का?

रघु ने अपने पिता की बात सुनी है। वो अकबका गया है। उसने रसोई में खड़े–खड़े इंकार में सर हिलाया है। बेतरतीब–सी आवाज़ें विरोध के रूप में निकल रही हैं, "ऐं....अं....नं....अं....अईं....अईं....शायद नहीं–नहीं हो उसका। वो अपने दोनों हाथों को इधर–उधर फटकार रहा है।

"तेरी माँ बोत बीमार है। कोई ऐसा रोग है जो बैद्यराज की समझ में भी नहीं आ रहा। घर की दुरदशा हो री है। तेरा चलना ज़रूरी है। माँ बोत याद कर रही है तेरे को।" रघु का पिता रघु से बोलता रहा।

रघु आयीं आयीं करता रहा है। वो बिल्कुल भी नहीं जाना चाहता। आकाश बिल्कुल भी नहीं भेजना चाहता। लेकिन रघु का पिता आकाश के सामने हाथ जोड़कर बैठा है।

रघु के पिता का हाथ जोड़ना अपनी जगह है।

लेकिन आकाश का विचलन अपनी जगह।

आकाश के मन में हाहाकार है। अगर रघु चला गया तो कैसे रहेगा वो। रघु तो उसका सहारा है। उसके अकेलेपन का साथी। उसके हर काम का मददगार। पल पल की ख़बर रखने वाला। जिसके पास आवाज़ नहीं थी। बेशक नहीं थी। लेकिन वो आकाश की कितनी सारी बातों को सुन सकता था। वो छोटा–सा बच्चा कितना बड़ा हमदर्द था। कितनी मासूमियत थी उसमें, कितना सयानापन था उसमें। वो अपने दुख छुपाये रखता। उसे बस आकाश की चिन्ता होती। आकाश का ख़ुश होना उसकी ख़ुशी हो जाती। तब वो ख़ाली होता तो व्हीलचेयर की पुश्त पकड़कर खड़ा हो जाता। जब उसे महसूस होता आकाश उदास है तो वो शानदार कप में चाय लेकर आ जाता। अपने लिए वो किसी पुराने कप में चाय पीता। वो इस तरह बड़ी सादगी से एहसास कराता कि उसके 'साहब' का रूतबा बड़ा है।

क्या सचमुच वो चला जायेगा? अचानक जैसे कोई काँच की उम्मीद, हाथों से छूटे और गिर कर टूट जाये।

संगीता का जाना कितनी मुश्किल से सहन कर पाया है। नहीं, सहन नहीं कर पाया। वो हर वक़्त उसके ज़ेहन में मौजूद रहती है।

संगीता जब घर छोड़कर चली गयी थी तो रघु ने उसे थाम लिया था। रघु के पास उसका मौन था। और उसके मौन की तमाम परिभाषाएँ जैसे आकाश के दिल में, ध्वनियों में बदल जाती हैं।

संगीता के जाने के बाद घर कितना अकेला हो गया था, अकेला और चुप। कितनी बड़ी विडम्बना थी कि रघु के पास भाषा नहीं थी। सिर्फ़ मौन था। फिर भी रघु ने घर को जीवित रखा। अपनी चहलक़दमियों से। अपनी आहटों से। संकेतों से। मुस्कराने से। खिलखिलाने से। खाना बनाने। परोसने और रायते में जीरा, काली मिर्च मिलाने की आवाज़ से।

रघु व्हीलचेयर को पीछे से धकेलता और व्हीलचेयर चल पड़ती। रघु यही चाहता था। आकाश भी व्हीलचेयर को अपने हाथों से खींचता रहता।

रघु तुम जा रहे हो....कितना अकेला कर दोगे तुम मुझे, आकाश ने मन ही मन कहा है।

रघु, तुम थे तो मैंने अपने बेहिस पैरों और टाँगों का सोचना बन्द कर दिया था। रघु तुम चले जाओगे तो मैं कैसे जीवन जीऊँगा... किसके सहारे, किसकी मदद से रहूँगा मैं। गिर पड़ूँगा तो किसको बुलाऊँगा मदद के लिए, आकाश मन ही मन सोच रहा है।

आकाश ने रघु के पिता से कहा है, "रघु, अब यहाँ रहेगा। इस घर में। इसे तुम नहीं ले जा सकते।"

रघु का पिता जो हाथ जोड़ रहा था कुछ देर पहले, देहाती लहजे में बोला, "रघु को तो हम ले ही जायेंगे। इसे हम लेने ही आये हैं। बहुत बेगार करा ली तुमने इससे।"

"तमीज़ से बात कर। बेगार नहीं कराई। बच्चे की तरह रखा है इसे।" आकाश के स्वर थोड़ा आक्रोश है।

"तो बन्धुआ बनाके रखोगे का?" हमारा बच्चा है। हम लेने आये। बात मुकतसर–सी है, और का?" रघु के पिता की आवाज़ खुरदरी होती गयी है।

"मैं इसे नहीं ले जाने दूँगा।" आकाश ने दृढ़ता से कहा है। रघु ने आकाश को देखा है। वो चुप है।

"अरे ओ रघुआ छोड़ सब ये गोरखधंधे। तैयार हो जा। शाम की रेलगाड़ी है।"

"अं....अईं....अईं....अं....अं।" रघु ने न जाने की ज़िद की है।

रघु के पिता को गुस्सा आ गया है। "बड़ी सराफ़त से कहा है मैंने, तू है कि दिल्लगी किये जा रआ है।"

आकाश व्हीलचेयर पर बुत–सा बैठा है। रघु का पिता पूरे दमखम में है। उबल रहा है वो। गमछा कभी दायें कंधे पर तो कभी बाएँ पर। कभी प्लास्टिक की कुर्सी पर बैठता है, कभी खड़ा होता है।

रघु ने अपने पिता को चाय दी है। हाथ कांप रहे हैं उसके। आकाश को चाय देते वक़्त तो कभी हाथ नहीं कांपे थे उसके। पिता को चाय देते वक़्त क्यूँ काँप रहे हैं।

चाय दी है रघु ने। सुड़सुड़ कर चाय पी रहा है उसका पिता।

रघु ने कई बार इंकार में सर हिलाया है। उसके पिता को बुरा लगा है। चाय का ख़ाली कप उसने फ़र्श पर रखा है। चुप बैठा रहा है वो कुछ देर। कुछ सोचता हुआ। कुर्सी से उठा है। ठिठका है।

आकाश व्हीलचेयर पर बैठा हुआ है चुपचाप।

रघु का पिता आकाश के पास आया है। बैठ गया है। हाथ जोड़कर। व्हीलचेयर के पास। आँखों में नमी। आवाज़ में दयनीय भाव, "रघु, आपका ही बच्चा है सैब, आप चाहो तो भेजो, चाहो तो मत भेजो। एक ग़रीब बाप की पुकार है उसे एक दो महीने के लिए भेज दो। अपनी माँ का मुख देख लेगा। वो तो कब्बी की पिरान छोड़ गयी होती। अपने बेटे के लिए पिरान रूके हैं। सांस अटकी है।"

आकाश की व्हीलचेयर पर रखे दो बेजान पैरों पर सर रख दिया है रघु के पिता ने। उखड़ी हुई, बेसुरी आवाज़ में कहता जा रहा है,

"बड़ी उम्मीद से आया था सैब। अब्बी चला जाऊँगा ख़ाली हाथ। रघुआ की माँ को कैसे समझाऊँगा। मूँ नईं दिखा सकूँगा उसे।"

"रघु को तुम अपने साथ ले जाओ।" आकाश ने निर्पेक्ष भाव से कहा है। बिल्कुल इसी भाव से कहा था आकाश ने संगीता को भी, वो जाना चाहे तो जा सकती है।

"अं....अईं....अईं.....अईं।" रघु के इंकार में तड़प–सी है। रघु कई तरह के इशारे कर रह है। कई तरह की आवाज़ें निकाल रहा है।

"बोत करम किया आपने। बोत किरपा आपकी आपका बच्चा बोत जल्दी लौट आयेगा आपके पास।"

आकाश चुप बैठा है।

"आपको दुसवारी होगी। बोत कठिनाई आयेगी। कोई दूसरा नौकर मिल जायेगा जी आपको।" रघु के पिता ने कहा है।

"तुम मेरी चिन्ता मत करो। ले जाओ अपने बेटे को।" आकाश ने तिक्त भाव से कहा है।

रघु के पिता ने रघु की बाज़ू पकड़कर आकाश से अलग किया है। वो तो व्हीलचेयर को पकड़कर खड़ा था।

फ़ोल्डर में जितने पैसे थे आकाश ने निकालकर रघु के पिता को दिये हैं। रघु को अलग से उसकी पेंट की जेब में पाँच हज़ार रूपये रख दिये हैं। अपना पूरा पता, मोबाइल नम्बर भी एक कागज पर लिखकर रघु की पॉकेट में छुपाकर रख दिया है। रघु की जितनी नयी ड्रेस खरीदी थीं वो रघु को दे दी हैं। अपना एक बैग ख़ाली किया है आकाश ने। सारे कपड़े बेड पर फैला दिये हैं। बैग में रघु का सामान भर दिया है।

अचानक आकाश की नज़र उँगली पर पड़ी है। आकाश ने बैग में बिटाडिन और दो पट्टियाँ रख दी हैं।

रघु का पिता आकाश के सामने प्लास्टिक की कुर्सी बिछाकर बैठ गया है।

रघु पता नहीं कहीं चला गया है। बहुत देर से वो दिखायी नहीं दिया।

आमने–सामने दो इन्सान बैठे हैं आकाश और रघु का पिता। चुप बैठे हैं। कोई बात नहीं जो की जाये। जैसे झेल रहे हों एक दूसरे को।

बहुत देर बाद रघु आया है। उसने नये कपड़े पहन रखें हैं जो कभी आकाश ने उसे ख़रीद कर दिये थे। कपड़े नये हैं लेकिन कपड़े पहनकर खड़ा रघु उदास। वो पलभर के लिए आकाश की व्हील चेयर के पास आकर रूका है। फिर कमरे में चला गया है। कुछ देर बाद फिर आया है। उसने कुछ नहीं कहा। आकाश को वो उँगली दिखायी है जिस पर पट्टी बँधी है। आकाश ने रघु का हाथ थामकर उँगली को देखा है। हाथ छोड़ा नहीं आकाश ने रघु का। रघु भी चाहता है उसका हाथ, आकाश के हाथ में रहे।

"पट्टी और मरहम तेरे बैग में रख दिये हैं। घर जाकर लगाना। पानी में भीगने मत देना।" आकाश की आवाज़ में कोई ख़राश–सी उग आयी है।

रघु का पिता हैरान होकर रघु और आकाश को देख रहा है। ये कैसा मालिक है जो अपने नौकर का हाथ पकड़कर बैठा है, छोड़ ही नहीं रहा।

हाथ भी गुफ़्तगू करते हैं, रघु का पिता इस बात को नहीं समझ पा रहा। वो इस बात को समझता तो रघु को अपने साथ ले जाने की ज़िद न करता। वो रघु को साथ ले जा रहा है। व्हीलचेयर पर बैठे आकाश की विवशता से उसे कोई सरोकार नहीं।

रघु फिर किसी काम से किसी कमरे में चला गया है।

रघु का पिता व्याकुल है कि रघु देर कर रहा है। आकाश हैरान है कि रघु बार–बार क्या करने जाता है?

रघु बैग लेकर आया है। उसने बैग बरामदे के फ़र्श पर रख दिया है। बिल्कुल वहाँ, जहाँ आकाश और उसका पिता बैठा है।

चलने का समय है यह। घर छोड़ने का समय। रघु ने कभी सोचा ही नहीं था कि उसे यह घर छोड़ना पड़ेगा। आकाश ने कभी सोचा नहीं था कि रघु उसे यूँ किसी दिन व्हीलचेयर पर बैठा कर चल देगा।

रघु आकाश को देख रहा है एकटक। पास आया है। झोली में सर रखा है उसने और रो पड़ा है वो। फूट–फूटकर रो रहा है रघु। चकित है रघु का पिता। चकित से ज़्यादा परेशान।

ये मालिक और नौकर के बीच का रिश्ता है या कुछ और। जो टूट रहा है और उदास ध्वनियाँ पैदा कर रहा है।

"जा रघु, अपने पिता के साथ जा। तेरी माँ बीमार है। उसकी देखभाल करना।" आकाश की आवाज़ में कम्पन है।

रघु अपनी आस्तीन से आँखों के पास अटके हुए आँसू पोंछ रहा है। सर हिला रहा है। इंकार यही है उसका। उसके चेहरे पर आँसुओं का गीलापन है। दुख की लकीरें हैं।

अपने अव्यक्त को वो कभी नहीं बता पाया, आज भी नहीं बता पायेगा।

रघु ने अपने पिता को देख है उसका पिता भी उसे करख़्त नज़रों से देख रहा है, "छोकरे, तू रेल निकलवा देगा, म्हारी। मुसाफिरखाने में टिका रहियो रातभर। बोत हो गयी बिदाई । और गिरा दे दो चार असरू अर ठा ले बैग।"

गेट से निकलकर रघु ठिठक गया है। पलटकर देखा है उसने आकाश को। भागता–सा आया है बैग रखकर गली में। पैरों पर मत्था टेक, हाथ जोड़ चला गया है वापिस।

आकाश रघु को जाते हुए देख रहा है जो अपने पिता के पीछे–पीछे चल रहा है।

आकाश सोच रहा है, कितना कच्चा अधिकार था उसका रघु पर। एक झटके में टूट गया। एक व्यक्ति आया और रघु को लेकर चला गया।

दूर जाकर गली में मुड़ते हुए रघु ने एक बार फिर....शायद आख़री बार पलटकर देखा है। गली मुड़ गया है वो। गहरी सांस ली है आकाश ने।

व्हीलचेयर घुमाई है आकाश ने। पूरे घर में कितना अधिक सन्नाटा हो गया है। एक शख़्स के चले जाने से क्या इतना सन्नाटा

छा जाता है। हैरान करने वाली बात है जो चला गया है वो तो गूँगा था, जिसके पास अपनी आवाज़ें कितनी कम थीं। उसके जाने पर इतना सन्नाटा। यह सन्नाटा है या कोई भाव। कोई स्थिति।

दो अधूरे लोग जब साथ थे तो दिन कितनी सफलताओं में गुज़रता था। असफलताओं की बाधा दौड़ में वो दो, साथ–साथ, सफलता के बिन्दु तक पहुँचते रोज़ाना।

और अब।

ज़िन्दगी जैसे किसी हारी हुई ट्राफ़ी का नाम हो।

व्हीलचेयर पर बैठा आकाश सोच रहा है कि कैसे बनाएगा चाय? कैसे खाना खाएगा? बिस्तर तक कैसे जायेगा? कितने सारे काम होंगे, कैसे करेगा वो? अकेला, निहत्था और आश्रित।

वो सोच रहा है कैसे उठाएगा सामान। सारा सामान तो ऊपर किचन की अलमारियों में रखा है। कैसे पहुँचेगा वहाँ तक। न हाथ पहुँचेगा वहाँ तक न व्हीलचेयर।

आकाश बरामदे में है, स्थिरप्रज्ञ। किसी जड़ शय जैसा। हिलने–डुलने की सारी ताक़त जैसे निचुड़ गयी हो। वो ऐसे बैठा है जैसे उम्रभर यहीं बैठे रहना हो।

आकाश व्हीलचेयर को सरकाता हुआ किचन के पास पहुँचा है। किचन का दरवाज़ा बन्द है। संगीता जब थी, वो किचन के दरवाज़े को बन्द रखती थी। लेकिन रघु किचन का दरवाज़ा खुला रखता। किचन में उसे बहुत काम पड़ते। इसलिए वो दरवाज़ा खुला रखता। लेकिन इस घर से विदा होते वक़्त उसने किचन का दरवाज़ा बन्द कर दिया था और चला गया था।

आकाश ने किचन का दरवाज़ा खोला है और विस्फारित नज़रों से देख रहा है सामने का दृश्य। स्तब्ध है वो और अवाक्। किचन का सारा सामान स्लैब पर रखा है। ओवन के पास क्रॉकरी। कप प्लेट। शीशे के गिलास। सब प्लास्टिक की टोकरी में। चम्मच और कांटे–छुरी स्टील के स्टैंड में। थोड़े फासले पर चाय पत्ती, चीनी के डिब्बे। फिर नमक, गर्म मसाले, हल्दी की डिबियाँ।

दूसरे स्लैब पर आटा, चकला, बेलन। कपड़े। पोने। स्टील के बर्तन। चाय बनाने वाला पैन। तवा। थालियाँ, कटोरियाँ, गिलास। गैस चूल्हा जो स्लैब के किनारे पर था, वो पास सरका दिया था और सिलैण्डर भी पहुँच के करीब। फ्रिज में पानी की बोतलें, दूध, बटर, अंडे और ब्रेड। गैस चूल्हे के बिल्कुल पास लाइटर। स्लैब से कुछ दूर, दो मोमबत्तियाँ और माचिस।

आकाश अचम्भित है। इस दृश्य के पीछे जैसे रघु खड़ा है। अनुपस्थित रघु, अपनी उपस्थिति के साथ।

ओ रघु। मेरे ख़ामोश दोस्त। मेरा दुख, मेरी सीमाएँ तू जानता था, सिर्फ़ तू। आकाश ने रघु को याद किया है। मन उदास और आँखें सजल।

किचन से निकला है आकाश। व्हील चेयर घुमाते वक़्त फिर रघु याद आया है। आकाश को ज़रा–सी दिक्कत होती तो भागकर चला आता। एक के बाद एक, दोनों कमरों में व्हीलचेयर घुमाता हुआ आकाश।

कमरे के अन्दर व्हीलचेयर पर बैठा आकाश देख रहा है। बिस्तर की एक साइड, कमीज़ें सलीके से तहाकर रखी हुई। दूसरी साइड में पतलूनें। रूमाल। अंडर गारमेंट।

आकाश, रघु की समझदारी पर मन ही मन मुस्करा रहा है। हैंगरों पर टंगे कपड़े कैसे उतारेंगे 'साब'। ये सोचकर उसने हैंगरों पर टंगे कपड़े बिस्तर पर रख दिये।

आकाश की आँखें नम हैं। रघु जाते–जाते कितने निशान छोड़ गया है अपने, तहाकर रखी कमीज़ों, पतलूनों, किचन के स्लैब पर रखे सामान, सब पर रघु के हाथों के निशान हैं।

आकाश के मन में बहुत कुछ है रघु के बारे में, लेकिन कहे किससे।

दोनों कमरे ख़ामोश हैं। बरामदा भी ख़ामोश है। आकाश ड्राइंग रूम में व्हीलचेयर को ले आया है। साफ़–सुथरा ड्राइंग रूम। हर शय अपनी जगह। हर शय चुप।

मेज़ पर एक लाइनदार कागज़ पड़ा है। रघु छोड़ गया है। पेंसिल से आड़ा–तिरछा, क ख ग घ....। चार अक्षरों की वर्णमाला जैसे रघु की आख़िरी नमस्ते हो। जैसे रघु की चिट्ठी हो। जैसे बेज़ुबान रघु की कविता हो। या फिर रघु की अपनी, दुख की मातृभाषा।

31

रघु जा चुका है बेशक। लेकिन आकाश के दिल में मौजूद है वो।

न संगीता है न रघु है। यह पहली सुबह है जो लाखों–हज़ारों किरणों के साथ आयी है, फिर भी अकेली दिखायी देती है। अकेले घर में अकेला आकाश। अकेली धूप। अकेली सुबह। पूरी रात उसने व्हीलचेयर पर बैठकर गुज़ारी....और यह सुबह।

अभी–अभी एक चिड़िया आयी थी। कितनी चंचल थी। बस, कुछ पल बैठी। उड़कर चली गयी। वो बैठी रहती तो आकाश को अच्छा लगता। उसके अलावा कोई और भी है, जिसकी आवाज़ सुनी जा सकती है।

लेकिन चिड़िया जा चुकी है। आँगन, बरामदा, लॉबी, कमरे, सब में अकेलापन है, अपनी चुप के साथ लिथड़ा हुआ।

इस शहर के सभ्य नागरिकों को बिल्कुल पता नहीं कि व्हीलचेयर पर बैठा एक शख़्स को आज से एक नयी तरह की ज़िन्दगी शुरू करनी है। पूरा दिन, अकेले जद्दोजहद से भरा, व्हीलचेयर से व्हीलचेयर तक।

आकाश किचन में है। उसे चाय बनानी है। जैसे किसी ऊँचे पहाड़ पर चढ़ना हो। कहाँ से शुरू करे?....कैसे शुरू करे?

उसका दिल दो फाड़ हो गया है। एक दिल कहता है चाय बनानी है। दूसरा दिल कहता है, चाय जैसी नामुराद शय के लिए इतना तरद्दुद।....इतनी घबराहट। लीव इट।

आकाश व्हीलचेयर पर है। तसव्वुर कर रहा है वो फुटबॉल के मैदान में है। तेज़–तर्रार एक खिलाड़ी। एक फ़ाइटर। फुटबॉल को 'किक' मारता। तेज़ दौड़ता। हौसलाकुन। जीतने का लक्ष्य।

साहस से ज़्यादा दुस्साहस। जिस्म पसीने से तर। चेहरे पर चमक। दिल में इच्छा शक्ति की गूँज। और पाँव जैसे जादूगर का जादू।

व्हीलचेयर। किचन। चूल्हा। गैस। लाइटर। कप। कितनी मामूली–सी शुरूआत है और वो हार रहा है। नहीं, यह महज़ चाय के कप से हारना नहीं है बल्कि अपने अन्दर की अपार शक्ति को लज्जित करना है।

गैस लाइटर से गैस चूल्हा ऑन किया है आकाश ने। पैन में पानी दूध, चीनी पत्ती एक साथ डालकर चूल्हे पर पैन को रखा है। अफ़सोस। हड़बड़ी में पैन ठीक से नहीं रखा गया था चूल्हे पर। वो लुड़क गया है। और पैन के अन्दर का सारा तरल बिखर गया है।

चूल्हा जल रहा है। पैन, स्लैब पर लुड़का पड़ा है। आकाश देख रहा है। मायूस–सा आकाश। इतना छोटा काम....चाय बनाने जैसा छोटा काम ठीक से नहीं कर पाया।

इससे पहले कि मायूसी उसके हाथ रोकती, उसने अपने आपसे कहा है, बकअप।

फिर वही पैन। पानी। दूध। चाय पत्ती। चीनी। इस बार पैन लुड़का नहीं।

आकाश सफल आयोजन पर खुश है। चाय का कप अभी स्लैब पर है। उसने व्हीलचेयर को टर्न किया है। काफ़ी बड़ी ट्रे है जो व्हीलचेयर की हत्थियों पर टिक गयी है। उस पर चाय का कप है। व्हीलचेयर को आकाश बरामदे में लेकर आया है। चाय के कप को उसने कुछ इस अन्दाज़ में देखा है जैसे तूफ़ान से कश्ती निकालकर आया हो।

खुशआमदीद। उसने चाय पीते हुए सुबह का स्वागत किया है और अपनी पहली कामयाबी का भी। चाय का एक कप उसकी कठिन दिनचर्या का पहला पन्ना है।

ख़ाली कप लेकर बैठा रहा आकाश। रघु ख़ाली कप देखकर झट से ले लेता था आकाश के हाथ से। आकाश बैठा रहा। किसी गुमान में। ध्यान आया। छनाक से गुमान टूटा। कप को सिंक में रखते–रखते रूका। सँभला। टूटी खोली। कप को धोया।

दिक्कत आयी। बेशक। सिंक तक हाथ मुश्किल से पहुँचे। आकाश कप धोते हुए सोचता रहा, काश, बाज़ू लम्बी होती।

टॉयलेट जाना है। आकाश सोच रहा है। तरकीब या कोई हुनर। डब्ल्यू सी तक पहुँचने का करतब। आकाश ने कभी सोचा नहीं था टॉयलेट तक जाने के लिए भी इतना सोचना पड़ेगा। रघु था तो काम आसान हो जाते थे। टॉयलेट की सीट पर बैठने की दिक्कत को वो कम कर देता था। कितना बड़ा मददगार था वो।

आकाश ने अपने मज़बूत हाथों को देखा है। अपनी चौड़ी कलाई को देख रहा है। वो अपने हाथों को और कलाई को जीभरकर देखते हुए कह रहा है, "लिसन। ग़ौर से सुनो। मेरे पाँव डेड हैं। लेकिन तुम ज़िन्दा हो। मेरे दो हाथ। तुमसे मैं हाथों का काम लूँगा और कभी–कभी, या बहुत बार, पैरों का काम भी तुम करोगो।"

जैसे हाथों ने उसकी बात ध्यान से सुनी हो। जैसे हाथों ने कहा हो, हम हर हाल में तुम्हारे साथ रहेंगे स्वामी।

टॉयलेट सीट के बिल्कुल पास व्हीलचेयर है। आकाश ने दोनों हाथ सिस्टर्न पर रखे हैं। और तत्काल टॉयलेट सीट पर उछलकर बैठ गया है। मुस्कराया है। यह मुस्कान जीत की ट्राफ़ी है।

वापसी पर उसने व्हीलचेयर को दीवार के साथ सटा–सा दिया है। दोनों हाथ हत्थियों पर। व्हीलचेयर सरकने लगी है। व्हीलचेयर सरकती तो आकाश गिर पड़ता।

आकाश ने व्हीलचेयर को फिर रोककर वहीं दीवार के पास टिका दिया है और अपने दोनों हाथों पर पूरे शरीर का बोझ डालते हुए व्हीलचेयर पर जा गिरा है। खुद को व्हीलचेयर पर 'सेटल' किया है।

वॉश लेना है। वॉश लेने में कोई ज़्यादा दिक्कत नहीं। बॉथ रूम के फाउंटेंन से पानी की बौछार गिरेगी। वो नहा लेगा। कपड़े बदलने में ज़रूर दिक्कत आयेगी।

तौलिये से अपना सारा जिस्म पोंछने के बाद आकाश जब निर्जीव टाँगों के पास पहुँचा है तो ठिठक गया है। कोई जुम्बिश नहीं। कोई सेंसेशन नहीं। जैसे किसी दूसरे की टाँगें हों। कितनी पतली और

काली हो गयी हैं। बाक़ी शरीर का रंग साफ़, गोरा। टाँगें साँवली। देर तक अपनी टाँगों को छूकर बैठा रहा है आकाश। निर्जीव टाँगों ने कितना कुछ निर्जीव कर दिया है। इन बेजान–सी टाँगों ने कितनी जान डाल दी है ज़िन्दगी में। बेकार से बेकार काम करने में भी संघर्ष।

तौलिया सूखने के लिए उसने ऊपर देखा। अचानक ध्यान आया, रस्सी तो ऊपर है। हाथ वहाँ तक नहीं जा पायेंगे। खड़े होकर उसने कितनी बार कपड़े सुखाए, लेकिन अब।

तौलिया और बाक़ी कपड़े उसने आँगन में बिछे तख़्तपोश पर डालकर, बरमदे को पार करते हुए वो किचन तक पहुँचा है।

एक और जद्दोजहद।

ब्रेड स्लाइस। बटर। और चाय।

आकाश ने एक थाली में तीन ब्रेड स्लाइस पर मक्खन लगाया है। राहत की सांस ली है उसने। जैसे एक छोटी–सी जंग फतह की हो।

फिर वही पैन। इस बार उसने कॉफी बनाने का विचार किया है। लेकिन कॉफी की बॉटल कहीं नज़र नहीं आ रही। वो शायद ऊपर शेल्फ़ में रखी रह गयी। रघु नीचे उतारकर रखना भूल गया।

ट्रे में चाय का कप और तीन स्लाइस रखकर, उसने ट्रे को व्हीलचेयर पर टिकाया है। व्हीलचेयर को मोड़ने लगा है। व्हीलचेयर को मोड़ने और आगे चलने के दौरान एक घटना घटी है। ट्रे, व्हीलचेयर की हत्थियों से फिसल गयी है। यह सब इतना अचानक हुआ कि आकाश भौंचक रह गया है। किचन के फ़र्श पर ट्रे गिरी है। कप गिरा है। ब्रेड स्लाइस गिरे हैं। टूटा कुछ भी नहीं। टूट गया है आकाश का दिल।

बैठा है आकाश बिखरी चीज़ों के बीच। वो ख़ुद भी बिखर गया हो जैसे। रेशा–रेशा।

बिखरी चीज़ों को उठाने, समेटने और स्लैब पर रखने की बात कितनी आसान है। लेकिन कितनी मुश्किल है आकाश के लिए। हाथ फ़र्श तक कैसे पहुँचे।

एक तरकीब सूझी है उसे। क्लैपिंग की उसने। स्लैब के बिल्कुल किनारे पर पड़े अलम्यूनियम के चिमटें को उसने उठाया है। हाथ फ़र्श तक नहीं पहुँच रहे थे, लेकिन चिमटा तो पहुँच जायेगा।

आकाश ने चिमटे से एक–एक चीज़ को फ़र्श से उठाया है, ब्रेड स्लाइस। चम्मच। बटर। चाय का ख़ाली हो चुका कप और प्लास्टिक की ट्रे।

चाय और बटर स्लाइस तैयार करने का नया अभियान। इस बार यह अभियान सफल रहा है।

अब?....अब क्या करे वो?

एक ऐसा सवाल जो जितना आसान है, जवाब उसका उतना मुश्किल।

आटा गून्थना, दाल या सब्जी बनाना, नहीं। आकाश अभी इन बातों के लिए ख़ुद को तैयार नहीं कर पाया। उसके पास टिफ़िन वाले का नम्बर है। किचन की दीवार पर ही तो लिख रखा है। दोपहर का खाना टिफ़िन वाला दे जायेगा।

लेकिन इस ख़ालीपन का क्या करे?

न संगीता न रघु न दयालचन्द। कोई भी नहीं। किससे बातें करे? कैसे गुज़ारे वक़्त?

दोस्ती अब एक असम्भव राग है, जिसे गाया नहीं जा सकता। कोई भी नहीं आयेगा। किसके पास फुर्सत है। किसी के पास भी नहीं। सब व्यस्त। सब मसरूफ़। कोई आ भी गया तो ऊब कर चला जायेगा। व्हीलचेयर पर बैठा आकाश इस बड़े शहर का सबसे बड़ा दोस्तहीन है।

वो दौर गुज़र चुका है जब आकाश फुटबॉल के मैदान में बाईस खिलाड़ी और दो रैफ़रियों के बीच होता। जब दफ़्तर में होता तो बीसियों सबार्डिनेट उसके आगे–पीछे 'सर'.... 'सर' कहते घूमा करते। घर में होता तो संगीता होती उसकी प्रतिछाया बनकर।

अब आकाश है। घर है। व्हीलचेयर है और तन्हाई और ख़ालीपन।

एक ख्याल–सा जागा है। चमक–सी आयी है आकाश के चेहरे पर। क्यों न कमरे के अन्दर बन्द पड़ी अलमारी की किताबें ड्राइंग रूम के शेल्फ़ में लगाऊँ। उन्हें एक बार फिर से पढ़ना शुरू करूँ। कहते रहे हैं गुणीजन किताबें सबसे अच्छी दोस्त होती हैं।

ड्राइंग रूम में रखा शेल्फ़ ऊँचा है। आकाश ने ऊपर के दो खाने छोड़ दिये हैं। वहाँ हाथ नहीं जा पायेगा। शेल्फ़ ख़ाली था। ड्राइंग रूम में क्यों रखा गया था पता नहीं।

आकाश ने बन्द पड़ी अलमारी को खोला है। बिजनेस मैनेजमेंट, कम्प्यूटर साइंस की किताबें। स्किल डिवलपमेंट की किताबें। ओशो की किताब कठोपनिषद, मैं मृत्यु सिखाता हूँ। महात्मा गाँधी की किताब, सत्य के प्रयोग। मेरा चीज़ किसने चुराया। दि मांक हू सोल्ड हिज़ फ़रारी। स्वामी सुखबोधानन्द की किताबें।

टालस्टाय का उपन्यास वॉर एण्ड पीस, मार्गेट मिशेल का उपन्यास गॉन विद द विंड, विलियम फ़ाकनर का उपन्यास साउंड एण्ड दी फ़्यूरी, गैब्रियल गार्सिया मार्खेज़ का उपन्यास वन हंड्रेड इयर्ज़ ऑफ़ सालीट्यूड, हेमिंगवे का ओल्ड मैन एण्ड दि सी, ख़ालिद हुसैनी का नावेल दि काइट रनर, ओरहान पामुक का उपन्यास स्नो, वी एस नायपाल का हॉफ़ ए लाइफ़, अरविंद आडिगा का दि वाइट टाइगर नावेल। अज्ञेय का उपन्यास शेखर एक जीवनी, निर्मल वर्मा का अन्तिम आरण्य।

आकाश दो–तीन किताबें व्हीलचेयर की साइड में रखता है। ड्राइंग रूम तक शेल्फ़ के पास आता है। किताबें साफ़ करता है। करीने से शेल्फ़ में लगता है।

आकाश अलमारी से जो भी किताब निकालता है। रूमाल से पोंछकर उसे खोलता है। बीच का कोई पेज या प्रीफ़ेस या लेखक का बायोडाटा। जीवन परिचय। किताब हाथों में होती है और वो सोचने लगता है किताब कब खरीदी थी, कहाँ से खरीदी थी।

इस बीच आकाश ने टिफ़िन का आर्डर दिया है क़रीब दो बजे उसने खाना खाया है।

आज पहली बार वो अकेले खाना खा रहा है। पहले संगीता के साथ खाना खाता था फिर रघु के साथ। लेकिन आज।

अब ऐसा ही होगा, आकाश ने अपने आपको समझाया है। कहा है अपने आपसे, ज़्यादा सेंटी होने की ज़रूरत नहीं।

चार चपातियों में से दो चपाती खाई हैं। बाक़ी दो चपाती सिलवर फ़ायल में लपेटकर रख दी हैं, रात के लिए। सब्जी और दाल भी आकाश ने फ्रिज में रख दी है। बात कंजूसी की नहीं, जुगाड़ की है। ये बात भी है कि आकाश खाने के लिए नहीं जी रहा है। जीना है, इसलिए खाना ज़रूरी है।

आज घर के अन्दर रहकर लम्बी यात्रा की है आकाश ने। अलमारी से किताबें लेकर, ड्राइंग रूम से शेल्फ़ तक। आज वो किताबों की दुनिया में रहा है। दिन गुज़रने का पता नहीं चला। कितना विशाल संसार है किताबों का। और शब्द, जीवित देवताओं जैसे। ज्ञान का वरदान देते हुए।

कितना व्यर्थ का शोर है दुनिया में। कितने ख़ामोश रहते हैं लफ़्ज़। रोशनी बाँटते हुए। ग़ौर से देखो तो किताबों के लफ़्ज़, जलते हुए लैम्प जैसे प्रतीत होते हैं।

थक गया है आकाश शाम होते–होते। लेकिन उसे लग रहा है पूरा दिन, पूरे का पूरा दिन वो अपने लिए जीया है। हो सकता है किसी अन्य के लिए ये बेवकूफ़ी भरा काम हो, एक कमरे से दूसरे कमरे में किताबें रखना। लेकिन आकाश ख़ुश है। उसे लगता है उसने कुछ हासिल किया है। जैसे कि आज वो अपने ख़ामोश बौद्धिक दोस्तों के बीच रहा हो। किताबें सरमाया हैं और लफ़्ज़ जैसे आतिशदान, ताप देते हुए।

कितना पढ़ता था आकाश। ख़ूब पढ़ाकू। डाइनिंग टेबल पर खाना खाते हुए भी नज़र किताब पर ज़्यादा, प्लेट पर कम होती थी।

लेकिन धीरे–धीरे पढ़ना कम होता गया। संगीता के प्यार में ऐसे ग़र्क हुआ कि किताबें छूटती चली गयीं।

अब जब आकाश अकेला हो गया है तो उसे किताबों की याद आयी है जो संसार में सबसे ज़्यादा पवित्र और अच्छी दोस्त होती हैं।

शाम का वक़्त है। शेल्फ़ में किताबें रख दी गयी हैं। एक सलीका है किताबें शेल्फ़ में रखने का। व्हीलचेयर पर बैठकर, शेल्फ़ में किताबें जमाते हुए आकाश को बहुत दिक्कत भी आयी। आनी ही थी। पर अब आकाश, किताबों के शेल्फ़ को देखकर बहुत खुश हो रहा है।

चाय।

बेशक। शाम है और चाय का वक़्त है। किताबों के शेल्फ़ के पास, व्हीलचेयर पर बैठकर चाय पीना एक नायाब तर्जुबा होगा।

लेकिन चाय बनाने का सोचकर थोड़ा–सा विचलित भी हुआ है आकाश।

चाय के बर्तन में पानी उबालते हुए चीनी, चाय पत्ती दूध डालते हुए वो मन ही मन हँसा है थोड़ा–सा। चाय बनाना भी जैसे कोई 'हवन' करना है, चीनी, चाय पत्ती की आहूति। दूध की पूर्ण आहूति।

बड़ी हिफ़ाजत से उसने चाय का कप व्हील चेयर की हत्थी पर रखा है। व्हीलचेयर को घुमाकर ड्राइंग रूम में ले आया है। छोटी–सी टेबल पर चाय का कप रखकर राहत की सांस ली है। बिस्कुट के लिए फिर किचन तक जाना पड़ेगा, बिस्कुट खाने का विचार त्याग दिया है उसने।

किताबों को देखते हुए, उनके नाम पढ़ते हुए, चाय पीना....मिस्टर जीनियस। आकाश ने अपने आपसे कहा है। मुस्कराया है।

अकेले शख़्स की, उदास मुस्कान। एक ऐसा संगीत, जिसे सिर्फ़ आत्मा सुन सकती है।

रात है और घर के बल्ब, टयूब लाइट जला दिये हैं आकाश ने। वो अँधेरे में नहीं रहना चाहता। उसे रोशनी चाहिए, भरपूर रोशनी। अंधेरा उसे उदास कर देता है। यँग है वो यूँ तो। फिर भी न जाने क्यों अँधेरे से डर जाता है। यह डर, अवसाद के कपड़े पहनकर आकाश को व्याकुल कर देता है।

वही टिफ़िन की बची हुई दो रोटियाँ, फ़्रिज में रखी ठण्डी दाल और सब्जी। गर्म करना कोई मुश्किल काम नहीं। आकाश देव के लिए मुश्किल है।

ड्राइंग रूम, किचन, लॉबी और स्टोर रूम की लाइटें बुझा आया है आकाश। लेकिन बरामदे, आँगन और कमरे की लाइट जलने दी है। सोने से पहले वॉशरूम जाने की पुरानी आदत है। लेकिन यूरिन 'पास' करना आसान है, उसे कमोड में डालना मुश्किल।

प्लास्टिक की एक पाइप मिल गयी है आकाश को। अपने पेनिस के आगे लगा दी है पाइप। दूसर सिर पाइप का कमोड में।

आवश्यकता जुगाड़ की जननी है, मन ही मन सोचकर वो मुस्कराया है।

32

संसार का हर शख़्स, सुबह उठते वक़्त, सबसे पहले फ़र्श पर पड़ी चप्पले ढूँढ़ता है।

आकाश की बात और है। वो जब सुबह उठता है तो उसके हाथ व्हीलचेयर की हत्थियों पर जाते हैं। आकाश का उठना, पलभर में उठकर निकल पड़ना नहीं होता। तैयारी करनी पड़ती है, जिस्मानी और ज़ेहनी तैयारी।

आकाश व्हीलचेयर पर बैठ चुका है। दोनों हाथों से व्हीलचेयर के पहियों को खींचना पड़ता है।

पहियों को सरकाते हुए आकाश घर में व्हीलचेयर पर घूमता रहता है। एक और विकल्प भी है। पहियों के साथ मोटर फिट कराई जा सकती है। तब व्हीलचेयर को खींचना नहीं पड़ेगा। इसे ई–रिक्शा टाइप भी बनाया जा सकता है।

वॉश रूम में वही पेशाब की हाजत। वही प्लास्टिक का पाइप। पेशाब की हाजत से मुक्ति तो पहली लड़ाई है। ऐसी कई लड़ाइयाँ हैं। मसलन, हाथ मुँह धोये तो तौलिये की तलाश।

फिर पानी पीना है और चाय। शुक्र की बात है कि आकाश के हाथ वाटर प्योरीफ़ायर तक चले जाते हैं।

घूँट–घूँट पानी पीया है उसने।

हर घूँट के साथ आगे की योजना पर भी ध्यान रखा है उसने।

बड़ी एहतियात से चाय बनायी है और उतने ही आत्मविश्वास के साथ चाय के कप को लेकर आकाश बरामदे में आया है। यहाँ से आसमान साफ़ और सम्पूर्ण दिखायी देता है। परिन्दे उड़ते हुए। धूप ज़ीने से उतरती हुई।

पूरा घर अकेला है। हर कमरे में जैसे ख़ामोशी दहाड़ रही हो। आँगन में कपड़े सुखाने वाली रस्सी पर एक चिड़िया आकर बैठी है। फिर एक और आकर बैठ गयी है। आकाश बड़े ध्यान से चिड़ियों को देख रहा है। इतने ध्यान से उसने न आसमान को ग़ौर से देखा था न रस्सी पर बैठी चिड़ियाओं को। उनके पास न घर है न आबोदाना। फिर भी चहक रही हैं वो।

और आकाश, तेरे पास इतना बड़ा घर है। फिर भी तू मरा जा रहा है। आकाश ने अपने आपसे कहा है। आकाश ने अपने आप से पूछा है, ये 'ध्यान' से देखने की शक्ति तेरे अन्दर कहाँ से आयी?....ये शक्ति तुझे तेरे एकान्त ने दी है। ये जो तू ज़ीने से उतरती धूप को इतने ध्यान से देख रहा था, यह देखने की कला तुझे तेरे अकेलेपन ने ही तो प्रदान की है।

आकाश देव, तेरे मुस्कराते हुए चेहरे के लिए, घर के आईने तेरा इन्तजार कर रहे हैं।

आकाश देव, तेरा कोई नहीं बनता तो न सही, तू तो अपना बन। अपने साथ ग़ैरो जैसा सुलूक।

आकाश देव, लिसन। सब लोगों के लिए दिन निकलने का अर्थ अलग होता है, आपके लिए दिन निकलने का अर्थ है एक जंग। अपनी मुश्किलों के साथ मुठभेड़। निरन्तर मुठभेड़। आप सेनापति हैं। लोग सिर्फ़ साधारण मनुष्य होते हैं। आप असाधारण हैं। एक अकेला सेनापति, हज़ारों चुनौतियों के बरअक्स।

आकाश देव, सेनापति पराजित हो जाते हैं, लेकिन भागते नहीं। आप भागेंगे नहीं।

ग़ौर से सुनो। इस अकेलेपन में भी एक राग है, अपने से मुहब्बत करने का राग।

आकाश कहता चला गया है, अपने आपसे।

33

कमरों का ताला लगाने और पूरे घर को बन्द करने की कभी ज़रूरत ही नहीं पड़ी थी। संगीता होती घर में या रघु। रघु कई बार आकाश को ढूँढ़ने निकल पड़ता कमरे खुले रहते। बाहर के गेट को बन्द करता, और भाग पड़ता आकाश को ढूँढ़ने।

आज आकाश ने घर बन्द किया है। घर को बन्द करते हुए अजीब–सा लगा है उसे। घर खुला रहे तो वो धूप, हवा, आसमान और पक्षियों का भी घर होता है। घर खुला रहे तो दीवारें लम्बी साँस लेती हैं। छतें अपनी पलकें झपकाना भूल जाती हैं। घर खुला रहे तो कमरे रौशनआमेज़ नज़र आते हैं।

आकाश ने घर का बन्द किया है। बहुत दिनों बाद घर से निकला है। व्हीलचेयर की दस्ती के साथ एक झोला भी टाँग लिया है। ए.टी.एम. कार्ड भी रख लिया है।

ए.टी.एम. कार्ड को हाथ में रखकर वो सोच रहा है, ऐनी टाइम मनी। हर वक़्त पैसा। ये कैसा नया टाइम है कि हर वक़्त पैसे की ज़रूरत। कितना ताक़तवर था इन्सान, जब उसे हर वक़्त पैसे की 'नीड' नहीं होती थी। कितना दुर्बल हो चुका है इन्सान। पैसे के आगे। कि रात को एक–दो–तीन बजे ए.टी.एम.। बताया गया है कि आप सोते–जागते सिर्फ़ पैसे का सोचें। पैसे के सपने देखें। आप जागें तो आपके सामने ए.टी.एम. मशीन खड़ी हो। बताया गया है कि नये समय में पैसा सर्वशक्तिमान है। वो पोस्टमाडर्न ईश्वर है।

व्हीलचेयर के पहियों को अपने दोनों हाथों से सरकाता हुआ आकाश। अकेला। भीड़ और शोर के बीच अकेला। दोनों आकाश अकेले हैं। एक आकाश, जिसे आसमान कहते हैं वो अकेला है। दूसरा आकाश, जो व्हीलचेयर पर बैठा है।

आकाश धीरे–धीरे बाज़ार की मुख्य सड़क से गुज़र रहा है। सम्भलते हुए, सहमते हुए और कुछ–कुछ डरते हुए। आज वो मार्केट की जानिब निकल पड़ा है। आज उसकी इन्तज़ार करने वाला कोई भी नहीं। संगीता जा चुकी है और रघु भी। रघु, आकाश को ढूँढ़ने चला आता था, जब कुछ देर हो जाती। अब वो नहीं आयेगा। अब वो जा चुका है।

दयालचन्द की दूकान के सामने ठिठक–सा गया है आकाश। दूकान का 'लुक' बदल गया है। अब वो नये ज़माने की 'शॉप' नज़र आती है। कितना घना था नीम का पेड़। छितरा दिया गया है उसे। तने के साथ कुछ शाखें। नीम के पेड़ की छाँव विदा हो चुकी है और वो परिन्दे भी, जिनका नीम के पेड़ से पुराना याराना था।

दयालचन्द के बेटे ने दूकान सम्भाल ली है। उसने दूकान ही नहीं, लाइफ़ स्टाइल भी 'रेनोवेट' कराया है। आकाश को वो अच्छी तरह जानता–पहचानता है। उसने देखा है आकाश को। आकाश से ज़्यादा दूकानदारी ज़रूरी है। आकाश उसका कस्टमर नहीं, जो कस्टमर नहीं, वो व्यर्थ है। नये समय के नये बाज़ार का यही मन्त्र है, किसी पवित्र श्लोक जैसा।

सब तेज़ रफ़्तार हैं, बाइक, कारें, ई–रिक्शा, ऑटो। व्हीलचेयर, जैसे किसी अनाम और ठहरी हुई बस्ती का वाहन हो। कितनी धीरे चलती हैं व्हीलचेयर कितना तेज़ चलता है समय।

आज चबूतरे पर बैठा मोची दिखायी नहीं दिया। वो जूते की तुरपाई करते वक़्त थोड़ा रूकता, एक हाथ को उठाता। राम–राम करता। लेकिन चबूतरा ख़ाली है। आकाश ने पूछा है। पता चला है कि उसकी मौत हो गयी है। आकाश ख़ाली चबूतरे को देख रहा है और सोच रहा है, साधारण लोग चुपचाप इस दुनिया से चले जाते हैं

और अपने पीछे एक ख़ाली–सा चबूतरा छोड़ जाते हैं। साधारण आदमी की मौत को कोई याद नहीं करता। ख़ाली चबूतरा याद करता रहता है, बेशक।

आकाश बहुत देर तक पेड़ के नीचे, व्हीलचेयर पर बैठा बाज़ार की रौनक देख रहा है। बाज़ार भरे जेब वाले, सेहतमन्द लोगों का जश्न है। आकाश क्या खरीदेगा ब्रेड और अमूल का मक्खन। चाय पत्ती और चीनी। और स्वीट में किटकैट या कॉफी बाईट या ऐलपेनलिबे। मन ही मन हँसा है। ऐलपेनलिबे टॉफ़ी मुँह में डालकर चूसते रहने की पुरानी आदत है।

आकाश ने ए.टी.एम. से बीस हज़ार निकाले हैं। बैलेंस देखकर वो सन्तुष्ट है।

दो बज चुके हैं। थोड़ी भूख लगी है। सामने मोती ढ़ाबा है। आकाश ने मन ही मन विचार किया है ये जो काउंटर पर मोटा–सा आदमी खड़ा है। ये ढ़ाबे के अन्दर जाने तो नहीं देगा। तब वो तीन रोटियाँ और दाल मक्खनी पैक करा लेगा।

ढ़ाबे के सामने व्हीलचेयर को ले जाकर आकाश ने दाल–रोटी पैक कराने के लिए कहना था। लेकिन जल्दी में उसके मुँह से निकला, "भाई जी, यहाँ खाना खा सकता हूँ?"

मोती ढ़ाबे के मालिक ने आकाश की बात सुनी, काउंटर से बाहर निकलकर, आकाश की व्हीलचेयर के सामने आकर, दोनों हाथ जोड़कर कहा है, "मालिको, जी आयाँ नूँ! वैलकम! तुआडा बोत वेलकम। मना करण दी की गल होई? तुस्सी ढ़ाबे दे अन्दर आओ। जम्म–जम्म आओ। ढ़ाबा तुआडा है बऊजी।"

आकाश हैरान होकर ढ़ाबे के मालिक को देख रहा है।

ढ़ाबे के मालिक ने वहीं से आवाज़ दी है, औए चन्नी। टेबल नम्बर इक्क या टेबल नम्बर दो ख़ाली करा। और सुण! व्हीलचेयर दी पुश्त पकड़कर, आराम से अन्दर ले आ।"

आकाश ने तो सोचा नही था ऐसा ट्रीटमेंट। जो सोचा था वो कितना ग़लत था।

आकाश का मन भर आया है। उसने कहा है, "भाई जी, व्हील चेयर के साथ ढ़ाबे के अन्दर आना....आपके लिए मुश्किल होगा।"

"बऊजी मुश्किल कैसी? प्यार से कोई कह दे तो हम टाटा चार सौ सात भी ढ़ाबे के अन्दर ले आयें। तुस्सी अन्दर चलो। चन्नी लड़का आ गया है। टेबल तक ले चलेगा आपको।"

आकाश ढ़ाबे से निकला है। बहुत खुश है। कितना यारबाश और खुशदिल लग रहा था ढ़ाबेवाला।

यह खुली, शानदार मार्केट है। साफ–सुथरा फ़र्श। घूमते हुए लोग। कैफ़े कॉफ़ी डे के बाहर भी टेबल–चेयर लगी हैं।

सी सी डी पर उसने बहुत दिनों बाद कैपूचीनो कॉफी पी है। अच्छा लगा है। बहुत दिनों बाद उसे लगा है कि वो इसी जीते–जागते, स्वप्निल संसार में है। कॉफ़ी के घूँट भरते हुए वो दूर तक बाज़ार के रंग–रूप को देख रहा है। मुस्करा रहा है। मुस्कराते हुए कॉफ़ी के घूँट भर रहा है। उसे पुराने ज़माने के कॉफ़ी हाउस याद आ रहे हैं। ब्रिटेन के कॉफ़ी हाउस। जब कॉफ़ी हाउस में कॉफ़ी तो मिलती थी, चेयर नहीं मिलती थी। रईस कॉफ़ी पीने जाते। उनके अर्दली उनके पीछे–पीछे कुर्सी लेकर चलते।

आकाश का मन है यहाँ शाम तक, देर शाम तक बैठा रहे। एक कप कॉफ़ी और मफ़िन भी एक बार फिर ले ले। लेकिन वो अपने ऊपर ज़्यादा ख़र्चा नहीं करना चाहता। उसने देर तक बैठे रहने का विचार त्याग दिया है।

वापिस जाने के लिए आकाश ने अपनी व्हीलचेयर को टर्न किया है। दूसरे रास्ते से घर जाने का विचार उसे अच्छा लगा है। वो रास्ता थोड़ा लम्बा बेशक है, लेकिन खुला, चौड़ा और कम भीड़वाला है। उस रास्ते के साथ–साथ बहुत बड़ा पार्क है और खेल का मैदान भी।

आकाश को घर जाने की कोई जल्दी नहीं। वो पार्क की रेलिंग के पास बहुत देर तक रूका रहा है। यह एक अलग दुनिया है, बाज़ार की दुनिया से अलग। बांहें फैलाकर खड़े दरख़्त और पैरों

का एहतराम करती घास। कुछ दिन पहले बारिश हुई थी, इसलिए हरियाली ज़्यादा है। मंज़र दिलकश और हवा में नमीं।

आकाश ने व्हीलचेयर को आगे की तरफ़ सरकाया है। खेल का मैदान है। दूर, क्रिकेट खेलते युवा और इधर फुटबॉल के प्लेयर।

अचानक एक लड़के ने फुटबॉल को ऐसी किक मारी है कि बॉल उछलती हुई आकाश की व्हीलचेयर के पास आकर गिरी है। ऐन व्हीलचेयर के फुट स्टेप के पास।

लड़के मैदान के अन्दर खड़े होकर ज़ोर से चिल्ला रहे हैं, "सर, किक मारिए। सर बॉल थ्रो कीजिए।"

आकाश बिल्कुल ख़ामोश है। बॉल को देख रहा है। बॉल जो उसके पैरों के पास पड़ी है। बॉल जिसे वो किक नहीं मार सकता। आकाश सोच रहा है मैं व्हीलचेयर पर हूँ और वो मुझे किक मारने के लिए कह रहे हैं।

एक तनदुरूस्त लम्बा–सा लड़का भागता हुआ आया है। आकाश के पास आकर रूका है।

"सुनो यंगमैन! मेरी दोनों टाँगें घुटने से नीचे डेड हैं। मैं किक नहीं मार सकता। और बॉल को थ्रो करने के लिए मैं बॉल ज़मीन से उठाता और आगे की तरफ़ झुकता तो गिर पड़ता।"

"सॉरी सर! रियली सॉरी।" लड़के ने आकाश की टाँगों पर हाथ रखते हुए कहा है।

"कोई बात नहीं।" आकाश मुस्कराया है।

खेल रूक गया था। और खिलाड़ी भी आकाश के पास आ गये हैं।

आकाश ने उन सब लड़कों से हेलो की है। कहा है, "फुटबॉल गेम के कुछ टिप्स याद रखना।"

"सर।" सबने एक साथ कहा है।"

"दृढ़ता और प्रतिबद्धता। पास और क्रास। और गतिशीलता। जब–जब मौका मिले उस क्षण का लाभ उठाना। गया क्षण लौटकर नहीं आता। हम खेल के मैदान में अचानक रणनीति बदलते हैं,

किसे रक्षा पंक्ति में होना है किसे फारवर्ड! एक और बात....लय और रिद्म! वो टूटा तो खेल ख़त्म।"

"सर आप?" लड़कों ने हैरान होकर पूछा। आकाश मुस्कराया और व्हीलचेयर पर आगे निकल पड़ा है।

34

कल शाम जब आकाश घर आया तो बहुत प्रफ्फुलित था। फुटबॉल के यंग प्लेयर्ज़ उसकी बातें ध्यान से सुन रहे थे। हैरान भी थे और ख़ुश भी। खेल के मैदान में वापिस जाते हुए सबने आकाश से हाथ मिलाया था। ऐसी गर्मजोशी के साथ हाथ मिलाना बहुत दिनों बाद हुआ था।

रीगल बेकर्ज़ से आकाश ने ब्रेड बटर, जाम, दूध, बिस्कुट और नमकीन ली थी। जनरल स्टोर से शूगर, चाय पत्ती और एक ताश भी खरीदी थी। रात को आकाश ने ब्रेड बटर और चाय बनाकर 'डिनर' किया तो सुबह भी यही कुछ। एक बार आकाश का मन हुआ ओट्स ले ले। लेकिन अपने विचार को उसने स्थगित कर दिया।

आज उसके दोनों हाथों में दर्द है। ज़्यादा दूर तक व्हीलचेयर ले जाने के कारण ऐसा हुआ है पहले रघु भी होता था। ज़्यादा दूर जाना होता तो रघु व्हीलचेयर को पीछे से 'पुश' करता रहता।

आकाश ने टेंटम जेल बाज़ुओं पर लगया है। वो जानता है ज़्यादा असर नहीं होगा। स्प्रे भी किया है। जब आकाश फुटबॉल खेलता था तो ये सब प्रयोग करता था।

ब्रेड बटर की प्लेट तो उसने स्लैब में रख दी है यह सोचकर कि बाद में धो लेगा। चाय का कप उसके हाथ मे है। व्हीलचेयर को भी वो जैसे तैसे आगे सरका रहा है।

अचानक चाय का कप हाथ से फिसला है और बरामदे के फ़र्श पर गिर पड़ा है। चाय के फिसलते हुए कप को सँभालने की कोशिश में वो व्हीलचेयर पर बैठे–बैठे, आगे की तरफ़ इतना ज़्यादा झुका है कि ख़ुद को सँभाल नहीं पाया और फ़र्श की तरफ़ लुड़क गया है।

ख़ुद को गिरने से बचाने की कोशिश में उसने व्हीलचेयर की हत्थी को पकड़े रखा। नतीजा ये हुआ कि वो ख़ुद तो बरामदे के फ़र्श पर गिरा है, व्हीलचेयर भी गिर पड़ी है।

आकाश फ़र्श पर गिरा है और उसने रघु को आवाज़ दी है, ज़ोर की आवाज़, ''रघु''....। पूरे घर में आवाज, गूँजती चली गयी है।

फ़र्श पर पड़े आकाश को तुरन्त एहसास हुआ है कि जिस रघु को वो मदद के लिए बुला रहा है, वो तो यहाँ से कब का जा चुका है।

पाँव ठीक होते तो तुरन्त उठ खड़ा होता आकाश और अगले ही पल में व्हीलचेयर को भी सीधा कर लेता।

उसने अपनी दलील को ख़ारिज किया है, आकाश देव! अगर पाँव ठीक होते तो आप व्हीलचेयर पर होते ही क्यों?

गिरता हुआ आकाश एक दृश्य था। गिर कर फ़र्श पर पड़ा हुआ आकाश भी एक दृश्य है। ज़िन्दगी एक ऐसा रंगमच है जहाँ दृश्य बनते हैं। बिखरते हैं। जहाँ भूमिकाएँ होती है और एक अलिखित–सा सक्रिप्ट! जो अचानक, दफ़अतन, किसी मोड़ पर बदल जाता है। किरदार वही रहता है। भूमिका बदल जाती है। बदल जाती है पटकथा और संवाद। छवियाँ भी तो बदल जाती हैं! टॉल एण्ड हैंडसम आकाश, विकलाँग की भूमिका को निभाता हुआ। पुरानी, 'टॉल एण्ड हैंडसम' वाली लापता छवि को ढूँढ़ता हुआ।

आकाश का गिरना, किसी दृश्य का गिरना है या आकाश देव का गिरना। गिरने में एक दृश्य है। दृश्य में एक अदृश्य आकाश, व्याकुल और उद्विग्न।

दृश्य में व्हीलचेयर है, अव्यक्त सम्बोधन जैसी। किसी को बुला रही हो जैसे। गिर जाने का शोक मना रही हो जैसे। क्षमा माँग रही हो जैसे फ़र्श पर गिरी हुई व्हीलचेयर, अपने स्वामी आकाश देव से। आकाश देव, जिसके पास न पटकथा बची है न संवाद।

आकाश के उठने का असफल प्रयास जैसे कोई मार्मिक भूमिका हो उस किरदार की जो जीने की कलाएँ जानता हो।

उठने का प्रयास भी एक दृश्य है, एक अनमोल और चुनौतियों के क्षेत्र में हस्तक्षेप पैदा करता, एक लाज़मी, एक अनिवार्य दृश्य।

आकाश अपने को उठाने और व्हीलचेयर को खड़ा करने के प्रयास में, ख़ुद लुड़क जाता है। व्हीलचेयर आगे सरक जाती है।

एक हाँफता, काँपता दृश्य यह भी है।

ईश्वर देख रहा हो या न देख रहा हो, उसका पता नहीं। देवताओं का भी पता नहीं। वो सब अपने देवत्व में व्यस्त होंगे।

लेकिन ज़िन्दगी ज़रूर देख रही होगी अपनी सम्पूर्ण चेतना के साथ। यहाँ संघर्ष एक दृश्य है। यहाँ जिजीविषा और अदम्य साहस मिलकर उस दृश्य को उपस्थित कर रहे हैं, जहाँ जीवन राग भी एक दृश्य होता है।

और अन्ततः व्हीलचेयर को सीधा करके बैठ गया है आकाश उस पर।

ख़ुशी की लय पर, संघर्ष की उँगलियों ने लिखा है यह दृश्य।

आकाश बरामदे के फ़र्श पर लुड़के हुए कप को देख रहा है जो उसके हाथ से छूटकर गिरा था।

लुड़का हुआ कप एक दृश्य है। जैसे पृथ्वी को अपनी आत्मकथा सुना रहा हो। फ़र्श पर पड़ा ख़ाली कप, कोई विरक्त–सा आख्यान हो जैसे।

अजीब बात है कप टूटा नहीं। वरना ज़मीन पर गिर कर क्या नहीं टूटता। इन्सान की हैसियत, आसमान का सितारा, काँच का गिलास, पैरों की आवाज़, सब गिरते हैं ज़मीन पर और टूट जाते हैं। तआजुब है कप नहीं टूटा।

अगर ये आकाश के हाथ में चाय से भरा हुआ कप होता तो...(जो कुछ देर पहले था भी)....तो छोटी–सी झील जैसा प्रतीत होता। लेकिन फ़र्श पर पड़ा ये ऐथनिक लुकवाला कप जैसे थककर लेट गया हो।

आकाश कप को देख रहा है, जैसे कोई दोस्त, दूसरे दोस्त को देखता है।

आकाश सोच रहा है कप को वो कैसे उठाए। आँगन में एक छोटी–सी लकड़ी दिखार्द दी है। आकाश व्हील चेयर को लकड़ी तक ले गया है। लकड़ी को बरामदे तक ले आया है। पतली–सी और छोटी–सी लकड़ी को आकाश ने चाय के कप में डाल दिया है। अब आकाश लकड़ी को सँभालकर ऐसे उठा रहा है जैसे कांटे में फंसी मछली की डोर को, मछली पकड़ने वाले खींचते हैं।

गिरे हुए कप का हाथ में आना और सही सलामत आना जैसे कोई नायाब दौलत हासिल हुई हो आकाश को।

ऐसे ही होता है जब कोई प्रिय चीज़ वापिस मिल जाये, सही सलामत।

35

दीवाली भी क्या अजब त्यौहार है। अँधेरे के ख़िलाफ मिट्टी के निहत्थे, जलते हुए चरागों की जंग। ये जंग जारी रहेगी। रहेगा अंधेरा भी। और अँधेरे को दूर करने का संकल्प भी।

घर में बहुत सारे लोग हों तो दीवाली उत्सव सी लगती है। फुलझड़ियों, मोमबत्तियों और मिट्टी के चरागों का जैसे कोई समूहगान हो।

दीवाली है और घर में एक अकेला आकाश है, आकाशदेव, व्हीलचेयर पर बैठा आकाश जैसे दीवाली की रात का हाँफता हुआ, अधबुझा दीया हो।

कितनी सारी दीवालियाँ गुज़रीं, इतनी अकेली दीवाली तो कभी नहीं रही। संगीता और वो दोनों मिलकर बाज़ार जाते। खरीदारी करते। त्यौहार का कितना उल्लास होता था। बाहों में भर लेता था वो संगीता को और संगीता उसके जिस्म से लिपटती हुई, गुनगुनाती हुई। वो सात दीये जलाकर थाली में रखती और कहती, "आकाश सर, ग़ौर से देखो, हर दीये में आप हैं। आप प्रकाश हैं और आप जीवन प्रकाश हैं।" वो पूजा करती। कलाई में लाल धागा बाँधती।

कथा सुनाती। शानदार साड़ी पहनती। वो सुन्दर थी। लेकिन उस दिन वो बहुत सुन्दर लगती। दीये की लौ उसके चेहरे को सुर्ख बना देती। वो खुश होती। आकाश भी प्रसन्न होता। दोनों जश्न मनाते। वो फुलझड़ियाँ छोड़ती। आकाश उसे देखता रहता। उसका चेहरा दपदपाने लगता।

बाद में रघु भी इस घर में आ गया था। तब तीनों दीवाली का त्यौहार मनाते।

आकाश पुराने दिनों का सोच रहा है जो चले गये हैं, जैसे छलनी से पानी छन जाये, ऐसे।

पुराने दिन भी क्या दिन थे, एक चहल–पहल सी मची रहती थी घर में। संगीता ख़ूबसूरत थी। वो थी तो घर भी ख़ूबसूरत था। रघु, न बोलने वाला रघु, अपनी धुन में रहता और कोई धुन–सी महसूस होती उसके होने से। उसकी मासूमियत भी एक धुन ही तो थी।

पूरा घर रौशन है। सारे घर में छोटे–बड़े बल्ब जल रहे हैं। ट्यूब लाइट और कन्सील्ड भी जल रही हैं। मुमटी के नीचे की ट्यूब लाइट, यहाँ तक कि गेट के दोनों तरफ़ की लाइटें भी जल रही हैं।

ड्राइंग रूम में किताबों के पास एक तिपाई पर उसने मिट्टी का जलता दिया रख दिया है। वहीं, पास ही गणेश जी हैं। हाथी के सूंड वाले गणेश जी। उनकी विकृति भी कितनी मुग्ध करती है। वो यही तो एहसास कराना चाहते हैं, हम कैसे भी हों, हम, हम होते हैं, यूनिक! विशिष्ट! किसी से किसी की कोई तुलना नहीं है। विकृति और विकलाँगता, साहस और जद्दोजहद के लिए तैयार करती है।

ये बात सोचते हुए आकाश मुस्कराया है। उसे लगने लगा है कोई चराग़ उसके अन्दर भी जल उठा है और मन को प्रकाशित कर गया है।

उसने गणेश जी के सामने हाथ जोड़ दिये हैं। किताबों के शेल्फ़ पर रखी सरस्वती जी की और लक्ष्मी जी की मन ही मन वन्दना की है। हाथ जोड़े हैं।

दीवाली के पर्व को अकेले सेलीब्रेट करना बिल्कुल वैसे है जैसे जन्म दिन पर अकेले केक काटना, अकेले क्लैपिंग करना।

जब आप अकेले बर्डे सेलीब्रेट करते हैं तो आपकी क्लैपिंग में उदासी की गूँज ज़्यादा होती है।

मोमबत्तियाँ, दीये जलाकर, व्हीलचेयर पर ख़ामोश बैठा आकाश, अपने सन्नाटे का स्वयँ कोई तीर्थ स्थान हो। बाहर पटाखों का शोर। आकाश के घर में अकथ सन्नाटा।

अचानक आकाश को ध्यान आया है कुछ मीठा हो जाये। फ्रिज से एक चॉकलेट निकाली है। हैप्पी दीवाली, आकाश देव, उसने अपने आपसे कहा है।

गेट के पास बैठा है आकाश। सोच रहा है, पटाखे छोड़ने से लोग ख़ुशी कैसे हासिल कर लेते हैं। निरन्तर शोर, ख़ुशी की अभिव्यक्ति कैसे हो सकता है।

कितने बेमुख्वत हैं लोग, किसी ने भी नहीं सोचा कि गेट के उस तरफ़, अकेले घर में, व्हीलचेयर पर एक शख़्स बैठा है। उसके साथ दीवाली मनाना न सही, उसका मिज़ाज ही पूछ लिया जाये। लेकिन कुछ बच्चों ने गेट के बाहर खड़े होकर हैप्पी दीवाली कहा है। आकाश ने मुस्कराते हुए हाथ हिलाया है।

पटाखों की डरावनी आवाज़ के बीच कुत्ते सहमकर कहीं छुप गये होंगे। एक काले रंग का कुत्ता जो पिल्ला तो नहीं, थोड़ा बड़ा है, गेट के पास आकर खड़ा हो गया है और कूँ....कूँ की डरी, सहमी आवाज़ें निकाल रहा है।

आकाश एकटक उस काले कुत्ते को देख रहा है। वो दुबला–सा कुत्ता, लगभग काँप रहा है। पटाखों का शोर कम नहीं हो रहा और कुत्ते का काँपना। काले कुत्ते ने एक दो बार गेट पर पाँव मारे हैं। वो अन्दर आना चाहता है। यही एक घर है, पूरे मुहल्ले में, यही एक घर, जहाँ ख़ामोशी है। यहाँ न पटाखे हैं न चिंगारियाँ, न धुआँ।

कुत्ता पहले से ज़्यादा डर गया है। हुआ यूँ है कि किसी बिन्दास टाइप अमीर लड़के ने एक हज़ार पटाखों की लड़ी के एक सिरे

को आग लगाई है। पटाखे तड़–तड़, तड़–तड़ जल रहे हैं। कर्कश, डरावनी, कानफोड़ू आवाज़ें हैं कि कम ही नहीं हो रहीं।

काला कुत्ता पहले से ज़्यादा व्याकुल, पहले से ज़्यादा सहमा हुआ लग रहा है। लोहे के गेट पर अपना पंजा बार–बार मार रहा है। पंजा मारने की दबी–सी, दुर्बल–सी आवाज़ उभरती है। पटाखों के शोर में विलीन हो जाती है।

आकाश देख रहा है। काला कुत्ता भी आकाश को देख रहा है।

आकाश ने कुछ सोचा है और कुत्ते की व्याकुलता को महसूस किया है। उसने गेट खोल दिया है। कुत्ता इसी गेट खुलने के इन्तजार में था। वो दुम हिलाता हुआ घर के अन्दर आया है। वो इधर–उधर, कोई माकूल–सी जगह ढूँढ़ रहा है। छज्जे के नीचे बैठा है। थोड़ी देर के लिए बैठा है। फिर उठा है। खिड़की के पास। फिर उठा है। गमले के पास बैठ गया है। यहाँ वो अपने आपको सुरक्षित महसूस कर रहा है शायद। लेकिन थोड़ी देर बाद वहाँ से भी उठ खड़ा हुआ है। पटाखों की तेज़ आवाज़ों से वो भयभीत है।

वहाँ से उठा है वो काला कुत्ता और आकाश की व्हीलचेयर के पास आकर बैठ गया है। कुछ दुर्बल–सी आवाज़ें निकाली हैं उसने। बड़े दयनीय भाव से आकाश को देखा है। कुत्ते की आँखों में पानी जैसा कुछ है। उस पानी में कुत्ते की व्यथा है, डर तो है ही।

आकाश कुत्ते को देख रहा है। कुछ मन में आया है उसके। व्हीलचेयर लेकर आकाश अन्दर गया है। ज़ोमेटे वाले जिस प्लास्टिक की डिब्बी में दाल, सब्जी दे जाया करते हैं। आकाश उन्हें फेंकता नहीं। धोकर रख देता है। वही एक प्लास्टिक की डिब्बी है। आकाश ने फ्रिज खोलकर दूध डाला है। प्लास्टिक की डिब्बी में दूध डालकर बड़ी सावधानी से आकाश मुमटी की तरफ़ आया है। फ़र्श पर दूध की डिब्बी रखी है। एक बार कुत्ते ने आकाश की तरफ़ देखा है जैसे पूछ रहा हो, क्या ये दूध मेरे लिए है? फिर वो दूध पीने लगा है।

कुत्ता दूध पी चुका है। शायद वो भूखा था। क्या ये सच नहीं कि कुत्ते हमेशा भूखे रहते हैं। सच ये भी है कि वो अपनी भूख का

किसी को नहीं कहते। वो भौंकते रहते हैं। शायद यह भौंकना उनकी, भूख व्यक्त करने की कोई भाषा हो। कभी–कभी रात को वो रोते भी हैं। उनका रोना बेशक मार्मिक होता है, लेकिन किसी को अच्छा नहीं लगता। रोते हुए कुत्ते की लोग पीड़ा नहीं समझते। उसे डंडा मारते हैं या डला, रोता हुआ कुत्ता और ज़्यादा रोता हुआ कहीं दूर जा बैठता है।

कुत्ते मनुष्य का बर्ताव समझ जाते हैं। आकाश की व्हीलचेयर से कुछ दूर बैठा कुत्ता, आकाश की व्हीलचेयर के इतना पास आ गया है कि उसने अपना मुँह व्हीलचेयर के पायदान पर रख दिया है, बिल्कुल वहाँ जहाँ आकाश के पाँव हैं। दो निर्जीव पाँव।

बहुत देर गुज़र चुकी है। दस बज गये हैं, शायद साढ़े दस। कुत्ते ने अपना मुँह अभी तक हटाया नहीं। कुत्ता, इस दीवाली की पटाखों के शोरवाली रात में, यहाँ ख़ुद को सबसे ज़्यादा सुरक्षित महसूस कर रहा है।

लेकिन आकाश अब थक चुका है और सोना चाहता है। वो तो सब ठीक, लेकिन कुत्ते का क्या करे?

आकाश ने कुत्ते को हटाया है। व्हीलचेयर को घुमाते हुए लॉबी, फिर बरामदे, फिर अपने कमरे तक ले आया है। अभी उसने कमरे में एन्टर नहीं किया। पलटकर देखा है। कुत्ता पीछे–पीछे चला आया है।

पटाखों का शोर बेशक कुछ थम–सा गया है लेकिन कुत्ता अभी भी सहमा हुआ है और वो बाहर बिल्कुल भी नहीं जाना चाहता।

आकाश ने कुत्ते को देखते हुए कहा है, "ठीक है। आज रात के लिए तू यहाँ मेहमान बनकर रह सकता है।"

कुत्ते ने शायद आकाश की बात समझ ली है। वो बरामदे में रूक गया है। आकाश व्हीलचेयर को कमरे तक लाया है। कमरे का दरवाज़ा बन्द करने से पहले उसने कुत्ते को देखा है। कुत्ता बरामदे में बैठा है।

अगले दिन की सुबह! इतनी जल्दी आकाश न भी उठता, लेकिन कुत्ते की आवाज़ों ने उसे जगा दिया है। आकाश तो भूल ही गया था कि घर में कुत्ता भी है।

सुबह उठकर व्हीलचेयर पर बैठना, मुश्किल होता है। दिन की शुरूआत भी दिक्कत के साथ।

कमरे का दरवाज़ा खोलकर आकाश बरामदे में आया है। कुत्ता उसकी तरफ़ मुँह करके कई तरह की आवाज़ें निकाल रहा है। साफ संकेत है कि वो बाहर जाना चाहता है।

आकाश ने गेट खोला है। कुत्ता बड़ी फुर्ती से बाहर निकला है। एक पल के लिए इधर–उधर देखा है। शायद उसने छोड़े गये पटाखों के अवशेष देखें हैं। पटाखों के अवशेष जैसे उत्सव की अस्थियाँ हों।

आकाश ने गेट बन्द किया है और फिर अपनी कठिन दिनचर्या में व्यस्त हो गया है। ब्रेक फ़ास्ट जो अक्सर, ब्रेड और मक्खन का होता है, कर चुकने के बाद, चाय का कप लेकर, उसने व्हील चेयर बरामदे की तरफ़ घुमाई है। कप वापिस स्लैब पर रखकर, लॉबी से होते हुए वो मुमटी के नीचे व्हीलचेयर लेकर आया है। अचानक उसकी नज़र गेट के बाहर खड़े उसी कुत्ते पर पड़ी है। जिसे सुबह उसने बाहर किया था।

"ओ डीयर फ्रेंड, तुम फिर आ गये।" आकाश ने ऊँची आवाज़ में कहा है। कुत्ते ने आकाश की बात को बिल्कुल भी नहीं समझा। लेकिन वो आकाश को देखकर कूँ–कूँ की आवाज़ें निकालने लगा है। अपने पाँव के लम्बे नाखूनों से लोहे के गेट को खुरचने लगा है।

आकाश ने गेट खोला है। कुत्ता प्रविष्ठ हुआ है। आकाश ने गेट बन्द किया है और बरामदे की तरफ़ आ गया है। आकाश के पहुँचने से पहले कुत्ता बरामदे में पहुँच चुका है। आकाश के घर का रास्ता वो जानता है। कुत्ता ठिठक गया है। वो आकाश की व्हीलचेयर के रूकने की इन्तज़ार कर रहा है।

लेकिन आकाश उस प्लास्टिक की डिबिया को ढूँढ़ रहा है कल रात जिसमें कुत्ते के लिए दूध दिया था। वो डिबिया मिल गयी है

लेकिन बाहर फ़र्श पर है। आकाश उसे चिमटे से पकड़कर बरामदे में ले आया है। कुत्ता देख रहा है। चुपचाप। एकटक। वो आकाश की गतिविधि को जैसे महसूस कर रहा हो।

आकाश ने प्लास्टिक की डिब्बी में दूध डाला है। कुत्ता खड़ा है। आदेश का इन्तज़ार है उसे।

आकाश ने इशारा किया है, "कालू दूध पी ले।"

कालू भागकर आया है। दूध पीने लगा है। चपड़–चपड़ पीने की आवाज़ें आ रही हैं। वो दूध पी चुका है। पल भर ठिठका है। फिर आकाश की व्हीलचेयर के पास आकर बैठ गया है।

कुत्ते को जैसे लगा है कि आकाश को अच्छा नहीं लग रहा। वो उठकर दूर जा बैठा है। बाहर जाने के लिए उसने दोपहर को फिर शोर मचाया है। गेट के पास जाकर खड़ा हो गया है। आकाश समझ गया है। उसने गेट खोला है। वो झट से बाहर चला गया है।

दोपहर के खाने के लिए आकाश ने टिफ़िन का आर्डर दिया था। आकाश के मूड की बात है। कभी वो ढ़ाबे से दाल–रोटी पैक करा कर ले आता है, कभी ज़ोमैटो से आर्डर देकर तो कभी टिफ़िन सर्विस।

टिफ़िन लेने के लिए आकाश ने गेट खोला है। बेचारा कालू पता नहीं कब से खड़ा था। गेट खुला है। कालू ने आकाश को देखा है। जैसे कह रहा हो, "मे आई कम इन सर?"

टिफ़िन लेकर आकाश ने कालू से कहा है, "आओ, तुम भी आओ।"

कालू आकाश की व्हीलचेयर के साथ–साथ आया है, कुछ दूर, फिर भागकर बरामदे में चला गया है। उसे भूख तो लगी ही है। लेकिन प्यास ज़्यादा लगी है। स्लैब पर रखे एक जस्ती के कटोरे में पानी डालकर आकाश ने कटोरा फ़र्श पर रखा। फ़र्श तक जाकर कटोरा रखना मुश्किल था। जहाँ तक हाथ गया। उसके बाद कटोरे को उसने छोड़ दिया है। पानी थोड़ा उछला है। कालू पानी पीने लगा है। पानी पीकर वो तृप्त हो गया हो जैसे। बरामदे में एक कोने में बैठ गया है।

कालू रात को बरामदे के एक कोने में बैठ जाता है। रात को आँगन में भी घूमता रहता है। फिर, बरामदे में अपनी जगह पर आकर बैठ जाता है।

आकाश सुबह उठते ही सबसे पहले व्हीलचेयर पर बैठता है, फिर कालू को गेट से बाहर करता है। आकाश अब गेट को पूरी तरह बन्द नहीं करता। थोड़ा–सा खुला छोड़ देता है। कालू इसी थोड़े–से रास्ते से अन्दर आ जाता है।

आकाश और कालू के बीच ग़ज़ब की अंडरस्टैंडिंग बन गयी है। आकाश ने बरामदे में जस्ती के दो कटोरे रख दिये हैं, एक पानी के लिए, दूसरा दूध के लिए। आकाश अब फ़र्श पर बिस्कुट या रोटी नहीं फेंकता। पुराने अखबार का आधा हिस्सा, उस पर ब्रेड स्लाइस।

एक दिन आकाश ने आमलेट बनायी। कालू को ब्रेड के साथ आमलेट का टुकड़ा तोड़कर डाला। कालू को बहुत अच्छा लगा। अगले दिन जब आकाश ने आमलेट नहीं बनायी थी और कालू को ख़ाली ब्रेड स्लाइस दिया तो कालू को ख़राब लगा। वो बिना खाये, बरामदे के पिलर के साथ रूठकर जा बैठा।

आकाश ने धमका कर खाने के लिए कहा। बदले में कालू आकाश की तरफ़ मुँह करके थोड़ा–सा भौंका, फिर, व्हीलचेयर के पायदान पर उसने गर्दन टिका दी। आकाश ने उसे सहलाया, पुचकारा। बड़े प्यार से कहा कि कल ज़रूर आमलेट बनाएगा।

जैसे रूठे हुए बच्चों को मनाया जाता है, आकाश ने कालू को ऐसे मनाया था।

ब्रेक फ़ास्ट, लंच और डिनर, तीनों वक़्त कालू, आकाश के पास बैठा होता है किसी दोस्त की तरह। साथी की तरह।

दीवाली की रात का डरा–सहमा, काले रंग का छोटा–सा कुत्ता जो किसी शरणार्थी की तरह इस घर में आया था। अब पूरे घर में किसी मालिक की तरह नहीं तो किसी केयर टेकर की हैसियत से घूमता रहता है।

आकाश को तब कालू का दयनीय रूप बड़ा भला लगता है जब वो अपनी दो पिछली टाँगों पर बैठता है। अपनी अगली दो टाँगों को उठाकर, सिकोड़कर, आकाश को देखता रहता है। यह उसकी प्रार्थना हो जैसे।

तब दिक्कत आती है आकाश को बाहर जाना हो जब। कालू की जिद् देखने लायक होती है। किसी बच्चे जैसी ज़िद और किसी पिता की तरह आकाश का पुचकारना। तसल्ली देना। जल्दी लौट आने का यक़ीन दिलाना। लेकिन कभी कालू की ज़िद इतनी ताक़तवर होती है कि आकाश हार जाता है। व्हीलचेयर के आगे पीछे, दाँयें बाएँ चलता हुआ कालू जैसे आकाश का हमसफ़र हो और उसका सुरक्षाकर्मी भी। वापसी पर दोनों थक चुके होते हैं आकाश और कालू, डॉगी। आकाश अपने लिए चाय बनाने का जुगाड़ करता है और कालू के लिए बिस्कुट। कालू इसी इन्तज़ार में होता है। आकाश की व्हीलचेयर जिधर घूमती है, कालू उधर आँख उठाकर देखता है।

यह अच्छी फ्रेंडशिप है। आकाश को अच्छा लगने लगा है। उसका ख़ालीपन कम हो गया है और व्यस्तता बढ़ गयी है। कभी एक कटोरे में पानी तो कभी दूसरे कटोरे में दूध। कभी बिस्कुट तो कभी ब्रेड। कभी गेट खोल कर कालू को बाहर करना तो कभी कालू के लौट आने का इन्तज़ार।

आकाश की ये सरगर्मियाँ बेशक थका देने वाली हैं, क्योंकि उसे सारे काम व्हीलचेयर पर बैठकर ही तो करने होते हैं। इसके बावजूद, आकाश को अब एक साथी मिल गया है जो बोल नहीं सकता। उसके पास कोई भाषा भी नहीं है। लेकिन उसके पास अपना बना लेने का गुण है। उसका व्हीलचेयर के पायदान पर अपनी गर्दन टिकाकर सो जाना या फिर आकाश को निर्निमेष देखते रहना, उसकी वो अव्यक्त–सी संवेदना है, जिसकी आकाश को बहुत ज़रूरत थी।

यूँ तो आकाश का डॉगी कालू गली का कुत्ता ही था। लेकिन यहाँ आकर, बिना किसी ट्रेनिंग के बहुत कुछ सीख गया है। किचन में उसने कभी एंटर नहीं किया। सामने दूध पड़ा हो या बिस्कुट,

कालू तब तक नहीं खाता जब तक आकाश इशारा न करे। आकाश जब प्यार से 'कालू' बोलता है तो कालू डॉगी दुम हिलाने लगता है। नम आँखों से देखने लगता है। आकाश जब डॉगी को डाँटता है और ज़ोर से बोलता है "कालू।" तो कालू, जहाँ भी होता है, सहम कर खड़ा हो जाता है।

पोटी और पेशाब के लिए भी वो बाहर चला जाता है। जब जाना होता है तो शोर मचाने लगता है। आकाश को अब अपने डॉगी कालू की आदतों का पता चल गया था। लेकिन एक दिन कालू ने आँगन के नुक्कड़ में जाकर पेशाब कर दिया था। आकाश सख़्त नज़रों से देखता रहा उसे। डॉगी को पता चल गया कि वो ग़लत काम करके आया है। बरामदे के पिलर के साथ, मुँह लटका कर पड़ा रहा। कई घण्टे गुज़र गये। आकाश को तरस आया। आकाश ने बड़े प्यार से कहा, "कालू, यहाँ आ, मेरे पास।" कालू इसी इतंजार में था। वो उठा। दुम हिलाते हुए, कई सारी आवाज़ें निकालते हुए आकाश के पास आया। आकाश ने उसकी पीठ को बड़े प्यार से सहलाया। माथे पर हाथ फेरता रहा। कालू जो कुछ पल पहले आकाश से दूर बैठा था, आकाश के पास आकर बैठ गया।

सर्दियों की शुरूआत है। आकाश ने कालू के लिए बोरी ढूँढ़ ली है। बरामदे में बोरी पर कालू बैठ जाता है। जब कालू का मन करता है वो बोरी–वोरी छोड़कर, आकाश की व्हीलचेयर के बिल्कुल पास आकर बैठ जाता है। इसमें कालू डॉगी का प्यार होता है और अधिकार भी।

आज फिर आकाश व्हीलचेयर से गिर पड़ा है। फ्रिज से दूध निकालकर गिलास में डाला। चल पड़ा व्हीलचेयर पर डॉगी के कटोरे में दूध डालने। यहीं चूक हुई। आकाश कटोरे की तरफ़ ज़्यादा झुक गया। खुद गिरा और पलट गयी व्हीलचेयर।

आकाश और व्हीलचेयर दोनों फ़र्श पर पड़े हैं। कालू कूँ–कूँ की आवाज़ें निकाल रहा है। आकाश के आसपास चक्कर लगा रहा है। फ़र्श पर पड़े आकाश को जैसे वो उठाना चाहता हो और आकाश को

उठाना उसके सामर्थ्य में न हो। कुछ न कर पाने की बेचैनी डॉगी की आवाज़ों में महसूस होती हैं। हद तो अब हुई है। वो आकाश के पास आकर बैठ गया है। फ़र्श पर पड़े आकाश ने कालू को पुचकारा है। उठने की कोशिश की हैं। ख़ुद उठना और गिरी हुई व्हीलचेयर को उठाना, यह कोशिश, छोटी–सी जंग में बदल जाती है।

आकाश काफ़ी मशक्क्त के बाद व्हीलचेयर पर बैठ चुका है। जब भी गिरता है। रात को वोवरॉन 100 एम जी ले लेता है। कमर में वैसे भी दर्द रहता है। वोवरॉन से उस अतिरिक्त दर्द से राहत मिल जाती है, जो गिर पड़ने से होता है। कमर में स्पाइनल कॉड पेसमेकर लगा हुआ है। एहतियात बरतनी होती है। लेकिन कभी–कभी आकाश गिर जाता है।

इस तरह आकाश, कालू से हिलमिल गया है। सर्दियाँ ज़्यादा हैं। आकाश ने कालू के लिए पुराना कम्बल ढूँढ़ निकाला है और अपना पुराना स्वेटर भी, बरामदे के नुक्कड़ में बिछा दिया है। इनके बिछते ही कालू इत्मीनान से बैठ गया है। दिन में जब धूप होती है तो आकाश, धूप में व्हीलचेयर ले आता है। कालू पीछे–पीछे होता है। सर्द दिनों की धूप किसी नेमत जैसी होती है।

ज़िन्दगी भी अजीब बिडम्बना का नाम है। पहले रघु से तालमेल बना, एक अव्यक्त प्रगाढ़–सा रिश्ता, उस रघु से जो बोल नहीं सकता था। फिर भी ग़ज़ब की समझ थी रघु और आकाश में। रघु जा चुका है। अब यह डॉगी है किसी मासूम दोस्त जैसा। लेकिन भाषा इसके पास भी नहीं। बोलना इसे भी नहीं आता।

सबसे जीवन्त दृश्य तब होता है जब आकाश मार्केट तक जाता है, ब्रेड, बटर, मिल्क, अंडे के लिए। कालू की ज़िद किसी ज़िद्दी बच्चे जैसी। कई बार आकाश ज़बरदस्ती गेट को बन्द करके चला जाता है तो कभी कालू की ज़िद के आगे हार भी जाता है। तब, व्हीलचेयर पर आकाश आगे तो उसके पीछे या उसके साथ कालू। आकाश जब कहीं ज़रा–सा रूकता है तो साथ–साथ चल रहा कालू भी रूक जाता है और सवालिया नज़र से आकाश को देखने लगता है कि

वो चलते–चलते रूक क्यों गया है? आकाश फिर अपनी व्हीलचेयर के पहियों को अपने हाथों से चलाता है। व्हीलचेयर चल पड़ती है। डॉगी फिर मस्ती में आ जाता है। कभी–कभी आकाश, कालू के लिए डॉग बिस्कुट का पैकेट भी खरीद लेता है। पता नहीं कालू को कैसा अन्दाज़ा हो जाता है कि उसके लिए कुछ स्पेशल ख़रीदा गया है। घर पहुँचते ही उसकी नज़रें उस पैकेट पर जमी होती हैं।

कालू जब घूमकर आता है और खा–पीकर तृप्त हो जाता है तो आभार व्यक्त करने के लिए आकाश की व्हीलचेयर को देखता रहता है। आकाश जब उसकी पीठ पर हाथ फेरता है तो कालू को बहुत अच्छा लगता है। तब वो कोई अलग–सी आवाज़ निकालता है, अपनी अन्य आवाज़ों से एकदम भिन्न। उस आवाज़ में कृतज्ञता ज्ञापन होता है शायद। क्या पता अपनी उस भिन्न आवाज़ में कालू कह रहा हो कि मेरे स्वामी आप बहुत अच्छे इन्सान हैं।

सर्दियाँ ज़्यादा हो गयी हैं। जब सर्दियाँ ज़्यादा होती हैं तो आकाश की दिक्कतें बढ़ जाती हैं। हड्डियों में दर्द उभर जाता है और रीढ़ ही हड्डी ज़्यादा परेशान करने लगती है। वोलनी जेल या स्प्रे या सिकाई, दिल बहलाने के साधन होते हैं। अल्ट्रासेट की टेबलेट या वोवरॉन 100 एम जी लेनी पड़ती है। गर्म कपड़े पहनने उतारने में भी दिक्कत आती है। कई बार कोट पहनकर अपने आपको शीशे में देखता है आकाश। आकाश साहब, अब भी आप शानदार लगते हैं, ख़ुद पर न्योछावर होना भी कई बार बहुत ज़रूरी होता है। तब और भी ज़्यादा जब कम्पलीमेंट्स देने वाला और कोई न हो।

सर्दियाँ बहुत बढ़ गयी हैं। ठण्डी हवाएँ चलती हैं। एक रात को व्हील चेयर पर बैठकर आकाश बरामदे में आया तो देखा कालू कम्बल में ख़ुद को सिकोड़ कर पड़ा है और काँप रहा है।

उसके बाद आकाश ने दूसरा बन्दोबस्त किया। अब कालू आकाश के कमरे में ही सोता है। कम्बल और पुराना स्वेटर वही, जगह दूसरी। अब कालू इत्मीनान से रातभर सोता है। ये अलग बात है कि गली

का कोई कुत्ता जब भोंकने लगता है तो कालू के कान खड़े हो जाते हैं। कभी–कभी कालू हल्की–सी आवाज़ में भोंकने भी लगता है।

आज आकाश ने कालू के लिए आमलेट बनाया है। ये उसकी पसन्दीदा डिश है। अखबार बिछाकर ब्रेड आमलेट कालू के सामने रखे हैं। कालू आकाश के संकेत का इन्तज़ार कर रहा है। आकाश ने कहा है, "कालू टेक" कालू टूट पड़ा है। बाद में उसने दूध पिया है। पानी भी पिया है थोड़ा–सा। इत्मीनान से आकाश के पास आकर बैठ गया है। आकाश ने पुचकारा है। उसके शरीर के बाल खड़े हो गये हैं।

कालू ने अपनी गर्दन व्हीलचेयर के पायदान पर टिका दी है, जहाँ आकाश के निर्जीव पाँव रखे हैं। कालू के अधिकार और प्यार व्यक्त करने का यह एक मासूम–सा तरीका है। आकाश को अच्छा लगता है। ऐसी अवस्था में आकाश अपनी व्हीलचेयर को हिलाता तक नहीं, कहीं कालू की गर्दन फ़र्श पर न गिर पड़े।

अचानक कालू ने पायदान से गर्दन हटाई है। उठा है वो। बरामदे का एक चक्कर लगाकर आँगन में चला गया है। वापिस आया है। थोड़ा–सा दूध पीया है। बाक़ी कटोरे में छोड़ दिया है। अपने पिछले पैरों पर बैठकर और आगे के दो पैर अपनी छाती में सिकोड़कर, आकाश को देख रहा है एकटक! पता नहीं क्या कहना चाहता है? कुछ पल बाद कई सारी आवाज़ें निकाली हैं और फिर गेट के पास जा खड़ा हुआ है। कालू को जब बाहर जाना होता है तो वो गेट के पास जा खड़ा होता है।

आकाश ने गेट खोला है। कालू बाहर निकला है। आकाश ने गेट को बन्द नहीं किया। आकाश कालू के वापिस आने तक गेट खुला रखता है। आकाश मुमटी की तरफ़ व्हीलचेयर लेकर आ रहा है आकाश ने पलटकर देखा है। कालू अब भी गेट के पास खड़ा है। आकाश ने वहीं से आवाज़ दी है, कालू। कालू भागता हुआ आया है। आकाश ने उसके माथे को सहलाया है। कालू रूका रहा है कुछ पल, फिर गेट के बाहर चल गया है। आकाश ने फिर पलटकर देखा है। अब कालू दूर जा चुका है। दिखायी नहीं दे रहा।

आकाश बरामदे में बैठा है, जहाँ धूप है। कालू का इन्तजार कर रहा है। आज कालू ने देर लगा दी है। पहले तो पन्द्रह–बीस मिनट में वापिस आ जाता था।

गेट खुला है अैर आकाश गेट की तरफ़ दो–तीन बार देख चुका है।

दोपहर हो चुकी है। अब तक तो कालू को आ जाना चहिए था। आकाश रोटी खा रहा है लेकिन वो देख रहा है गेट की तरफ़। गेट खुला है।

आकाश रोटी खा चुका है। उसने दो रोटियाँ कालू के लिए बचा रखी हैं। लेकिन कालू नहीं आया।

तीन–चार, पाँच बज गये हैं। गेट खुला है और कालू नहीं आया। आकाश मुमटी के पास धूप में बैठा कालू के आने का इन्तज़ार करता रहा। अब धूप ढल चुकी है। सर्दी बढ़ गयी है। पहले आकाश मुमटी के पास बैठा था अब बरामदे में उस जगह पर आ गया है जहाँ से गेट दिखायी देता है।

शाम की चाय बनाते वक़्त दो बिस्कुट कालू के लिए भी प्लेट में रख लेता था। चाय बिस्कुट लेकर आकाश बरामदे तक आया है। बिस्कुट? लेकिन बिस्कुट किसके लिए? कालू तो आया नहीं अब तक।

रात हो गयी है। सर्दियों की रात जब गलियों में सन्नाटा जल्दी खिंच जाता है। इक्का–दुक्का लोग दिखायी देते हैं। लोग अपने घरों के गेट बन्द करके जल्दी बिस्तर में चले ज़ाते हैं।

लेकिन आकाश जाग रहा है। उसने बहुत कम खाया है। वो सोच रहा है कालू आ जाये तो उसे बहुत पुचकारेगा। दो अंडे का आमलेट बनाकर देगा उसे। उसकी पीठ को देर तक सहलाता रहेगा।

लेकिन कालू न जाने कहाँ चला गया है। अभी तक नहीं आया। रात के दस बज चुके हैं। घर का गेट खुला है। आकाश जाग रहा है। कभी वो मुमटी के नीचे बैठ जाता है कभी बरामदे में। बरामदे में सर्द हवा बड़े वेग के साथ आती है। आकाश कम्बल ओढ़कर बैठा है। उसकी नज़र गेट पर है। उसका मन करता है व्हीलचेयर को गेट

से बाहर निकाले और निकल पड़े कालू को ढूँढ़ने। लेकिन सर्द रात और ग्यारह का वक़्त! अंधेरी अकेली सड़कों पर कहाँ–कहाँ तलाश करेगा कालू को।

डेढ़ बज चुका है। आँखों में नींद है। कमर में दर्द और सर्दी।

गेट को बन्द नहीं किया आकाश ने। गेट को खुला रखा है। क्या पता रात गये, लौट आये कालू। आकाश कमरे में आया है। यहाँ उसका बिस्तर है और फ़र्श पर कालू का। व्हीलचेयर छोड़कर वो अपने बिस्तर पर तो पसर गया है। लेकिन कालू का बिस्तर ख़ाली है।

पहले आकाश कमरे का दरवाज़ा बन्द कर देता था। खिड़की ज़रूर खोल देता। आज उसने दरवाज़ा खुला रखा है। क्या पता कालू कब आ जाये।

सुबह अचानक नींद खुली है आकाश की। उसे कोई आवाज़–सी आयी है। जैसे कालू कटोरे में रखा दूध पी रहा हो। लेकिन ये आवाज़ कालू की नहीं, कबूतर की थी।

आकाश को गेट खुलने की आवाज़ आयी है। लेकिन गेट तो खुला रखा था आकाश ने। आकाश व्हीलचेयर पर बैठा है। कमरे से निकला है। सबसे पहले गेट के पास आया है। बाक़ी दिन वो सबसे पहले वॉशरूम जाता। मुंह धोता। चाय बनाता।

गेट के पास बैठा आकाश बेचैन है। उसे सर्दी भी लग रही है। लेकिन कालू का इन्तज़ार और कालू के न आने की तड़प।

आकाश ने चाय बनायी है। ब्रेड के दो स्लाइस चाय के साथ। आकाश ने अपने लिए आमलेट नहीं बनायी। कालू होता तो बात दूसरी थी। कालू नहीं है। कुछ भी अच्छा नहीं लग रहा।

अभी धूप नहीं निकली पूरी तरह से। आकाश मुमटी के पास, एक नुक्कड़ में, कम्बल ओढ़कर बैठा है। ध्यान गेट पर है।

कैसा दृश्य है यह। एक शख़्स, व्हीलचेयर पर बैठा है, एक कुत्ते के आने की राह देख रहा है। कुत्ता जो कल दिन के वक़्त चला गया था, अभी तक नहीं लौटा।

अपनी आवाज़ को सुनता है आकाश, अपनी सांसों की आवाज़। धड़कनों का संगीत, क्या ऐसा संगीत कोई पैदा कर पाया है। आकाश देव इस संगीत को सुनता है, ध्यान लगाकर। ख़ामोशी की आवाज़ में पृथ्वी की आवाज़ भी शामिल होती है और आसमान की आवाज़ भी। ख़ामोशी की आवाज़ में, बूट के नीचे दबे हुए हरे पत्ते का क्रंदन भी शामिल होता है। आकाश जब से अकेला हुआ है तब से वो इन आवाज़ों को सुनने लगा है। ख़ामोशी को सुनना एक कला है, बेशक।

आकाश अपने मृत पैरों से प्रेम करने लगा है, पहले से ज़्यादा और अपनी अपूर्णता से भी।

उसने एक दिन अपने आप से कहा, आकाश बाबू! असम्भव को सम्भव करना ही तो ज़िन्दगी है। यह बात कहकर मन ही मन मुस्कराया था आकाश।

अपने पैरों से ही नहीं, अपने उन जूतों से भी उसका दोस्ताना हो गया है जिन्हें वो कभी नहीं पहन सकेगा।

आकाश ने अपने चेहरे को कई बार छूकर देखा है। बेशक, एकांत का भी अदृश्य चेहरा है, आकाश के चेहरे से मिलता–जुलता।

आकाश का कई बार मन किया है कि वो बरामदे या कमरे के फ़र्श को कान लगाकर सुने। पृथ्वी के पास वो बटुआ है, जिसमें वो सबके पैरों की आहटें रखती रहती है।

गेट के पास बैठ जाना और आते–जाते लोगों को देखते रहना, ज़िन्दगी के प्रोजेक्टर पर जैसे कोई फ़िल्म चल रही हो।

ऐसा भी होता है, आसमान को देखते रहना, निरन्तर। बहुत देर तक। जैसे आसमान के साथ कोई बातचीत–सी हो रही हो।

स्पोर्ट शूज़ देखना, जैसे मुद्दत से उड़ रही किसी याद की कटी हुई पतंग को पकड़ना। किसी वक़्त, उस फुटबॉल को उठा लेना, जिसकी हवा, आधी से ज़्यादा निकल चुकी है। फुटबॉल को हाथों में लेकर बैठना और वैम्बले प्ले ग्राऊँड का मंज़र याद आना।

आकाश वर्तमान में होता है तो बहुत बार अतीत में भी लौट जाता है। वो दिलकश दिन कैसे भूले वो।

वो अपने दफ़्तर और अपने क्लीग को भी कई–कई बार याद कर चुका है। कई बार याद आया है देवेश। कार्तिक। लाम्बा। अरोड़ा। बेतकल्लुफ़ दोस्त। एक दूसरे की प्रासेस में हेल्प करने वाले। और वो शिवानी मल्होत्रा। उसके केबिन की पार्टनर। सुबह आती तो हाथ मिलाती। लेकिन जब टी बैग को डस्टबिन में डालने के लिए आकाश से लेती। तब शिवानी की उँगलियों का आकाश की उँगलियों से छू जाना होता, आकाश को विस्मित करता। आकाश इन दिनों भी शिवानी मल्होत्रा की उँगलियों की छुअन को याद करता रहा है। उसे अपना केबिन कम्प्यूटर, टेबल, चेयर बहुत याद आते रहे हैं।

ख़ूबसूरत दिनों को याद करते–करते आकाश कई बार व्हीलचेयर से गिरा है। पड़ा रहा है फ़र्श पर। ख़ुद पर तरस खाता। ख़ुद को सहलाता। ख़ुद को हौसला देता। फिर एक छोटा–सा युद्ध! व्हीलचेयर को खड़ा करना। और ख़ुद को व्हीलचेयर पर टिक जाना।

हज़ारों कप चाय पी। हर बार, चाय पीते हुए, दोस्त याद आये। संगीता याद आयी। रघु याद आया। आमलेट बनाते हुए कालू डॉगी याद आया। बाज़ार से गुज़रते हुए दयालचन्द याद आये।

इन साढ़े तीन....चार सालों में कितने उतार चढ़ाव देखे। आकाश ने रोज़ एक युद्ध लड़ा और जीत हासिल की। कभी–कभी परेशान भी हुआ। रात–रात जागा भी। कमर में भीषण दर्द तो दिल में अजीब–सी बेचैनी। कभी अल्ट्रासेट की टेबलेट कभी डोलेपार पेन से निजात के लिए। एलप्रेक्स बेचैनी कम करने के लिए।

रोटी कभी टिफ़िन सर्विस या ज़ोमेटो से कभी ख़ुद बना ली। फ़र्श पर ग़र्द देखी तो लम्बी स्टिक वाले पोचे से फ़र्श साफ़ किया। फिर चमकता हुआ फ़र्श देखकर खुद ताली बजाई। पैसे सँभल–सँभल कर ख़र्च किये। पैसे ख़त्म हुए तो ए.टी.एम. से निकाल लिए। कभी–कभी आफ़िस के पुराने दोस्तों से थोड़ी–सी बात की मोबाइल पर। सब किसी दूसरे ज़रूरी कामों में मसरूफ़ थे शायद। फ़ोन काट दिया। यही हाल फुटबॉल टीम के दोस्तों के साथ। सब तेज़ दौड़ने वाले और आकाश व्हीलचेयर पर बैठा।

37

शाम का वक़्त है। सवा पांच। अभी घड़ी देखी है आकाश ने। चाय का कप छोटी वाली मेज़ पर रखा है जो ड्राइंग रूम में किताबों वाले शेल्फ़ के पास है।

आकाश शाम को चाय का कप इसी टेबल पर आकर रखता है। चाय के घूँट भरना। किताबों को देखते रहना। वैसे, बहुत सारा वक़्त वो मुमटी के पास बैठ कर भी गुज़ारता है और मेन गेट से गली का दृश्य देखता रहता है।

चाय के कप के साथ हार्पर ली की किताब 'टू किल ए मॉकिंग बर्ड'! मॉकिंग बर्ड एक बहुत ख़ूबसूरत पक्षी का नाम है। उपन्यास काले लोगों की उपेक्षा तिरस्कार और उससे पैदा हुई ख़लिश, तड़प, पीड़ा का मार्मिक आख्यान है। उपन्यास में यह बात बहुत शिद्दत से उठाई गयी है कि सबका अपना–अपना जीवन शिल्प है। किसी पर टिप्पणी करने का किसी को कोई अधिकार नहीं। आकाश इस नावेल को पहले भी पढ़ चुका है। अब दूसरी बार पढ़ने के लिए उसने शेल्फ़ से निकाला है। अभी दस–बारह पेज पढ़े हैं। किताब को औंधे मुँह रखा है। चाय के दो–तीन घूँट भरे हैं। इस बीच बिस्कुट भी खाया है। छोटा–सा टुकड़ा फ़र्श पर गिरा है। आकाश उसे देख रहा है। बहुत कुछ गिरा है। बहुत कुछ टूटा है, फिर भी सलामत है आकाश।

सर्दियाँ गुज़र चुकी हैं। मार्च का महीना है ख़ुशगवार मौसम।

कल आकाश ने सारे घर में पोचा लगाया था। स्टैंडिंग पोचा है। दोनों पैरों पर खड़े इन्सान के लिए फ़र्श पर पोचा लगाना आसान हो सकता है। लेकिन व्हीलचेयर पर बैठे किसी शख़्स के लिए फ़र्श पर पोचा लगाना ऐसा है जैसे 'पोलो' खेलना। लेकिन पोलो तो एक खेल है। उसमें फ़न है और जीतने की प्रबल भावना। व्हीलचेयर पर बैठ कर पोचा लगाना शुरू में बड़ा दिक्कत भरा था। बाद में थोड़ा अनुभव हो गया।

कल जब पूरे घर में पोचा लगाकर आकाश ने साफ–सुथरे घर को देखा तो उसे अच्छा लगा। अपनी तारीफ़ उसने कुछ इस तरह की थी कि कॉफी का कप तैयार किया।

लेकिन आज वो चाय पी रहा है। शाम का वक़्त है। छोटी वाली मेज पर चाय का कप है और वो किसी–किसी वक़्त चाय के कप को उठाता है। घूँट भरता है।

चाय का घूँट भरते हुए आकाश को ऐसा लगा है जैसे किसी ने गेट खोला है। आकाश सोच में है। फिर उसने अपनी सोच को झटका सा दिया है, यहाँ कौन आयेगा? सामने वाले किसी घर के गेट की आवाज़ होगी।

पैरों की आवाज़ मुमटी तक आयी है। आकाश को महसूस हुआ है कि टिफ़िन सर्विस वाला होगा। लेकिन इतनी जल्दी टिफ़िन वाला क्यों आयेगा?

आकाश किताब उठाते–उठाते और चाय का घूँट भरते–भरते रूक–सा गया है।

ड्राइंग रूम के दरवाज़े के पास संगीता खड़ी है। आकाश चौंक सा गया है।

संगीता के हाथ से बैग और पर्स छूटकर फ़र्श पर आ गिरे हैं। वो ख़ाली हाथ, एकटक आकाश को देख रही है।

दोनों एक–दूसरे को देख रहे हैं।

दोनों के बीच थोड़ा–सा फ़ासला है, लेकिन लगता है, यह फ़ासला हज़ारों मील का है।

ड्राइंग रूम में पहले संगीता होती थी, आकाश बरामदे में, व्हीलचेयर पर।

बरामदे में, ड्राइंग रूम के बाहर अब संगीता खड़ी है, ड्राइंग रूम के भीतर आकाश है। दोनों के बीच एक चुप है, किसी फड़फड़ाती तहरीर जैसी। सन्नाटा किसी बेआवाज़ हारमोनियम जैसा।

संगीता दरवाज़े के पास खड़ी है जैसे किसी अनुमति की प्रतिक्षा में हो।

यह समय जटिलता के भावार्थ में लिपटा हुआ। दरवाज़े के पास खड़ी संगीता, किसी अलिखित, गूँगे प्रार्थना पत्र जैसी प्रतीत होती है।

संगीता के हाथ में रिश्तों का टूटा हुआ अदृश्य धागा है, आँखों में पानी है, दिल में पश्चाताप।

वो देख रही है आकाश को एकटक, आकाश को न देखने वाली संगीता, आकाश को एकटक देख रही है।

कमरे में निहत्थी–सी ख़ामोशी है। निःशब्द–सी कुछ ध्वनियाँ हैं। मेज़ पर रखा चाय का कप है।

व्हीलचेयर पर बैठा आकाश भी संगीता को देख रहा है। उसके चेहरे पर संघर्षों का तप है और आँखों में अव्यक्त–सा कुछ।

□□